权威·前沿·原创

皮书系列为

“十二五”“十三五”国家重点图书出版规划项目

中国社会科学院创新工程学术出版资助项目

全球政治与安全报告（2019）

ANNUAL REPORT ON INTERNATIONAL POLITICS AND SECURITY (2019)

中国社会科学院世界经济与政治研究所
主　编／张宇燕
副主编／李东燕　邹治波

社会科学文献出版社
SOCIAL SCIENCES ACADEMIC PRESS (CHINA)

图书在版编目(CIP)数据

全球政治与安全报告. 2019 / 张宇燕主编. -- 北京：社会科学文献出版社，2019.1
（国际形势黄皮书）
ISBN 978 - 7 - 5097 - 7713 - 8

Ⅰ. ①全… Ⅱ. ①张… Ⅲ. ①国际政治 - 研究报告 - 2019②国家安全 - 研究报告 - 世界 - 2019 Ⅳ. ①D5 ②D815.5

中国版本图书馆 CIP 数据核字（2018）第 281189 号

国际形势黄皮书
全球政治与安全报告（2019）

主　　编 / 张宇燕
副 主 编 / 李东燕　邹治波

出 版 人 / 谢寿光
项目统筹 / 邓泳红　郑庆寰
责任编辑 / 郑庆寰　张　媛

出　　版 / 社会科学文献出版社 · 皮书出版分社（010）59367127
地址：北京市北三环中路甲 29 号院华龙大厦　邮编：100029
网址：www. ssap. com. cn
发　　行 / 市场营销中心（010）59367081　59367083
印　　装 / 三河市东方印刷有限公司

规　　格 / 开　本：787mm × 1092mm　1/16
印　张：20.5　字　数：308 千字
版　　次 / 2019 年 1 月第 1 版　2019 年 1 月第 1 次印刷
书　　号 / ISBN 978 - 7 - 5097 - 7713 - 8
定　　价 / 99.00 元

本书如有印装质量问题，请与读者服务中心（010 - 59367028）联系

国际形势黄皮书编委会

主要编撰者简介

张宇燕　中国社会科学院世界经济与政治研究所所长、研究员，中国社会科学院学部委员。中国世界经济学会会长，新兴经济体研究会会长。曾先后就读于北京大学和中国社会科学院研究生院。主要研究领域包括国际政治经济学、制度经济学等。著有《经济发展与制度选择》（1992）、《国际经济政治学》（2008）、《美国行为的根源》（2015）、《中国和平发展道路》（2017）等。

李东燕　中国社会科学院世界经济与政治研究所研究员，博士生导师。研究专业为国际政治，主要研究领域为联合国、全球安全与全球治理，主要研究成果有：《秘书长对联合国变革的影响：安南与潘基文之比较》（2008）、《如何评价联合国价值与价值整合》（2010）、《从国际责任的认定与特征看中国的国际责任》（2011）、《中国参与联合国维和建和的前景与路径分析》（2012）、《全球安全治理与中国的选择》（2013）等。

邹治波　中国社会科学院世界经济与政治研究所研究员、副所长。目前主要研究领域为国际关系和战略安全。曾长期从事导弹核武器技术、核战略、军控与防扩散、大国关系研究，获得国家科技进步二等奖一项，部委科技进步一等奖、二等奖等多项研究成果。

摘　要

《全球政治与安全报告（2019）》为“国际形势黄皮书”系列年度报告之一。报告旨在对本年度全球政治及安全形势的总体情况及变化进行回顾与分析，并提出一定的预测及对策建议。

在世界格局与国际安全部分，报告对中、俄、美三国关系的性质进行了深度分析，揭示了影响中美、中俄及俄美关系的主要因素及变化趋势。在这一部分中，还包括中国周边安全环境、全球重大武装冲突及全球军事形势等内容。在全球问题与全球治理部分，报告对全球治理的现状以及网络安全、恐怖主义、能源政治、难民与移民问题、全球反腐等当前重大的全球问题进行了跟踪研究。在专题与热点部分，报告对朝鲜半岛局势、西亚北非局势，全球选举，以及海外利益保护、“一带一路”倡议的进展等问题展开了专门的讨论。本年度报告也对国际著名智库及国际关系理论学界的最新研究成果进行了梳理和介绍。

作者通过事实梳理、数据分析、政策分析，阐释了本年度国际关系及全球安全形势发展的基本特点和趋势，并在此基础上提出了具有启示性和前瞻性的结论。本书兼知识性、理论性、战略性和对策性之特点，可供国际问题研究人员、外交决策者以及对全球问题感兴趣的广大读者阅读。

关键词：大国关系　世界格局　国际冲突　全球治理　海外利益

目　录

Ⅰ　总　论

Ⅱ　世界格局与国际安全

Ⅲ　全球问题与全球治理

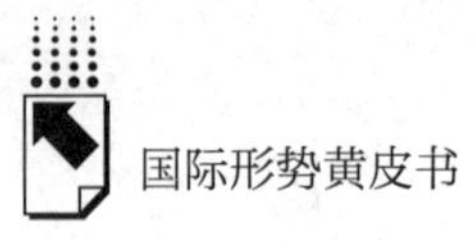

Ⅳ　专题·热点

Ⅴ　国际关系研究与智库

皮书数据库阅读**使用指南**

总　　论

Introduction

Y.1
世界格局在2018年的多重变奏

张宇燕*

摘　要： 世界形势正面临百年未有之大变局。作为当今和可见未来世界中最重要的双边关系之一，中美关系不仅进入了质变期，而且这一变化构成了2018年全球形势交响乐章的主旋律。世界百年变局，还表现为伴随中美关系巨变而来的现行国际秩序进入一个瓦解与重建期。与主旋律共同构成2018年全球政治经济安全交响乐章“副部主题”的，有所谓的“国际自由主义”开始瓦解和新秩序的呼之欲出，主要工业化国家或地区间扑朔迷离的分合博弈，美元霸权体系出现松动，以及民粹主义与民族主义在欧洲和拉美发出的巨大回声。2018年出现的一些“插曲”亦可提及，比如朝核问题的峰回路转与中

* 张宇燕，经济学博士，中国社会科学院世界经济与政治研究所研究员、所长，博士生导师，主要研究领域为制度经济学、国际政治经济学等。

东局势的诡异难料。此外，G20 峰会究竟是延续当下的主旋律还是开启新的乐章，人们拭目以待。

关键词： 中美关系　世界秩序　国际货币体系　民粹主义

世界形势面临百年未有之大变局，其主旋律就是美国等西方国家公开把中国当作主要竞争对手，有些国家试图在地缘上围堵、在规则上钳制、在发展上迟滞、在形象上妖魔化中国。“二战”后的国际体系总体上是以美国为主导的工业化国家建立并维持至今的。作为由其主导的非中性国际体系下的最大受益者，美国的对华政策从侧重接纳与改变的“接触”转变为“规锁”，基本原因之一在于中国在综合实力上的追赶，特别是中国对高科技的重视和所取得的进步，已经直接对以美国为首的发达国家构成了“威胁”。在此所说的“规锁”，指的是美国弃用现存国际制度或体系，代之以一套更具针对性和严厉性的新规则，来“规范”中国行为并把中国锁定在全球价值链内的中低端位置。“规锁”与“遏制”或“冷战”不同，后者的硬核在于孤立，即断绝贸易投资往来和社会文化交流。至少在中短期内，美国能够做的至多是减少其对全球价值链内中国环节的依赖，而不是与中国脱钩。美国对华政策的转向发端于贸易，但绝不会止步于贸易。美国对华“规锁”会蔓延到金融、政治、安全、意识形态等领域，应该说是一个大概率事件。这一点从美国副总统彭斯 10 月和 11 月连续两次公开对华全面指责贬损中得到充分反映。

世界百年变局，还表现为伴随中美关系巨变而来的现行国际秩序进入一个瓦解与重建期。从特朗普政府退出《巴黎气候变化协定》和《跨太平洋伙伴关系协定》（TPP），到终止伊核协议与《中导条约》，再到扬言退出世界贸易组织（WTO）和猛烈抨击北约甚至联合国，美国似乎在抛弃自己苦心孤诣建立起来的战后国际秩序。尽管有人认为美国民主政治体制长期失败所导致的实力衰落、中国的迅速崛起以及俄罗斯的复兴乃现存国际秩序垮塌的主因，但占主流地位的国际自由主义者仍以为，现代美国成功故事的关键支柱便是国际同盟体系的建立，今天特朗普正在摧毁之。其实被视为“搅局者”的美国之真实意图，已经在其对华政策的转变中得到了展示：美国不是要实现英国脱欧式的“退群”，而是希望以退为进，以破促立，力求通过确立于己更为有利的非中性国际规则来实现自身的政治经济目标。这一逻辑，从美国先是退出北美自由贸易协定（NAFTA），然后与墨西哥和加拿大重新谈判，最后签署新版美墨加自贸协定（USMCA）这一过程中得到了完美印证。美欧日三方贸易部部长几次就未来 WTO 改革与现代化发表共同声明，亦明确显示出主要发达经济体以破促立最大化自身利益的政策取向。

美欧关系在分合交织中分离倾向愈发明显，构成了 2018 年国际形势演变过程中耐人寻味的一幕。在目睹美欧日集体提出 WTO 改革方案、欧洲反复强调与美安全合作重要性、美欧不断申明传统友谊和共同价值观的同时，我们见证了欧洲自主性的显著且实质性提升。从某种意义上讲，美国实力的相对衰弱、中美关系质变以及美国以退为进，客观上也为欧洲重新自我定位创造了一个机遇窗口。正是在这样的背景下，我们看到了欧洲为避免陷入全球地缘政治经济的边缘地位而寻求更高一体化水平的努力：组建一支欧洲军队以明显强化自身认同感；组建银行联盟并把欧洲稳定机制（ESM）扩展为真正的欧洲货币基金组织；将欧洲共同债券转化成各国央行的储备资产以使欧元真正成为世界货币；设立拥有明确职权的欧洲财政部部长并建立欧洲共同失业保险；把欧洲农业补贴和结构基金转变为财政平衡手段；创立独立于全球银行间金融电信协会（SWIFT）的欧洲版。德国外长马斯 8 月 23 日在《商报》发表题为《为新世界秩序做计划》的署名文章，或许可以被视为欧洲在不放弃欧美同盟的同时进一步提升欧洲自主性的宣言。欧美分合的方向、速度、结构、顺序，对世界格局影响深远。

国际货币体系多元化或去美元化获得新动力，是 2018 年最值得关注的“苗头性”现象。美国产出按汇率计算仅占世界的 22%，如按购买力平价计算则仅为 15%，但美元在全球计价、结算、储备、流动性和融资中所占比例均超过 50%。美国从美元霸权中获得了巨大好处，包括国际铸币税、汇率风险规避、低货币金融交易成本、大宗商品定价、对其他国家尤其是美元化程度高的国家的政策影响力以及可方便地向世界各国出售银行服务等。如果说欧元的创立和伴随2008年金融危机而来的人民币国际化提速开启了国际货币体系多元化的漫长进程，那么特朗普政府发动贸易战、美国财政赤字加大、美国利用以美元为核心的SWIFT结算系统对全球经济金融活动进行监控并滥施制裁，则增强了许多重要经济体摆脱对美元持续依赖的决心。2018年土耳其开始抛售美元资产。伊朗已经宣布其石油交易的计价预结算不再使用美元并代之以欧元。俄罗斯在意识到美元已经成为一种有风险的结算工具后也开始逐步在自然资源贸易中使用本币或欧元。2018年3月至8月短短的五个月中，上海国际能源交易中心以人民币计价的石油期货交易额增长了500%。欧洲主要国家力推欧洲版结算体系更是意味深长。

如果说特朗普当政奏响了民粹主义从思潮和运动迈向政治实践的序曲，那么2017年12月奥地利保守的人民党和极右翼的自由党组成的联合政府成立，便成为民粹主义回荡在欧洲腹地的第一乐章。与北美以反全球化为基调的民粹主义略有不同，欧洲的民粹主义由于难民和移民的大量涌入，其曲调中掺杂了更多民族主义元素。或许是受到奥地利的鼓舞，在2018年意大利大选中各极右翼政党获得了约2/3的选票，其中赞颂民粹主义的“五星运动”和高歌排外主义的北方联盟成为意大利第一和第二大党并组阁成功，唱响了偏离欧盟政策主旋律的咏叹调。民粹主义－民族主义大合唱的最新加入者是被称为“巴西特朗普”的博索纳罗，他领导的社会自由党在击败劳工党的大选中提出了与特朗普两年前如出一辙的政策主张，区别仅在于用“巴西”替代了“美国”。民粹主义－民族主义政党及政治人物从反对派到执政者的身份转换，既是全球化负面影响和网络革命所导致的劳动阶层权利意识觉醒的必然后果，也将是加速全球民粹主义－民族主义的传播、提振自身信心的动力源。在现存全球体系趋于瓦解和替代体系创立之间的过渡期内，是否会出现长时间的空白期，亦取决于这一动力源的强弱。

2018年初几乎所有朝核问题观察家都在为半岛高度紧张局势捏一把汗。超出绝大多数人的想象，美朝两国领导人6月在新加坡举行了会谈并就建立新型美朝关系、建立朝鲜半岛长久稳定和平机制达成共识。尽管朝半岛无核化不会一帆风顺，但和平的曙光已经出现，进而也多少证实了有些人的看法，即朝鲜频繁地以核导试验刺激美韩神经的真实目的，在于增加谈判筹码以求为日后的朝鲜版“改革开放”争取更佳的外部环境。与朝鲜半岛局势大为缓和形成鲜明对照的是日趋紧张的中东局势。地区大国和外来势力在此地的角逐如此之激烈，以至于一位沙特籍反王储记者的被害竟然掀起了轩然大波。复杂、敏感、脆弱、多变的中东局势，随时都有可能再次成为全球地缘政治热点。11 月底在阿根廷首都举行年度 G20 峰会的时候，中美两国领导人举行了中美贸易摩擦急速升级以来的首次会面。人们普遍期待这次会面能够为 2018 年日趋严峻的中美关系画上一个有益的休止符。当然，休止符的出现并不表明中美关系这一部宏大交响会的结束，而是意味着下一段乐章的开始。

Y.2
2018年全球政治与安全形势：热点与趋势

《全球政治与安全报告》课题组*

摘　要： 2018年，中美、俄美关系中的竞争性、对抗性加剧，中美关系成为影响世界格局的关键要素。对国际组织与多边机制而言，“美退中进”的态势正在加快战后国际多边体系的解构与重建进程。叙利亚、也门、朝鲜半岛、伊朗等主要国际热点问题仍未得到解决，和平进程曲折多变。民粹主义势头的上升和大国竞争的加剧，使多边全球治理和联合国全球议程签署受挫，《移民问题全球契约》面临“退约”多米诺骨牌效应，网络安全领域的大国博弈凸显，大国集团内部矛盾加剧。中国面临的安全形势既有积极的方面，也有消极的方面，美国及其盟国针对中国的军事活动升级，增加了中国周边的不稳定因素。随着“一带一路”建设的推进，风险和挑战也日益增多，中国海外利益的保护任务更加复杂艰巨。

关键词： 大国关系　国际格局　安全形势　海外利益

---

* 执笔人李东燕，定稿人张宇燕。张宇燕，中国社会科学院世界经济与政治研究所研究员、所长；李东燕，中国社会科学院世界经济与政治研究所研究员。本文参考了本书的相关章节。

一　经历巨变的大国关系与世界格局

从2018年大国关系看，中美、俄美两对大国关系中的竞争性、对抗性均有加剧。美国已明确将中国定义为战略上的竞争对手，且采取了一系列针对性政策，中美关系已成为影响大国关系和世界格局的主线。

（一）中美、俄美关系对抗性增强，中美关系成为主线

从战略上看，美国将中国视为头号战略竞争对手已成定局。自2017年底以来，美国发布的一系列有关国家安全和国防战略的重大报告都清楚地阐明了这一意图。例如2017年12月发布的美国《国家安全战略》报告明确将中国定为“竞争对手”和“修正主义国家”，2018年1月美国国防部发布的《国防战略报告》同样将中国视为“战略竞争者”，[①] 2018年2月美国国防部《核态势评估》报告则称中国和俄罗斯正对美国建立的国际规范与秩序构成挑战。[②]

2018年，除了在经贸领域中美之间发生的贸易摩擦之外，中美在其他领域的关系也继续走低。美国及其盟国在台湾问题、南海问题和印太战略方向不断挑战中国底线，对中国进行制衡。在台湾问题上，美国频打“台湾牌”，派军舰通过台湾海峡，称美台关系之牢固为“前所未有”，将台湾视为印太战略的“典范”。[③] 在南海问题上，美国《2019年度国防授权法案》首次加入了南海条款，并支持英法等国派遣军舰参加所谓“南海自由巡航”

① Ministry of Defense of the USA, *Summary of the* 2018 *National Defense Strategy*, https://dod.defense.gov/Portals/1/Documents/pubs/2018 - National - Defense - Strategy - Summary.pdf?mod = article_ inline, p. 1, visited Sept 18, 2018.

② Ministry of Defense of the USA, *Nuclear Posture Review* 2018, Feb 2, 2018, https://media.defense.gov/2018/Feb/02/2001872886/ - 1/ - 1/1/2018 - NUCLEAR - POSTURE - REVIEW - FINAL - REPORT.PDF, p. 2, visited Sept 18, 2018.

③ 外交部发言人华春莹主持例行记者会（2018年3月22日），外交部网，https://www.fmprc.gov.cn/web/wjdt_ 674879/fyrbt_ 674889/t1544556.shtml。

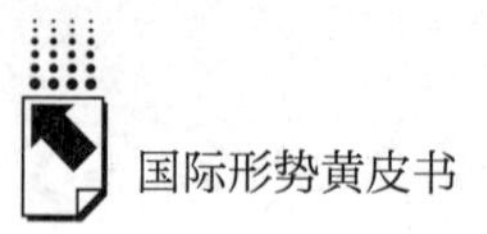

行动。2018 年也是美国不断扩大其印太战略影响的一年，特朗普试图拉拢更多国家和地区加入印太战略，其中包括菲律宾、越南等东盟国家以及中国台湾。

2018 年，美国及其盟国在南海、太平洋地区针对中国的军事演习进一步升级。6 月 27 日至 8 月 2 日，规模最大的国际海上演习“环太平洋 - 2018”联合军演在夏威夷群岛海域举行，共有 26 个国家参与。此次演习的最大特点是，美国以南海问题为由拒绝邀请中国参加，而越南、马来西亚、菲律宾等国家则应邀参加，其中越南等国是首次参与这一军演。2018 年 10 月，澳大利亚军方联合新加坡、马来西亚、新西兰和英国四国在中国南海海域进行了为期三周的所谓“国际安全演习”，澳大利亚出动三军，派遣战机和军舰参与了此次演习，并称此次联合军事演习的目的就是以实际行动支持南海的“航行自由”。美国及其盟国采取的这一系列针对中国“核心利益”及“最重要”、“最敏感”问题[①]的举措，使中美关系的对抗性增强，风险上升。

美俄关系在 2018 年继续走低，特朗普与普京之间的对话并未给两国关系带来转机。在此之后，美国国会对俄罗斯发起了新一轮严厉制裁。在叙利亚、乌克兰、伊朗等问题上，美俄关系持续紧张。此外，美俄两国的军演也愈演愈烈，更具有针对性。例如，10 月 8 ~ 19 日，乌克兰和北约八国在乌克兰举行了“晴空 - 2018”军演。作为非北约正式成员，乌克兰和北约国家一起在俄罗斯门口大张旗鼓搞军演，并让美军战斗机进驻乌克兰，显示出乌克兰与北约军事合作的进一步深入。10 月 25 日至 11 月 7 日，北约在挪威及其周边地区举行了自冷战结束以来最大规模的军事演习，代号“三叉戟接点 - 2018”。尽管北约称此次军演没有针对性，但俄罗斯外交部认为，此次军演具有明确的“反俄倾向”。俄国防部部长表示，北约的军事活动达到了冷战结束后前所未有的高水平，对俄罗斯的军事威胁日渐增强。[②]

---

① 外交部发言人华春莹主持例行记者会（2018 年 3 月 22 日），外交部网，https：//www. fmprc. gov. cn/web/wjdt_ 674879/fyrbt_ 674889/t1544556. shtml。

② 《北约最大演习事故频出》，澎湃新闻，https：//www. thepaper. cn/newsDetail_ forward_ 2635725。

针对北约和乌克兰的“晴空－2018”军演，俄罗斯也举行了一系列军事演习。俄罗斯与独联体一些国家在中亚地区进行了空中作战演习，并在10月11日进行了由普京亲自指挥的战略核力量演示，以表明俄罗斯不惜运用核打击的决心，俄罗斯还分别与中国、印度等国举行了军事演习。

中美、美俄、中俄这三对双边关系及三边关系，是影响世界格局变化最为重要的国家间关系。从2018年看，中美力量对比和双边关系的性质已完成从量到质的转变，成为影响世界格局和国际秩序走向的主线。世界格局是否能实现平稳的过渡，取决于这三个主要大国对其相互关系的掌控，尤其取决于中美关系的变化。

（二）发达国家之间矛盾加剧，民粹主义势头上升

一方面，发达国家在针对中国、俄罗斯方面有一定共同利益。以美国为首的北约针对俄罗斯举行的大规模军事演习，美国及其发达国家盟友在亚太地区对中国进行施压，都表明传统发达国家在大战略合作方面基础尚存。另一方面，发达国家之间在许多问题上的矛盾加剧，离心倾向加剧。2017年以来，发达国家民粹主义、民族主义、保护主义势头继续看涨，加之在世界格局过渡时期对主动权和有利地位的角逐，成为加剧发达国家之间矛盾的主要原因。

从2018年看，无论是欧洲国家之间，还是美欧国家之间，或是七国集团国家之间，在许多问题上都显示出利益和立场的分歧，例如对俄关系、伊核问题、气候变化、移民问题、经贸关系等。除了美国与发达国家之间的经贸之争外，美国退出伊核协议、退出《中导条约》，以及要求欧洲国家承担更多军事开支、反对建立欧洲军队的态度，也加剧了美国与主要发达国家之间的分歧。

从2018年七国集团峰会也可看出，作为发达国家集团，七国集团力争体现其内部的团结，在联合公报中就包容性就业、两性平等、妇女赋权、世界和平等问题表达了共同立场。七国集团内部矛盾增加、凝聚力减弱也是事实。特朗普在贸易问题上的态度强硬，导致美国与欧盟、加拿大等的矛盾加

大。在伊朗问题、气候变化问题和环境问题上，美国与主要欧洲国家没有达成一致。特朗普甚至说并不支持峰会联合公报的内容，这使2018年的七国集团峰会出现了“6+1”的局面，西方媒体也充斥着对七国集团前景的悲观论调。法国总统马克龙甚至称，如果特朗普不怕孤立，其他国家也不介意G7变成G6。①

近些年来，发达国家的民粹主义、民族主义、保护主义势力上升，这是导致发达国家之间矛盾加剧的一大因素。面对巨变中的世界格局和国际秩序，传统发达国家都在各自争取主动权和有利地位，不希望依附在美国的霸权之下。与此同时，在借助美国制衡中国、俄罗斯方面，这些国家又具有一定的共同利益，这种两面性是战后发达国家之间关系的一大特征。这种两面性也使主要发达国家在当前中美、俄美关系对抗性加剧和世界格局经历巨变的进程中，仍然可以充当影响大国关系和国际格局的砝码。

（三）“美退中进”加剧战后国际多边体系的解构与重组

自2017年底以来，特朗普开启了“退群”模式，陆续退出了《巴黎气候变化协定》、联合国教科文组织、《移民问题全球契约》、联合国人权理事会、万国邮政联盟、《中导条约》、《维也纳外交关系公约》等国际多边机制和组织，并宣布中止对一些联合国维和项目及难民署项目的资金支持，甚至扬言要退出联合国。与美国“退群”形成鲜明对比的是，近些年来，中国加大了对联合国及多边国际组织的支持力度，对国际多边机制的贡献和影响力不断上升。这种“美退中进”的趋势正在加速战后国际多边体系的瓦解与重建。

联合国是战后美国主导下建立的国际组织，是战后国际体系和国际秩序的重要支柱。联合国大会最初对会员国会费的评估和分摊结果反映了战后美国主导世界的经济和政治地位。根据当时的评估结果，美国的会费分摊额占

---

① 《“最分裂”峰会？马克龙喊话特朗普：不怕G7变G6》，新华网，http://www.xinhuanet.com/world/2018-06/09/c_129890697.htm。

会费分摊总额近50%，美国不同意这一评估结果，提出任何一个会员国所占份额都不应超过总额的1/3，联合国也接受了30%的最高配额限制。根据美国的要求，这一比例后来降为25%，2001年再次下调为22%。美国、日本、德国等主要发达国家一直是联合国会费的主要贡献者。在改革开放后的十多年里，中国承担的联合国会费分摊额基本保持在1%左右。

自2005年以后，中国承担的会费分摊额不断上调，到2010年调至3.1%，2015年上升到7.92%，排名也从2013年的第6位上升到第3位，仅次于美国和日本。不断上升的还有中国缴纳的联合国维和摊款，2016～2018年，中国承担的维和摊款占比为10.2%，排名从之前的第6位一跃为第2位，仅次于美国。与此同时，美国、德国、日本、法国、英国等发达国家所承担的联合国会费分摊额反而呈下降趋势。2001～2018年，日本的会费分摊额从19.63%降至9.68%，德国从9.82%降至6.39%，法国从6.50%降至4.46%，中国则从1.54%升至7.92%。①

这种变化正是战后国际体系和国际秩序重大变化的体现。战后的欧洲国家和日本一直是联合国和多边主义的支持者，当美国试图抛弃联合国时，有欧洲国家甚至提出，如果美国不愿意承担其对联合国的财政负担，欧盟国家可以承担。但在民粹主义势力上升的今天，欧洲国家对联合国和多边主义的支持无疑会受到影响。安倍政府极力强化与美国的同盟关系，加上“入常”无望，也倾向于配合特朗普向联合国施压。新兴经济体国家在联合国的影响力呈上升趋势，包括维和部队的派遣，会费与维和费用分摊额的上升，以及在发展、气候变化、人权等领域的共同立场。另外，新兴经济体国家对联合国的态度差异较大。俄罗斯和印度民众对联合国的认同度和支持度并不高，巴西、印度、南非等主要发展中国家均为安理会扩大的积极支持者。

“美退中进”的趋势无疑是加速战后国际多边体系解构和重建进程的关键因素，尚无法确定这一进程及其结果对中国是否有利，因为在这一变化进程中存在极大的复杂性和不确定性，也具有一定的风险。

① 联合国大会决议《联合国经费分摊比额表》（A/55/521/Add.1）（A/RES/70/245）。

二　国际热点持续紧张，和平进程充满变数

从2017～2018年总体情况看，世界范围的各类冲突数量并未减少，国际冲突热点仍在继续，主要集中在中东、非洲东北部以及东南亚、南亚等地，尤其是中东和非洲地区。2018年，许多持续已久的热点问题，如叙利亚、也门、伊朗等，仍然处于紧张状态，局势动荡不定。朝鲜半岛局势在2018年出现明显的好转，叙利亚、也门内战在经历了持续冲突、胶着对峙乃至激战之后，也显露出和平转机，但这些热点地区的和平进程仍然艰难曲折，前景充满变数。

（一）朝鲜半岛无核化进程曲折多变，但向好因素明显增加

2018年，朝鲜半岛的总体局势仍然错综复杂、曲折多变，但也发生了重大的转变，缓和与向好因素明显增加。首先，朝鲜领导人对其国内政策进行了重大调整，2018年4月朝鲜劳动党的七届三中全会通过了《关于发展社会主义经济和提高人民生活水平》的议题，提出将经济发展作为劳动党的战略重点，决定集中一切力量发展经济，并划分出若干经济开发区。也就是说，朝鲜劳动党的工作重点发生了转移，有媒体称之为朝鲜的“改革开放”。

与此同时，朝鲜在外交政策方面也做出了重大调整。其一是朝韩领导人的会晤与半岛南北双方关系的改善。4月27日金正恩与文在寅在板门店举行了首次会晤，签署了《板门店宣言》。紧接着，双方于5月26日在板门店进行了第二次会晤，9月18日朝韩领导人又在平壤举行了半年来的第三次会晤。朝韩领导人的频繁会晤是双方加深互信与合作的体现，对半岛局势的缓和发挥了积极作用。其二是朝鲜对其外交政策做出了重大调整，包括再次确认无核化目标，主动采取冻结核武器步骤，加强与中国的合作，改善与美国的关系等。2018年3月中朝领导人举行了会晤，朝鲜重申实现半岛无核化立场，表示今后将集中一切力量发展经济建设。2018年，朝美关系也

取得了重大突破。2018 年 6 月，金正恩和特朗普在新加坡举行了历史上首次朝美首脑会谈。朝鲜对外政策的变化引发了朝鲜半岛局势和双边关系的一系列重大变化，半岛紧张局势趋于缓和。

虽然朝鲜半岛出现向好转机，但无论是朝鲜国内的政治与经济发展趋势，还是与半岛稳定密切相关的大国关系，都还存在很大的不确定性。特别是朝美关系，两国在弃核问题上仍然存在严重分歧，[①] 一年来两国关系的发展跌宕起伏，时好时坏。半岛无核化进程显然还是一个曲折的过程，朝韩双方以及中、美、俄等相关大国立场，都将影响半岛的稳定。

（二）叙利亚、也门内战仍未停息，和平进程曲折艰难

叙利亚内战已持续 7 年之久。2018 年初，叙利亚政府军解放了大马士革省东古塔地区和霍姆斯省，并不断收复失地，巩固原有的控制区域，将战线推进到以色列、约旦边境。叙利亚战局逐渐趋于明朗，但最终的和平仍然迟迟未到。一方面，俄罗斯加大了对叙利亚政府军的军事援助和支持力度，加紧对目标区的空袭活动。另一方面，美国及其西方盟国则试图阻扰政府军的攻势。除美俄两个大国之外，伊朗、土耳其、以色列也是卷入叙利亚内战的国家，各方力量之间的角逐和缠斗是叙利亚内战复杂化、长期化的原因。2018 年，外部力量对叙利亚的武装干涉明显增强，特别是土耳其和以色列两国对叙战事的介入不断加深。

2018 年 10 月底，俄、土、法、德四国领导人在伊斯坦布尔举行了关于叙利亚问题的四国峰会，并就和平结束叙内战达成共识。在普京和埃尔多安的共同推动下，避免了伊德利卜省大规模混战的发生，俄土两国在该省建立了缓冲区，德法两国也表示将支持伊德利卜省的和平进程。美国方面称，将以推动各国从叙利亚撤军为目标，并支持四国峰会达成的成果。美国同时也强调，将与俄罗斯、土耳其就叙利亚问题进行协商。此时，持续多年的叙利亚内战显现出和平的曙光。然而，当叙利亚战争接近尾声、和平转机显现的

① 见本书邹治波《朝鲜半岛局势的重大变化与发展》部分。

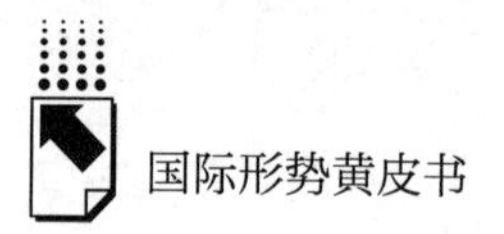

时候，叙利亚局势再度激化。进入年底以来，美国主导的国际联军多次空袭了叙利亚的代尔祖尔省，并造成大量平民伤亡。叙利亚政府向联合国安理会提出请求，谴责美国及其联军在叙利亚犯下的战争罪，并呼吁安理会对此进行调查。国际联军对叙进行的空袭以及沙特牵头的海湾国家在叙利亚的进驻，使叙利亚刚刚起步的和平进程遭受挫折。

2018 年，也门内战也经历了一个与叙利亚内战相似的情形。2017 年 12 月以来，也门战局进入以沙特为首的多国联军、哈迪领导的也门政府军为一方，以胡塞武装为另一方的直接对决阶段。进入 2018 年以来，也门局势骤然升级。也门政府军在多国联军空军的支援下展开了猛烈的进攻，并取得了长足进展。作为对多国联军空袭的报复，胡塞武装多次向沙特首都发射导弹。围绕也门重要的港口城市荷台达，双方展开了激烈的争夺。2018 年 6 月，沙特领导的多国联军和也门政府军对荷台达发动了自也门内战以来规模最大的一次攻势，希望切断伊朗的援助，掐断胡塞武装的供给命脉。虽然国际社会一直努力促和，但也门交战方的政治对话进程已被搁置两年，原定于 9 月 6 日开启的新一轮和谈也因胡塞武装的缺席无果而终。

沙特联军对荷台达的全面进攻给胡塞武装造成重大伤亡，使胡塞武装陷入守势。11 月 18 日，胡塞武装发表声明称，将停止向沙特、阿联酋以及其盟友发射导弹，并愿为和谈停止一切军事行动。与此同时，沙特在也门内战中也遭受重创，损失严重，并造成当地重大的人道主义危机。因此，沙特也有意与胡塞武装言和，以在有利局势下获得休整。为推动也门停火和人道主义援助，联合国安理会就也门局势进行了专门讨论和协商，呼吁也门各方通过政治手段解决冲突。秘书长也门特使积极开展斡旋，计划年底在瑞典举行也门冲突各方的和谈。也门政府、胡塞武装以及由沙特领导的联军均表示，愿意由联合国接管港口，并实现停火。美国方面明确表示，也门内战双方应通过联合国调停框架进行谈判，在 30 天内实现停火。在这一背景下，持续多年的也门内战也出现了和平的转机。

但在停火一周之后，也门荷台达市的胡塞武装与也门政府部队再次爆发激战，多国联军的战斗机也对胡塞武装进行了多次空袭，胡塞武装则发射炮弹作为报复。冲突的再度爆发使刚刚显现的和平前景又蒙上了阴影。也门局势同叙利亚局势一样错综复杂，除了沙特的存在，也有美国、俄罗斯、伊朗等地区大国和全球大国之间的角逐因素。虽然胡塞武装、也门政府、多国联军都表示愿意停止军事行动，寻求政治和解，但也门的和平进程同样充满曲折和艰难。

三　民粹主义与大国竞争加剧，全球治理遭遇挫折

从全球治理视角看，随着民粹主义势头的上升和大国竞争的加剧，以及特朗普“美国优先”原则下的“退群”，自由制度主义的全球治理遭受挫折，联合国已有多边框架内的全球议程受到冲击。《移民问题全球契约》面临的“退约”多米诺骨牌效应，以及网络安全领域的大国博弈，正是这一趋势的体现。此外，作为主要的多边治理行为体，大国集团内部矛盾加剧，金砖国家的影响力相对上升。

（一）多边组织和集团矛盾加剧，联合国全球议程遭到冲击

民粹主义和大国竞争的强劲势头对自由制度主义的全球治理和多边合作机制带来巨大的冲击。从2018年看，国际社会对近些年来联合国推动的气候变化协定、《2030年可持续发展议程》及《移民问题全球契约》等全球重大议程的关注度下降。发达国家民粹主义势力的上升导致国内对全球议程的立场日趋分裂，欧洲国家在难民、移民问题上的分歧，以及特朗普对气候变化、移民问题、维和行动的立场，对联合国已经确立的全球议程和多边机制产生极大的消极影响。在美国退出《移民问题全球契约》之后，匈牙利、奥地利等国也开启了“退约”进程。2018年是联合国维和行动70周年，但面临的是特朗普要求联合国削减维和预算的压力。美国表示，今后美国所承担的联合国维和经费上限为25%，这意味着美国将对现在承担的28%的维和经费做进一步的削减。作为联合国第一会费缴纳大国，美国的做法无疑会对联合国全球议程造成釜底抽薪的影响。

国际反恐、气候变化、可持续发展等全球议题也面临同样的命运。中美之间的贸易摩擦，此起彼伏的大国军演，冲淡了国际社会对全球议题的关注，尤其转移了各大国的对外战略重点。奥巴马政府时期，曾将恐怖主义视为美国的头号威胁，对国际反恐合作给予高度重视。特朗普政府已对此做出了重大调整，根据2018年《国防战略报告》，恐怖主义不再是排列首位的威胁，中国和俄罗斯成为美国首要的战略竞争对手。该报告明确指出，美国仍然要反恐，但国家间的战略竞争是现阶段美国国家安全的“首要关注”，而不是恐怖主义。[①] 难民、移民问题和网络安全问题虽然广受关注，但在这两个全球热点问题上，恰好显示出民粹主义和大国博弈的主导特征，无论欧盟还是联合国，在这两个问题上都面临成员国之间的立场分歧。

随着民粹主义和大国竞争的加剧，作为全球多边治理的重要平台，联合国、欧盟、七国集团及二十国集团等多边国际组织和集团，都面临矛盾增多、离心力加大、影响力下降的趋势。特朗普的“美国优先”与欧洲国家的民粹主义合为一股，为逆全球化趋势推波助澜。美国已退出《巴黎气候变化协定》，在七国集团峰会上，只有5个国家就气候变化和环境问题达成共识，美国和日本没有参与。受美国和发达国家对中国、俄罗斯立场的影响，加之特朗普在贸易问题上的强硬态度，G20国家之间的矛盾变得更加突出。除贸易争端加剧外，南海问题、乌克兰问题也会加剧G20国家之间的矛盾。

在这一背景之下，中国成为影响全球治理和多边主义最为重要的力量，中国与其他新兴经济体国家在全球治理和国际多边机制中的作用和影响力呈上升趋势。在2018年金砖国家峰会上，这一点得到体现。2018年7月，金砖国家峰会在南非约翰内斯堡举行，除了金砖国家外，还有22个国家参加了会议，其中19个是来自非洲的国家。会议发表的《约翰内斯堡宣言》重申，金砖国家将“支持联合国的核心作用”，“支持多边主义”。金砖国家还

① Department of Defense, 2018 *National Defense Strategy*, Jan. 19, 2018, https://news.usni.org/2018/01/19/2018 - department - defense - national - defense - strategy.

承诺“致力于强化全球治理的多边机构，确保它们能够全面应对全球性挑战”，并“鼓励金砖国家在联合国行政和预算事务方面开展进一步合作，保证其获得充足资源”。金砖国家强调，将在可持续发展、气候变化、维和、反恐、反腐败、环境保护、网络安全、打击跨国犯罪等领域加强合作，携手共进。①

（二）难民和移民问题再成焦点，《移民问题全球契约》“退约”多米诺骨牌效应显现

2018 年，在诸多全球问题中，难民和移民问题再次成为全球关注的一大热点，主要体现在以下三个方面。

第一，欧洲国家民粹主义势力上升，难民、移民问题成为欧洲国内政治斗争的焦点。2018 年，欧洲并未发生 2015 年那样大规模的难民潮，成为热点的是围绕难民和移民问题发生的国内政治斗争，是民粹主义政治影响力上升的体现。主要事件包括意大利对移民船的处理，德国围绕默克尔移民政策发生的党派纷争，右翼和左翼支持者的街头抗议，匈牙利针对移民问题的“反索罗斯”法，以及匈牙利、奥地利等国退出《移民问题全球契约》等。

第二，特朗普在严打非法移民的同时，遭遇新一轮中美洲移民大军压境。来自中美洲国家的移民问题以及特朗普的移民政策，是 2018 年国际移民、难民问题的一大看点。一方面，特朗普延续 2017 年对非正常移民的严控严打立场，包括在美墨边界修筑围栏，实行“零容忍”“骨肉分离”政策，继续削减难民的接收额度等。与此同时，美国遭遇来自委内瑞拉和中美洲国家移民潮的冲击。根据联合国 2018 年国际移民报告，1980～2015 年，生活在美国的中美洲人增长了 1000%。2016 年以来，来自中美洲和委内瑞拉的难民、移民取代墨西哥、哥伦比亚等传统移民大国，不断涌向美国边界，致使包括美国在内的有关国家不得不采取关闭边境、派遣军队等措施，

① 《第十届金砖峰会约翰内斯堡宣言（全文）》，南非约翰内斯堡，2018 年 7 月 25～27 日，新华网，http：//www. xinhuanet. com/world/2018 －07/27/c_ 1123182948. htm。

以阻止移民冲关和预防可能发生的冲突。

第三，《移民问题全球契约》面临“退约”多米诺骨牌效应。2018 年，联合国会员国就《移民问题全球契约》的最后文本达成一致，并决定在 12 月的摩洛哥会议上通过。但在这一文件尚未获得通过之前，退约多米诺骨牌效应已经开始。美国最先退出了契约的谈判进程，随后匈牙利宣布出退，紧接着是奥地利的退出。波兰也表示了对契约内容的不满，开始考虑是否退出的问题。面对这一趋势，联合国大会主席表示，《移民问题全球契约》只是一个非约束性框架，一些国家提出退出，说明对这一问题的慎重考虑，联合国尊重这些国家的决定。① 《移民问题全球契约》被联合国视为移民问题全球治理的重要框架，但在欧洲民粹主义和特朗普“美国优先”的影响下，其前景和作用将大打折扣。

2018 年，联合国难民署的应对能力和资源受到削弱，所需资金面临更大的缺口，会员国提供的难民重新安置机会发生了逆转式下降，联合国在难民、移民领域的作用面临更大的挑战。

（三）对网络安全的关注度继续上升，大国间的网络博弈日趋明显

2018 年，网络安全问题仍然备受关注。首先，从全球范围看，不仅网络攻击次数不断增加，而且攻击目标更为明确，其效果和影响也不断扩大。世界经济论坛发布的《全球风险报告 2018》，首次将网络攻击列入全球五大安全风险，报告称企业监测到的网络攻击活动在五年中几乎翻番。② 赛门铁克发布的《2018 年互联网安全威胁报告》显示，2017 年有目的的攻击行为增长了 10%③，中美成为全球范围内受攻击最多的两个国家，政府、能源、金融、国防及互联网被关注的程度最高。

---

① 《联大主席埃斯皮诺萨：尊重部分国家退出〈移民契约〉的决定呼吁成员国合作应对移徙问题》，联合国网站，https：//news. un. org/zh/story/。

② 世界经济论坛：《全球风险报告 2018》，达沃斯：世界经济论坛，2018。

③ Symantec，2018 *Internet Security Threat Report*，https：//www. symantec. com/about/newsroom/press – kits/istr – 23.

面对日益加剧的网络攻击，各国政府、智库对网络安全的关注度持续上升，使网络安全问题成为跨领域的热点话题。欧美发达国家及新兴经济体国家对网络安全都表现出极大的关注，纷纷出台加强网络安全方面的政策，强化应对网络安全威胁的措施。美国国土安全部在 2018 年 5 月发布了新的《网络安全战略》，将风险识别、减少漏洞、减少威胁、影响缓释、落实网络安全成果作为网络安全管理的五大支柱。① 国土安全部还成立了国家风险管理中心，目的是帮助关键基础设施企业长期评估网络风险，打击入侵和破坏性的黑客行为。② 美国 2018 年《国防战略报告》也明确提出将对重大网络攻击实施核报复。③ 国防部对外发布的《2018 年网络战略摘要》称，美国正处于来自中俄等国的长期战略竞争的安全威胁，需通过提高网络空间作战能力、前摄性制止有关恶意网络活动、加强跨部门及跨国合作等加以应对。④

另一显著特征是，在网络安全领域，大国竞争和博弈日趋激烈。受中美、俄美关系的影响，网络空间领域的大国冲突有所上升。美国指责中国政府对美国公司的计算机网络进行未经授权的入侵和盗窃，指责中国政府支持企业进行商业窃密，并对中国的互联网审查制度进行抨击。美国国土安全部和联邦调查局发布一份警告，称俄罗斯政府针对美国的关键基础设施进行了网络攻击。如何防范俄罗斯针对美国发起的信息战，已成为美国对俄网络政策的重中之重。⑤

虽然国际社会承认网络空间合作的必要性和重要性，推动网络空间领域合作的努力也在继续，但网络空间领域仍然是一个以乱象和无序为特征的领

---

① DHS, *DHS Cybersecurity Strategy*, May 17, 2018, https: //www. dhs. gov/publication/dhs - cybersecurity - strategy.

② E 安全：《DHS 成立国家风险管理中心：保护关键基础设施》，http: //www. sohu. com/a/244986590_ 257305。

③ U. S. Department of Defense, 2018 *National Defense Strategy*, https: //dod. defense. gov/Portals/1/Documents/pubs/2018 - National - Defense - Strategy - Summary. pdf.

④ DOD, *Summary Department of Defense Cyber Strategy* 2018, https: //media. defense. gov/2018/Sep/18/2002041658/ - 1/ - 1/1/CYBER_ STRATEGY_ SUMMARY_ FINAL. PDF.

⑤ 见本书郎平、丁丽伟《网络安全与大国关系》部分。

域，大国之间的零和博弈、相互猜疑和相互制衡更加明显。围绕网络安全问题，不同国家及非国家行为体有着不同的利益和立场，差异和分歧明显，尚难在规则和制度层面形成全球共识。

四　中国面临的安全形势与风险日趋复杂

从总体看，2018 年中国面临的安全形势既有积极的变化，也有消极的变化。在周边地区，一些热点问题出现缓和，安全形势得到改善。同时，也有一些方面出现矛盾和冲突的升级。五年来，“一带一路”建设继续取得进展，但面临的各种风险也随之增多，海外利益保护的任务更加复杂、艰巨。

（一）周边安全形势基本稳定，针对中国的军事活动升级

2018 年，中国周边安全形势基本稳定，出现了诸多积极、利好的发展。朝核问题的缓和，使中国东北亚方向的安全形势有了较为明显的好转。在东南亚方面，积极因素也有所增加。中国与周边国家在推进地区合作机制方面取得了进展，澜湄合作、中日韩三边自贸协定磋商、《区域全面经济伙伴关系协定》谈判，以及南海行为准则磋商等都在进行中。在政治外交领域，除中俄关系稳步发展外，以中日邦交正常化 45 周年为契机，中日关系有所改善。2018 年 5 月李克强总理访问日本，出席了中断多年的中日韩三国首脑会议。2018 年 10 月，日本首相安倍晋三访华。随着高层互访以及各领域对话的恢复，中日关系呈现回稳迹象。在南亚方向，中印两国都希望避免冲突，亮点之一是 2018 年 11 月举行的中印边界谈判，双方均表示谈判“达成重要共识”，“基调积极，且富建设性和前瞻性”。①

同时，周边安全形势也出现了一些不稳定因素，某些方面的矛盾更加尖锐，主要不稳定因素来自美国及其盟国在中国周边采取的针对中国核心安全

① 外交部：《中印边界问题特别代表第二十一次会晤取得重要共识》，外交部网，2018 年 11 月 24 日，https：//www. fmprc. gov. cn/web/wjbzhd/t1616003. shtml。

利益的举措。从 2018 年看，中美在印太地区的战略竞争有所加剧，特别是美国及其盟国在台湾海峡、南海和环太平洋采取的针对中国的活动增加。美国的南海政策增添了更多“军事化”色彩，美军在南沙、西沙海域执行“航行自由行动”的频率和力度加大，在南海地区开展军事演习、抵近侦察及军事设施建设的动作加大。此外，澳大利亚、英国、法国等也派军舰进入南海宣示“航行自由”。新加坡、越南、菲律宾等周边国家对华政策的制衡意图仍然明显，美越防务合作得到加强，美菲军事合作水平提升，这些国家还参与了美国及其盟国主导的排除中国参与的南海及环太平洋军演，增添了中国周边的不安全因素。①

（二）“一带一路”面临更多安全风险，海外利益保护任重道远

自“一带一路”倡议提出至今的五年里，“一带一路”建设取得了明显进展，但随之而来的风险与挑战也日益增加。在地缘大战略方面的挑战仍然源自大国之间的竞争，主要是中美关系。② 2018 年 9 月底，美国智库新美国安全中心发布了一份题为《如何应对中国的“一带一路”战略》的报告，认为中国想借助“一带一路”打造一个不同于现行体系的国际秩序，而这将在地缘政治、商业、治理和发展等多方面给世界带来风险，报告建议美国推出自己的方案以强抗衡中国的“一带一路”倡议，调动资源做出全面回应。③ 美国副总统彭斯指责中国利用“债务外交”扩大影响力，称美国正在准备提出方案以“替代中国债务陷阱外交”，并通过加大推动印太战略的力度，以对冲中国通过“一带一路”建设获得的国际和地缘政治经济影响力。④

---

① 见本书王雷《中国周边安全形势评估（2017～2018）》部分。

② 见本书赵海《“一带一路”倡议五周年：进展与挑战》部分。

③ Daniel Kliman and Abigail Grace, *Power Play: Addressing China's Belt and Road Strategy*, September 20, 2018, https://www.cnas.org/publications/reports/power-play.

④ 《副总统迈克彭斯就本届政府对中国的政策发表讲话》，美国副总统办公室，2018 年 10 月 4 日，https://china.usembassy-china.org.cn/zh/remarks-by-vice-president-pence-on-the-administrations-policy-toward-china-2-zh。

随着“一带一路”建设的扩大和深入，越来越多的项目涉及恐怖势力、极端势力和分裂势力这“三股势力”活跃的国家和地区，对中国海外人员的生命安全和财产安全造成直接威胁，“一带一路”建设的安全保障日益凸显。除宏观地缘战略层面的风险外，其他层面的冲突风险也明显增加。例如所在国政府、企业与民间组织和其他不同利益集团之间的冲突，也包括企业之间的利益冲突，中央政府与地方政府之间的利益冲突等。“一带一路”沿线国家国内政治、经济、文化等因素引起的纠纷日益增多，正是这类冲突风险的体现，也是“一带一路”建设需要给予更多考虑的方面。这种风险不仅限于“一带一路”沿线国家或“一带一路”项目。随着中国企业的“走出去”以及中国国际经济与发展合作的扩大，海外安全利益风险的上升不可避免。近些年来，海外中资企业越来越成为被袭击的对象，例如中国在蒙古、越南、巴基斯坦等国的工程或中资企业都遭受过袭击。在亚洲、非洲、拉美等地，这类事件频繁发生，包括来自恐怖主义的袭击和当地人的打砸抢。

从前景看，随着“一带一路”合作的深入和扩大，中国海外利益保护任务变得更加艰巨和复杂。中国在这方面存在的不足也日益显现，包括对当地政治、经济、种族和宗教背景缺乏了解，海外利益保护的手段和途径缺乏多元性，过于依赖外交交涉和领事保护等，这些方面的短板需要尽快从能力及制度上得到弥补和完善。在政府主导的基础上，需要发挥其他非政府行为的作用，包括中国非营利性组织的国际化，扩大与东道国企业、非政府组织的合作。同时，还需探索多元化的海外利益保护模式，突破对外交交涉和领事保护的依赖。① 在国际层面，通过预防冲突措施避免经济和发展成果遭受损失，是联合国和世界银行目前关注的重要议题。除在国际经济活动中更多考虑预防冲突的措施外，在风险评估、早期预警和冲突预防方面，中国与所在国家、区域组织、联合国以及其他国际组织也有进一步开展合作的空间。

---

① 见本书肖河《海外利益保护的国家间比较》部分。

参考文献

《第十届金砖峰会约翰内斯堡宣言（全文）》，南非约翰内斯堡，2018 年 7 月 25 ~ 27 日，新华网，http：//www. xinhuanet. com/world/2018 – 07/27/c_ 1123182948. htm。

国际移民组织：《世界移民报告 2018》中文版，全球化智库（CCG）译，https：//publications. iom. int/books/world – migration – report – 2018 – chinese。

联合国大会决议《联合国经费分摊比额表》（A/55/521/Add. 1）（A/RES/70/245）。

联合国难民署：*Global Trends Forced Displacement in* 2017，http：//www. unhcr. org/statistic。

联合国难民署：*UNHCR Projected Global Resettlement Needs* 2019，http：//www. unhcr. org/protection/resettlement/5b28a7df4/projected – global – resettlement – needs – 2019. html。

Department of Defense，2018 *National Defense Strategy*，Jan. 19，2018，https：//news. usni. org/2018/01/19/2018 – department – defense – national – defense – strateg.

世界格局与国际安全

World Patterns and International Security

Y.3

中美俄大国关系新进展

李隽旸*

摘　要： 2018年，中美俄大国关系出现新的变化与进展。由于美国国内政治的变化，美国对华政策出现明显变动，中美关系出现新态势。在近期及未来相当一段时间内，中美两国将进入战略竞争新阶段。中俄两国立足深厚的元首友谊和紧密的战略协作，双边关系稳步发展，持续向好。2018年以来，中俄合作基础牢固稳定，合作领域更为广泛深入。在美俄两国尝试快速重启双边关系失败后，2018年的美俄关系波折不断。在可见的未来，由于美国国内政治因素和美俄两国的固有战略矛盾，双边关系将充满不稳定性与不确定性，并很可能持续走低，给世界格局带来波动性风险。中美俄大国关系对世界

* 李隽旸，博士，中国社会科学院世界经济与政治研究所国际政治理论研究室副研究员，主要研究领域为大战略历史与理论。

格局影响深远。大国关系发生上述变化后，现有的世界格局或处于重大变化前夜。

关键词： 中美关系 中俄关系 美俄关系 世界格局

一 中美关系进入战略竞争新阶段

2018 年以来，以美国正式启动对华钢铁和铝制品加收关税为标志，围绕双边贸易摩擦这条主线，中美关系逐步趋于紧张，进入了战略竞争新阶段。随着特朗普政府对华战略定位负面化，两国在诸多竞争性领域核心矛盾日益突出、冲突风险持续上升。

（一）中美关系发生显著变化

自 2017 年底以来，美国先后发布一系列国家安全战略与国防文件，对华战略定位明显趋于负面。2017 年 12 月 18 日，特朗普发布任内首份《国家安全战略》（*National Security Strategy*）报告，将中国定义为“竞争对手”与“修正主义国家”。[①] 2018 年 1 月 19 日，美国国防部发布《国防战略报告》（*National Defense Strategy*），声称“中国是战略竞争者”,[②] 同时表明“美国国家安全首要关切国家间战略竞争而非恐怖主义”。[③] 布鲁金斯学会将此报告解读为，与中国和俄罗斯竞争将成为美军

① The White House, *National Security Strategy of the United States of America*, December 2017, https: //www. whitehouse. gov/wp - content/uploads/2017/12/NSS - Final - 12 - 18 - 2017 - 0905. pdf, p. 25, visited Sept 24, 2018.

② Ministry of Defense of the USA, *Summary of the 2018 National Defense Strategy*, https: //dod. defense. gov/Portals/1/Documents/pubs/2018 - National - Defense - Strategy - Summary. pdf? mod = article_ inline, p. 1, visited Sept 18, 2018.

③ Ministry of Defense of the USA, *Summary of the 2018 National Defense Strategy*, https: //dod. defense. gov/Portals/1/Documents/pubs/2018 - National - Defense - Strategy - Summary. pdf? mod = article_ inline, p. 1, visited Sept 18, 2018.

的优先方向。[①] 2018 年 2 月 2 日，国防部再次发布《核态势评估》（*Nuclear Posture Review*）报告，指出在核战略方面，中俄在挑战美国及其盟友等“建立与维持的国际规范与秩序”。[②] 2018 年 9 月 20 日，特朗普签署号称美国 15 年来第一个全面清晰阐述的《国家网络战略》，报告认为“俄罗斯、中国、伊朗和朝鲜都利用网络空间作为挑战美国的手段”，美国需要制定全球网络行为标准，以保护美国的主导地位，惩罚“恶意行为者”。这一系列报告与文件集中显示，特朗普执政两年以来，其全球战略布局已经初步形成，中国和俄罗斯进一步成为美国战略体系的首要安全考量和结构性竞争对手。较之从前，美国对中国的战略定位更加趋向负面化。

从各个竞争性领域来看，中美核心矛盾日益突出、冲突风险持续上升。经贸领域矛盾已成为中美关系在 2018 年的最大变化和未来一个时期的最大变数。2017 年 8 月，特朗普指示美国贸易代表办公室依据美国国内法《1974 年贸易法》“301 条款”，启动对中国进口商品的调查；2018 年 3 月 22 日，根据调查结果，特朗普宣布对 500 亿美元的中国商品征收关税。[③] 此后，特朗普政府不断提高征税商品范围和所涉金额，截至目前，美国已宣布对另外 2000 亿美元的中国商品加征关税 10%，自 2019 年 1 月 1 日起提高关税税率至 25%，同时威胁将可能对剩余的 2670 亿美元中国商品继续加征关税。在贸易施压的同时，特朗普政府还高度重视战略上提防、战术上遏制“中国制造 2025”相关产业，不断出台政策扶持本国高科技企业发展，打压中国战略性、增长性关键企业，并直接酿成“中兴事件”。与此同时，美国不断提高中资企业赴美投资门槛，强化安全性审核，并于近期专门出台

---

① Mara Karlin, *How to Read the* 2018 *National Defense Strategy*, Brookings, Jan 21, 2018, https://www.brookings.edu/blog/order-from-chaos/2018/01/21/how-to-read-the-2018-national-defense-strategy/, visited Sept 18, 2018.

② Ministry of Defense of the USA, *Nuclear Posture Review 2018*, Feb 2, 2018, https://media.defense.gov/2018/Feb/02/2001872886/-1/-1/1/2018-NUCLEAR-POSTURE-REVIEW-FINAL-REPORT.PDF, p. 2, visited Sept 18, 2018.

③《特朗普签署备忘录将对中国商品大规模征收关税》，新华网，2018 年 3 月 23 日，http://www.xinhuanet.com/2018-03/23/c_1122577980.htm。

《外国投资风险评估现代化法案》，进一步强化美国外国投资委员会（CFIUS）审查权，扩大管辖范围、扩展“关键技术”定义，并对中资企业在美国敏感行业的经济行为进行系统性战略评估，想方设法污名化中国企业和中国经贸政策。总体来看，2018 年中美两国经贸往来传统的压舱石作用被大幅削弱，转而成为双边关系中争议最集中、斗争最激烈、风险最突出的竞争性领域。

除了双边经贸摩擦这一主线外，中美关系在其他一些竞争性领域也在逐步变差，存在潜在的对抗性风险。在台湾问题方面，近一年以来，在国会“台湾连线”势力的推动下，“美台关系”通过一系列法案的出台得以进一步夯实。2018 年 3 月 16 日，特朗普签署《台湾旅行法》（*Taiwan Travel Act*），美国与台湾地区高层互访正式松绑。2018 年 8 月 13 日，特朗普签署《2019 年度国防授权法案》（*National Defense Authoration Act* 2019），其中第 1257 -8 条为涉台条款，试图强化台湾地区军力与战备能力，[①] 加强“防务”关系。2018 年以来，多个国家先后与台湾地区“断交”，美国国会对此反应强烈，并于 2018 年 8 月 22 日召回美国驻多米尼加、萨尔多瓦、巴拿马三国大使，显示出从未有过的强烈态度。这一系列涉台举措触及中国核心利益与外交底线，给海峡两岸带来持续紧张和冲突升级风险。但同时需看到，与国会相比，特朗普所在的白宫对台湾议题的重视度和支持度相对较低，在对台军售、“美国在台协会”成立、蔡英文过境美国等敏感议题上保持了较好的克制和谨慎，没有制造新的麻烦。著名“挺台分子”、国家安全事务助理博尔顿上台以来尚未在台湾议题上表态，台湾问题暂未出现与贸易摩擦绑定施压的迹象，这是 2018 年以来中美关系相对较好的方面。

在南海问题方面，美国不断加强南海及周边地区的军力部署，强化在南海区域的军事存在和战场建设，军事存在加强及行动次数有所增加，中国国家利益及合法权益受到威胁。《2019 年度国防授权法案》首次加入了南海条

① The US Congress, *National Defense Authorization Act 2019*, https://www.congress.gov/bill/115th-congress/house-bill/5515/text?q=%7B%22search%22%3A%5B%22NDAA+2019%22%5D%7D&r=3, sec. 1257-8, visited Sept 22, 2018.

款，其中第1259条要求美国国防部定期提供中国在南海的一切重大行动信息，包括新的填海动作、过度的领土主张等，同时要求美国国防部不得邀请中国军队参加战术行动。与南海问题相呼应，特朗普政府印太战略在2018年有了实质性举措，内涵也更加丰富。总体来看，2018年特朗普政府正通过各项积极举措进一步强化美国在亚洲的权势存在和盟友体系，以期打压中国在台湾问题和南海议题上的战略空间。

（二）引发中美关系新变化的内外因素

从外部看，中美实力对比的进一步变化，引发美国各界对中国的结构性、战略性忧患，这是中美关系逐步迈向紧张的根本原因。从内部看，美国复杂的内政因素、特朗普本人的理念根源与政策偏好、中期选举对政策的塑造效应构成了中美关系新变化的内生动因。

第一，中美实力对比引发美国对华战略定位变化。美国对华战略定位趋向负面，是由中美之间结构性的实力对比调整决定的。近年来，伴随着我国综合国力的不断壮大、战略产业的不断发展、“一带一路”倡议等在国际社会上不断提升中国的影响力和话语权，美国逐步感受到自身的霸权空间正在遭受前所未有的挑战和挤压，“修昔底德陷阱”恐惧是对于这一忧患的最直接回应。以双边贸易摩擦为例，2018年2月初，美国国务院公布2017年度对外贸易数据，美国对华贸易逆差再度增长8.2%，达到创纪录的3752亿美元，这使得特朗普在竞选时做出的缩小贸易逆差的承诺成为笑柄，直接导致了3月初特朗普坚定地开启了中美贸易争端。然而双边贸易的结构性关系不是一朝一夕可以改变的。8月的对美贸易数据显示，中国对美贸易顺差额创单月最高纪录，扩大7.7%达到1.24万亿元，中国对美国出口增速加快至13.2%，这反映出中美之间在贸易层面的实力对比。

目前，美国朝野普遍认为，过去几十年的美国对华战略并不成功，[①] 当

① 吴心伯：《特朗普执政与美国对华政策的新阶段》，《国际问题研究》2018年第3期，第87页；张沱生：《中美关系发展前景展望》，《当代美国评论》2018年第2期，第6页。

下对华施压正逢其时。特别是特朗普在有关贸易问题上的坚持，得到了一贯持贸易保护主义理念的民主党高层的认可，参议院民主党领袖舒默便公开表示，“在贸易议题上，我对特朗普总统的支持要胜过对奥巴马和小布什的支持，我们必须要对中国更加强硬”。在施压并惩罚中国这一立场上，两党达成理念层面的高度统一，《2019 年度国防授权法案》限制了美国政府与中兴、华为进行商业往来的自由，赋予了 CFIUS 更多行政审核的权力，还囊括了多项涉台条款，并在参众两院分别以 87∶10、359∶54 的高票通过，这深刻反映了两党在提防并遏制中国上的共同态度和统一立场。有学者认为，美国精英对华政策已经形成新共识，由“接触”（engagement）调整为“规锁”（confinement）。[①]

第二，特朗普的理念根源与政策偏好引导政策制定议程。目前，中美关系各领域议题整体呈现的最大特征就是高度的不平衡性，中美贸易议题过度承压，其他领域议题虽有美国其他部门在持续推动，但相对而言，没有得到特朗普本人的足够重视。这与特朗普的商人出身有直接联系。特朗普本人正在以鲜明的个人理念、强大的个人意志作用于中美关系的基本面，塑造美国对华政策的基本偏好。以贸易议题为例，特朗普早在 1987 年就已经建立起感官上的贸易争端理念，他在当年对日本、西欧产品行销美国市场感到非常失落；1990 年，当他寻求作为老布什副手参加竞选时，就已经将贸易争端作为自己的竞选标签；2000 年，作为改革党候选人参加总统竞选时，特朗普再次提出如果胜选，要亲自兼任美国贸易谈判代表。从西欧、日本再到中国，特朗普的贸易争端理念始终有着一个明确的战略标的，他在这一议题上的坚定态度是从未动摇的，这使得他在推行相关政策时往往会显得任性、笃定，甚至毫无理性。除此之外，在其他更为广泛的中美关系领域上，特朗普则较容易陷入视觉盲区，有关政策也存在放任漂流的情况。总体来看，中美关系中的敏感议题数量有所减少，双边贸易摩擦保持了较好的单质性和纯粹

① 张宇燕、冯维江：《从“接触”到“规锁”：美国对华战略意图及中美博弈的四种前景》，《清华金融评论》2018 年第 7 期。

性，一定程度上阻遏了由经贸领域向政治、外交和安全领域的蔓延。

第三，中期选举效应影响中美关系短期发展。2018 年 2 月，特朗普提前启动了自身的 2020 年连任竞选，在“永续竞选”的氛围下，特朗普需要重新拣起中国议题作为凝聚选民、转移矛盾的有力武器，这件武器对于特朗普适用，对于州议员、州长的竞选同样适用，这决定了 2018 年必将成为中美关系摩擦频发的一年。以贸易摩擦为例，特朗普发动贸易争端的核心诉求是为了巩固维护铁锈地带的白人产业工人选民，推动美国进口钢铁增税、敦促各国进口汽车降税都是紧紧围绕基本盘选民量身制定的贸易政策。2018 年的党内初选阶段，共和党内部出现了明显的“特朗普化”倾向，多位候选人高举反建制、反移民、反全球化的竞选纲领，以凝聚保守派选民基本盘。由于选举政治的客观需要，在 2018 年底之前，美国在有关中国议题上的立场很难产生松动，国会会比白宫更为强硬，鹰派会较鸽派更占上风。

（三）中美关系未来走向不明朗

考虑到中美关系进展的上述形成原因，中美关系可能有如下走向。短期内，在中期选举结束以后的一段时间内，中美关系韧性趋弱，更加紧张；从长期来看，中美关系究竟是步入“陷阱”还是治理合作，则需要视具体政策走向而定。

从短期看，中美关系会更加紧张。11 月的中期选举改选了美国众议院全部 435 个代表席位和参议院 100 个代表席位中的 34 个。选后，共和党在参议院优势有所扩大，但民主党在众议院实现大幅翻盘，国会会出现分治局面。目前来看，对华强硬已经成为美国朝野共识，中期选举不会对中美关系产生重大影响。[①] 国会分治导致两党议题协商成本和难度陡增，彼此制约将更为频繁。受此影响，中美关系竞争性议题将进一步增多；但由于特朗普诸

---

① 谢韬：《2018 年美国中期选举对中美关系有多大影响?》，大国策智库网站，2018 年 8 月 28 日，http：//www. daguoce. org/article/12/314. html。

多亟待实施的内政可能会面临国会较大掣肘，相较而言，外交、安全、贸易议题会拥有更大的自由度，预测对华贸易摩擦和伊核制裁将在短期进一步承压。

从长期看，两国关系性质的变化还需视具体政策走向而定。特朗普执政以来，美国忽视并拒斥全球性治理合作和公共议程，在双边关系的把控中基本奉行现实主义的权势政治原则。结构性双边关系方面，由于美国对华战略定位趋向负面化，“崛起陷阱”现实风险切实存在。但从长期来看，中美关系仍然是世界稳定的压舱石、世界和平的助推器，预测双边贸易摩擦的负面效应充分显现后，美国对华的认知和态度会出现战略回调，双方仍然存在治理合作的广泛空间。

（四）中美关系发展影响世界格局

总体判断，当下的中美竞争仍然显示为两个权势之间的经济竞争，暂时并未向阵营体系对峙、军事政治对抗乃至全方位竞争拓展。有学者指出，近期中美竞争将主要集中在经济领域，不在军事和意识形态领域。[①] 由此，中美之间尚未出现“新冷战”的结构性氛围。

但需要警惕的是，经济领域长期的恶性对抗可能产生严重的外溢效应。近期有美国学者判断，白宫内的贸易鹰派正在擘画新战略，以促使中美两个经济体实现脱钩，目的是让供应链从亚洲回到美国。[②] 届时，中美两国或将形成两个相对独立但又相互关联的经济体系，一些国家依存美国市场，一些国家依存中国市场，更多的国家与两边同时保持经贸关系，从而形成经济领域的“新冷战”格局。[③]

---

① 张伟玉：《2018 年中美关系恶化但无冷战危险》，《国际政治科学》2018 年第 1 期，第 160 页。

② 《美鹰派或对华发动“秋季攻势”美消费者情绪不安》，《参考消息》2018 年 8 月 23 日，http：//www. cankaoxiaoxi. com/world/20180828/2317075. shtml。

③ 郑永年：《中美贸易战可能的四个结局》，http：//www. ccg. org. cn/Expert/View. aspx？Id = 9698。

二　中俄关系没有最好只有更好

中俄关系延续先前发展趋势，不断向好发展。在原有的优势合作领域，中俄互信进一步加强；在原来较为薄弱的合作环节如经贸等领域，中俄合作与交流的密切程度稳步加深。中俄关系前景令双方充满信心，是新型国际关系的典范。

（一）中俄关系稳中向好

2018 年以来，中俄关系不断发展：战略与安全合作更加深入，地方合作更上台阶，双边贸易稳步增长，多领域创新合作前景更为广阔。习近平主席指出，中俄全面战略协作伙伴关系处于历史最好水平，为构建相互尊重、公平正义、合作共赢的新型国际关系和人类命运共同体树立了典范。[①] 中俄关系的加强在以下几个方面得到体现。

第一，战略与安全合作更加深入。战略与安全合作是中俄全面战略协作伙伴关系的重要方面。2018 年，中俄战略与安全合作更加深入，机制化战略磋商与两军交流都有所发展。2018 年 8 月 15 日，中俄第十四轮战略安全磋商在俄罗斯举行，围绕朝鲜问题、中东局势、伊核问题等进行了沟通，达成了共识。[②] 战略安全磋商机制是落实两国元首共识、实施战略沟通协作的基石。同时，中俄两军交流也经由多边舞台和双边合作得到进一步加强。2018 年 8 月 25 日开始，上海合作组织联合反恐军事演习在俄罗斯切巴尔库尔训练基地举行。2018 年 9 月，中国军队参加了俄罗斯“东方 -2018”战

---

① 《习近平向俄罗斯当选总统普京致贺电》，外交部网站，2018 年 3 月 19 日，https://www.fmprc.gov.cn/web/gjhdq_676201/gj_676203/oz_678770/1206_679110/xgxw_679116/t1543289.shtml。

② 《杨洁篪主持中俄第十四轮战略安全磋商》，外交部网站，2018 年 8 月 15 日，https://www.fmprc.gov.cn/web/gjhdq_676201/gj_676203/oz_678770/1206_679110/xgxw_679116/t1585479.shtml。

略军事演习。[①]

第二，地方合作更上新台阶。2018～2019 年是中俄地方合作交流年。2018 年 9 月 11～13 日，第四节东方经济论坛“远东：更多机遇”在俄罗斯符拉迪沃斯托克举行。习近平主席应邀出席论坛，同时还与俄罗斯总统普京共同出席中俄地方领导人对话会。[②] 中俄两国借助地方合作交流年的契机，充分挖掘互补优势，精准对接地方发展战略，使得两国地方合作更上台阶。俄罗斯已有 70 多个地区主体与中国的地区主体建立稳固合作关系。[③] 在第四届东方经济论坛期间，俄远东联邦区和中国东北合作纲要签署。[④] 地区合作水平的提升，能够帮助中俄两国提高互联互通水平，促进人文交流，实现民心相通。

第三，双边贸易潜力得到挖掘。2018 年以来，中俄双边贸易稳步增长，互补性潜力巨大，仍待充分挖掘。[⑤] 首先，在西方制裁大背景下，俄罗斯经济一直面临严重困难。但 2015 年以来，俄罗斯农业成为新的经济增长点和火车头。[⑥] 俄罗斯对华农产品出口大幅增加，带动俄罗斯对华整体出口快速增长。其次，虽然西方对俄罗斯施加制裁，但俄罗斯积极寻找新的经济增长点，经济增速已经有所提高，经济前景有所恢复。[⑦] 在此背景下，中俄双边贸易可望继续稳步向好。

---

① 《“东方－2018”战略演习中俄联合战役演练正式展开》，国防部网站，2018 年 9 月 11 日，http：//www. mod. gov. cn/action/2018－09/11/content_ 4824732. htm。

② 《习近平和俄罗斯总统普京共同出席中俄地方领导人对话会》，外交部网站，2018 年 9 月 11 日，https：//www. fmprc. gov. cn/web/gjhdq_ 676201/gj_ 676203/oz_ 678770/1206_ 679110/xgxw_ 679116/t1594168. shtml。

③ 《俄 70 多个地区已与中国建立稳固关系》，中俄经贸合作网，2018 年 8 月 7 日，http：//www. crc. mofcom. gov. cn/article/doublestate/201808/402717. html。

④ 《俄副总理：俄远东联邦区和中国东北合作纲要准备在东方经济论坛期间签署》，中俄经贸合作网，2018 年 8 月 23 日，http：//www. crc. mofcom. gov. cn/article/expertsform/201808/403214. html。

⑤ 《中国商务部：2018 年中俄双边贸易额有望突破 1000 亿美元》，俄罗斯卫星通讯社网站，2018 年 5 月 10 日，http：//sputniknews. cn/economics/201805101025359548/。

⑥ 张红侠：《俄罗斯农业：经济增长的新亮点》，《俄罗斯东欧中亚研究》2018 年第 3 期，第 37 页。

⑦ 《俄央行上调俄罗斯 2020 年 GDP 预期增速至 1.8%～2.3%》，商务部网站，2018 年 9 月 21 日，http：//www. mofcom. gov. cn/article/tongjiziliao/fuwzn/oymytj/201809/20180902789805. shtml。

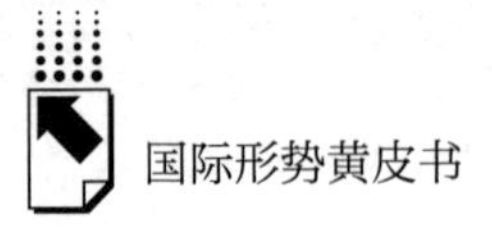

第四，多领域创新合作前景广阔。中俄在能源、基础设施、制造业、农业、高新技术开发、电子信息、科研、教育等多个领域的创新合作正在不断探索升级，相关合作的制度、法规、标准也在不断完善。

首先，中俄在传统领域的合作不断深化。在能源领域，2018 年前 8 个月与 2017 年同期相比，俄罗斯对华原油供应量增加 30.4%，对华煤炭供应量增加 8.6%，电力供应量增加 12.5%。[①] 与此同时，双方不断达成新的采购意向，新的输油供气管线还在不断建设中。例如，黑龙江石化企业已经与俄罗斯天然气股份公司签订液化天然气进口合同，[②] 俄罗斯天然气公司还将在 2019 年上半年与中国完成远东供气管线谈判。[③] 在基础设施建设领域，中国铁建正在参与莫斯科地铁大环线建设，并且计划参与更多新项目的建设。[④]

其次，中俄还在不断探索科研和教育等领域的合作模式。例如，2017 年中俄教育合作发展论坛召开后，深圳市人民政府、北京理工大学和莫斯科国立罗蒙诺索夫大学合作成立深圳北理莫斯科大学，这是两国教育合作的新探索、新路径。又例如，在第四届东方经济论坛召开期间，中国社会科学院与俄罗斯远东联邦大学就设立中国研究中心和俄罗斯研究中心签订了协议，通过探索科研合作新方式，促进两国相互了解。

最后，中俄不断探索和进一步完善相关领域的合作制度、法规和标准。例如，2017 年俄罗斯对华出口中，仅有 9% 使用卢布结算，而中国对俄出口中仅有 15% 以人民币结算，因此，中俄双方都提倡在金融合作中进一步挖掘本币结算潜力。[⑤]

① 《2018 年前 8 个月俄对华原油供应量增加 30.4%》，中俄经贸合作网，2018 年 9 月 19 日，http：//www.crc.mofcom.gov.cn/article/doublestate/201809/403962.html。

② 《黑龙江石化企业与俄气签署采购 LNG 合同》，中俄经贸合作网，2018 年 9 月 18 日，http：//www.crc.mofcom.gov.cn/article/doublestate/201809/403961.html。

③ 《俄气将完成与中国有关远东供气管线的谈判》，中俄经贸合作网，2018 年 9 月 12 日，http：//www.crc.mofcom.gov.cn/article/doublestate/201809/403733.html。

④ 《俄官员：中国铁建可参与莫斯科城郊新地铁线路》，中俄经贸合作网，2018 年 8 月 6 日，http：//www.crc.mofcom.gov.cn/article/expertsform/201808/402718.html。

⑤ 《俄央行人士认为中俄本币结算有潜力可挖》，中俄经贸合作网，2018 年 7 月 31 日，http：//www.crc.mofcom.gov.cn/article/expertsform/201807/402104.html。

（二）多种因素促进中俄关系不断发展

中俄关系是成熟稳定的全面战略协作伙伴关系。中俄两国对世界的看法类似，拥有高度一致的利益契合点，这使得中俄合作具有不可替代的优势。一是从对自身的定位来看，中俄两国都不需要保护者，也都没有称霸野心。[①] 二是从国家目标来看，两国都在致力于发展经济，同时谋求建立更加公正合理的国际政治经济新秩序。

首先，在世界大势和热点问题纷繁变化的重要节点，中俄两国维护两国主权、安全、发展利益，捍卫地区及世界和平稳定与公平正义。一方面，在热点问题上，中俄互为牢固依托。例如，特朗普宣布美国退出伊核协议，并威胁对伊朗实施最高级别的经济制裁之后，中俄表示将和伊朗等有关各方共同维护伊核协议。[②] 又如，在朝鲜问题上，中俄立场相近、目标相近，共同维护半岛和平稳定，积极合作推动半岛问题和平解决。另一方面，在建立国际政治经济新秩序的世界大势中，中俄互予有力支持。中俄在上海合作组织、金砖合作机制等多边框架下展开密切合作，在地区发展战略对接等双边合作方面潜力巨大。

其次，中俄合作具有不可替代的优势，已经打下良好基础。第一，中俄首脑互动频繁。2018 年以来，中俄首脑多次会晤、通电话。2018 年 3 月 19 日、26 日，6 月 15 日，中俄首脑互通电话，2018 年 6 月、7 月、9 月，中俄首脑在多个不同场合实现多次会晤。[③] 2018 年 6 月 8 日，习近平主席还向普京总统授予中华人民共和国首枚“友谊勋章”。[④] 第二，战略互信程度高。

① 〔俄〕德米特里·特雷宁（Dmitri Trenin）：《中俄关系动态特征》，《中国经济报告》2018 年第 5 期，第 108 页。

② 《中俄重申支持伊核协议》，商务部网站，2018 年 8 月 22 日，http：//www. mofcom. gov. cn/article/i/jyjl/j/201808/20180802778090. shtml。

③ 具体参见外交部网站相关新闻，http：//www. fmprc. gov. cn，2018 年 9 月 24 日访问。

④ 《中华人民共和国“友谊勋章”颁授仪式在京隆重举行，习近平向俄罗斯总统普京授予首枚“友谊勋章”》，外交部网站，2018 年 6 月 8 日，https：//www. fmprc. gov. cn/web/gjhdq_676201/gj_ 676203/oz_ 678770/1206_ 679110/xgxw_ 679116/t1567211. shtml。

双边战略磋商机制已经形成；[①] 两军在双边和多边框架下进行了多次军事演习，加强了互信，增强了共同应对多种安全威胁的能力。[②] 第三，中俄发展基础具有互补性，发展战略便于精确对接。2018 年召开的第四届东方经济论坛正是中俄密切地方合作、深挖互补优势、实现精准对接的对话平台与商议机制，并取得了可观成果。第四，美国因素未能干扰中俄关系，相反还对中俄关系进一步发展有所助益。如前所述，在美国宣布退出伊核协定后，中俄多方斡旋，共同维护伊核问题的现有成果，推动伊核问题和平解决。第五，民间友好程度不断加深。自 2014 年乌克兰危机以来，俄罗斯舆论和民众对华态度变得更加友好。[③] 良好的公众舆论既是人文交流的基石，也是其他各领域合作深化的正面基础。

中国外交部部长王毅曾经指出，对中俄关系前景的信心，来自于“两国元首结下的深厚友谊与互信，……双方各领域务实合作的不断深化，……在彼此核心利益上坚定的互相支持、在国际事务中的密切协作以及两国各界日益频繁的交流往来。……因此，中俄关系没有最好只有更好”[④]。在中美关系愈加紧张、美俄关系难以重启的情况下，不断向好的中俄关系将成为当前世界格局中大国关系最为稳定、最有建设性的一组双边关系，也将成为新型大国关系的典范。

三　美俄关系重启失败

延续 2017 年趋势，美俄关系在 2018 年并未实现显著好转。同时，尽管

① 《杨洁篪主持中俄第十四轮战略安全磋商》，外交部网站，2018 年 8 月 15 日，https：//www. fmprc. gov. cn/web/zyxw/t1585479. shtml。

② 《中俄合帐练兵提高共同应对各种安全威胁能力》，国防部网站，2018 年 9 月 28 日，http：//www. mod. gov. cn/v/2018 －09/28/content_ 4825817. htm。

③ 沈莉华：《乌克兰危机以来俄罗斯对华舆情分析》，《东北亚论坛》2018 年第 1 期，第 67 页。

④ 《王毅：中俄关系没有最好只有更好》，外交部网站，2018 年 3 月 8 日，https：//www. fmprc. gov. cn/web/gjhdq_ 676201/gj_ 676203/oz_ 678770/1206_ 679110/xgxw_ 679116/t1540484. shtml。

双方试图寻找合作空间，但由于结构性矛盾和战略性冲突始终存在，美俄关系将始终充满不稳定性和不确定性。

（一）美俄关系波折不断

2018 年以来，美俄关系发生了如下新变化。特朗普执意推动美俄关系快速升温，然而与普京的直接对话并未为双边关系带来转机。会谈之后不久，美国国会对俄罗斯采取了新一轮的严厉制裁。与此同时，双方在叙利亚和伊核问题上持续角力，继续延续后冷战时代的结构性对抗。

1. 首脑外交失效致使俄罗斯遭遇二次制裁

2018 年 7 月 16 日，特朗普与普京在芬兰赫尔辛基会晤。尽管闭门会议时间长达两个多小时，但是双方没有达成任何协议，也没有就合作领域和合作抓手达成可见的意向，没有为美俄关系带来任何转机。与此同时，双普会上特朗普为俄罗斯干预美国大选所进行的辩护，还在美国国内招致了严重的反对声浪和政治批评，部分媒体和评论人士甚至直接指责特朗普“公然叛国”。[①] 结果是，美俄首脑外交没有起到特朗普所期待的拉近与普京距离的作用，相反，还在美国两党保守派议员心底种下了怀疑和恐惧的种子，并直接导致在不到一年的时间里再次对俄罗斯实施制裁这一后果。

2018 年 8 月 8 日，美国宣称俄罗斯政府对前双面间谍使用神经毒剂，违反国际法，决定从 8 月 27 日开始对俄罗斯施加新一轮制裁，并威胁可能于三个月之后实施再一轮制裁。2017 年 7 月美国国会对俄罗斯实施全面制裁以来，美国对俄罗斯的制裁政策已经成为一个“完整的法律体系”和“美国反俄的政策基调”。[②] 与上一轮制裁相似，新一轮制裁由国务卿蓬佩奥主导，[③] 并得到国会的鼎力支持，特朗普本人极力反对，但毫无效力，美俄

① http：//theweek. com/speedreads/785261/new – york – daily – news – hits – trump – hard – open – treason – front – page，visited Sept 24，2018.

② 姜毅：《解析美国对俄制裁新法案》，《俄罗斯东欧中亚研究》2018 年第 1 期，第 28 页。

③ 《美国加码制裁俄罗斯，受冲击企业“将占俄经济总量 70%”》，“界面”网站，2018 年 8 月 9 日，https：//www. jiemian. com/article/2374754. html。

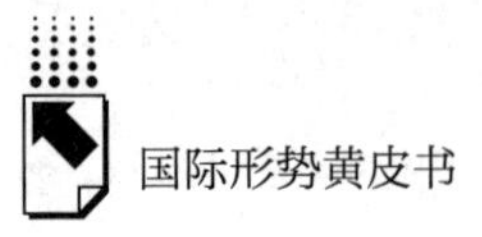

领袖外交至此彻底失败。

2. 战略角力加剧致使结构性对抗持续

2018 年，美俄战略角力持续加剧，在热点问题上交锋激烈。在叙利亚战场上，美俄反恐合作空间不断收窄，在区域性战争的边缘反复试探；在伊核问题上，美俄出现严重裂痕，并即将正面摊牌；在核武器管控上，谈判毫无进展，战略敌意进一步加深。

在叙利亚问题方面，随着“伊斯兰国”的溃败，美俄在叙利亚的合作空间逐步减小，战术分歧和战略敌意逐渐浮现。战术分歧方面，2018 年 4 月，美国联合英法单独对叙利亚实施军事打击，与俄罗斯紧张关系加剧。同时，美俄在叙利亚因情报能力差异而合作不畅。战略目的层面，美俄则相互指责，说对方在叙利亚的行动并非单纯出于反恐目的，而是出于支持或推翻巴沙尔政府的政治目的。[①] 近日，叙利亚政府军收复伊德利卜省行动受到美国、以色列方面坚决阻遏，双方在区域性战争的边缘反复试探，已经形成多次危机。尽管双方暂时选择隐忍克制，但仍然缺乏共同从叙利亚战场撤离的和解方案，对于可能出现的战略真空仍然存有觊觎。

在伊核问题方面，美俄出现严重裂痕，并即将正面摊牌。2018 年 5 月 8 日，特朗普宣布美国退出伊核协议，并威胁对伊朗实施最高级别的经济制裁。5 月 14 日，俄罗斯外长拉夫罗夫会见伊朗外长扎里夫，表示将和伊朗等有关各方共同维护伊核协议。[②] 6 月 26 日，白宫宣布，11 月 4 日前各国从伊朗进口原油总量须清零，否则将面临美国的次级制裁。此后，美伊双方频繁隔空释放对抗情绪，战争威慑不断升级。美国方面认为奥巴马伊核协议存在三个方面问题：一是未涉及伊朗弹道导弹研发问题，二是国际核查人员不能进入伊朗军事设施，三是协议年限只有 10 年。特朗普和两党保守派在这一问题上态度较为一致，然而伊朗很难接受对上述条款进行重新修订。目前来看，有关各方在伊核问题上缺乏谈判空间，相关利益方已经开始大幅退出

① 孙成昊：《“通俄门”阴影下的美俄关系》，《中国投资》2018 年 4 月第 7 期，第 82 页。

② 《俄罗斯和伊朗外长表示将共同维护伊核协议》，新华网，2018 年 5 月 14 日，www.xinhuanet.com/2018-05/14/c_1122831741.htm。

伊朗市场，实现“清零”或者大幅减运。美国在制裁日到来之际退出协议是大概率事件，制裁日之后美俄在伊朗问题上的态度将直接对抗，这将给双边关系带来新一轮阴霾。

在武器管控方面，美俄首脑会谈将核武器管控列为相对可谈的软性议题，然而仍然没有取得任何框架性成果。伴随着美国大力推动新一轮核力量发展，双方谈判空间进一步收窄，美俄战略敌意可能因此进一步加深。

（二）多种内外因素制约美俄关系向好发展

乌克兰克里米亚危机以后，美俄关系不断降温，由于特朗普和普京在个人层面相互欣赏，有关各方曾经期待美俄关系会迎来历史性的“逆尼克松时刻”。[①] 然而，首脑会谈反响平平，不仅未达成实质性协议，而且在美国造成的国内政治影响甚至十分负面。接着，美国对俄罗斯施加二次制裁，美俄双方在战略性问题上角力日益激烈，这表明美俄关系重启空间有限。

从外部环境来看，美俄两国在后冷战时期的结构性对抗仍然是决定性的，两国之间的利益冲突与根本矛盾并未消失，甚至有愈演愈烈的趋势。美国致力于扩大作为冷战胜利者的“胜果”，而俄罗斯则不愿沦为二流国家，希望继续维护其大国地位，反对以美国为首的霸权秩序。2018 年 3 月俄罗斯大选前，普京在国情咨文中大肆炫耀俄罗斯最新武器装备，并在报告里专门提到，这表明普京及选民对于当下美俄结构性关系仍然感到不满。

从内政因素上看，美国“通俄门”阴云不散，特朗普难以以一己之力改变美国国会对俄的强硬态度，也无法改变美国民众对俄罗斯长久以来的疑惧性认知，不断深入的调查限制了总统本人在对俄政策上的空间。特别是最近一段时间以来，“通俄门”调查陆续取得突破性进展，正在进入具有高度不确定性的新阶段，特朗普甚至可能面临弹劾风险。在中期选举临近和调查

① 孙成昊、陈宇：《特朗普执政后的美俄关系：态势与前景》，《当代美国评论》2017 年第 2 期，第 96 页。

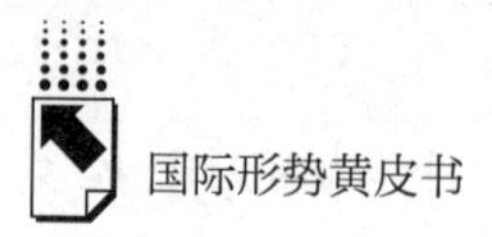

压力持续积聚的情况下，特朗普亟须展现出对俄强硬姿态以凝聚选民基本盘，短期内缺乏强力推动美俄关系和解发展的意愿及空间。

（三）美俄关系不稳定影响世界格局稳定

首先，双方将在结构性、战略性对抗议题上继续寻找合作空间。尽管当前美俄在伊朗、叙利亚、欧盟等地面临多方面的地缘权势对抗，相关议题从军事冲突、盟友体系到经济竞争等领域全方位覆盖。但总体而言，伴随着美国在世界范围内的权势收缩，伴随着特朗普对美国霸权义务和公共产品支出的拒斥，美俄双方在中东、西亚等地都缺乏继续深入缠斗的实质性动力，下阶段的核心目标是继续探寻以相互尊重、相互谅解、相互默许的姿态在对抗性议题上寻求和解。尽管仍然存在较多不确定性，但双方撕破脸皮、爆发正面冲突的可能性相对较低。

其次，双边关系不稳定可能为世界秩序带来波动性风险。尽管特朗普和普京双方都一直希望美俄关系能有所缓和，但中期选举后，美国总统和国会在对俄政策上的差距可能进一步凸显，民主党人会继续利用特朗普在对俄议题上的软性立场强化对总统政策的掣肘和施压，美俄关系短期内很难看到转暖回春的可行空间。总体判断，对俄制裁、伊核问题、叙利亚问题的治理进程必定充满波折，从而给国际油价、货币汇率、新兴国家经济带来较大影响，世界秩序存在大幅波动的风险，并可能引发进一步的系统性风险。

最后，美俄关系持续走低，对中国来说既是挑战，也是机遇。美国同时实施对俄制裁与对华贸易争端，客观上助推中俄经济与战略合作空间进一步扩大。2018 年以来，中国依托“一带一路”倡议，与俄罗斯对接发展战略，在合作之余进一步扩大经济合作，迎来多项新的发展契机。

结　语

中美关系、中俄关系、美俄关系的新进展构成了 2018 年大国关系新进展的主要内容，而这三组双边关系未来的动向，则可能导致国际秩序规则重新洗牌，国际秩序重新确定。

首先，大国实力对比正处于质变前夜。中美、中俄、美俄这三组双边关系及中美俄三角关系，是当前世界格局中最为重要的国家间关系。过去一年中，针对这些关系所发生的变动，应当置于国际权力体系变迁中加以考察和评估。

大国关系变化打破原有力量平衡，原有权力结构更迭带来国际格局嬗变。第一，中美俄三国实力对比的数量变动，已经在过去几年中接近完成。就目前实力对比来看，中美可谓“近驾齐驱”,[①] 俄罗斯则稍有落后。第二，在2018年，除中俄关系外，根据新的实力对比情况，中美俄的大国战略与对世界主要大国的政策均出现了较为显著的变化。这些政策变化建立在全新的实力对比结构基础上，不确定性较为明显。大国间实力对比量变已经开始影响各国对外政策。产生于实力对比量变中的质变，将在未来几年里通过各大国的政策选择完成其发展历程。

其次，全球治理的模式竞争导致国际秩序规则再制定。随着主要大国的实力对比完成量变、接近质变，在未来几年中，中美俄的大国战略和对外政策可能出现更大的变动和不确定性，也可能具备相当的延续性。在短期内，中美俄的大国战略和对外政策还会发生比较显著的变动，而且这种变动具有一定程度的不确定性。就长期而言，从更深层的政策逻辑来看，各国的大国战略和对外政策很可能具备更多延续性而非变动性。

至于中美俄三国对外政策的可能变化，从短期来看，关乎全球化路径与发展模式的竞争；[②] 从长期及更深的政策逻辑来看，则事关国际规则的再制定和国际秩序的再生成。在短期内，主要大国对外政策及大国关系的发展，将决定何种全球化路径与发展模式能够占据主导地位。从中长期来看，全球

① 贾春阳、陈宇：《博弈论视角下的中、美、俄关系：新态势及运筹思路》，《亚太安全与海洋研究》2015年第2期，第59页。

② 王隽毅：《逆全球化？特朗普的政策议程与全球治理的竞争性》，《外交评论》2018年第3期，第122～123页。

化路径与发展模式将主导未来的国际规则及国际秩序。因此，未来几年将是世界格局发生部分质变的关键时期，世界格局或处于重大变动的前夜。

参考文献

〔俄〕德米特里·特雷宁（Dmitri Trenin）：《中俄关系动态特征》，《中国经济报告》2018 年第 5 期。

刁大明：《美俄领导人会晤：谁加分？谁减分？》，《21 世纪经济报道》2018 年 7 月 20 日，第 4 版。

姜毅：《解析美国对俄制裁新法案》，《俄罗斯东欧中亚研究》2018 年第 1 期。

沈莉华：《乌克兰危机以来俄罗斯对华舆情分析》，《东北亚论坛》2018 年第 1 期。

程可凡：《特朗普上台后的美俄关系及中国的应对》，《亚太安全与海洋研究》2017 年第 6 期。

吴健：《美俄“混合冷战”再升级》，《中国国防报》2017 年 9 月 29 日，第 24 版。

吴心伯：《特朗普执政与美国对华政策的新阶段》，《国际问题研究》2018 年第 3 期。

王隽毅：《逆全球化？特朗普的政策议程与全球治理的竞争性》，《外交评论》2018 年第 3 期。

王宇：《美俄“核关系”或步入分岔路口》，《中国国防报》2018 年 8 月 29 日，第 4 版。

严瑜：《美俄战略博弈将持续》，《人民日报》（海外版）2018 年 5 月 10 日，第 6 版。

孙成昊、陈宇：《特朗普执政后的美俄关系：态势与前景》，《当代美国评论》2017 年第 2 期。

孙成昊：《“通俄门”阴影下的美俄关系》，《中国投资》2018 年 4 月第 7 期。

张沱生：《中美关系发展前景展望》，《当代美国评论》2018 年第 2 期。

张宇燕、冯维江：《从“接触”到“规锁”：美国对华战略意图及中美博弈的四种前景》，《清华金融评论》2018 年第 7 期。

张伟玉：《2018 年中美关系恶化但无冷战危险》，《国际政治科学》2018 年第 1 期。

张红侠：《俄罗斯农业：经济增长的新亮点》，《俄罗斯东欧中亚研究》2018 年第 3 期。

贾春阳、陈宇：《博弈论视角下的中、美、俄关系：新态势及运筹思路》，《亚太安全与海洋研究》2015 年第 2 期。

赵隆：《美俄进入对抗新时期并不意外》，《文汇报》2018 年 4 月 23 日，第 4 版。

韦进深：《赫尔辛基会晤，美俄关系“重启”的逻辑与限度》，《第一财经日报》2018年7月23日，第A11版。

Mara Karlin, *How to Read the* 2018 *National Defense Strategy*, Brookings, Jan 21, 2018, https://www.brookings.edu/blog/order-from-chaos/2018/01/21/how-to-read-the-2018-national-defense-strategy/.

The Ministry of Defense of the USA, http://dod.defense.gov/.

The US Congress, http://www.congress.gov.

The Week, http://theweek.com/speedreads/785261/new-york-daily-news-hits-trump-hard-open-treason-front-page.

The White House, *National Security Strategy of the United States of America*, https://www.whitehouse.gov/wp-content/uploads/2017/12/NSS-Final-12-18-2017-0905.pdf.

“界面”新闻网站，https://www.jiemian.com/article/2374754.html。

ccg智库网站，http://www.ccg.org.cn/Expert/View.aspx? Id=9698。

大国策智库网站，http://www.daguoce.org/article/12/314.html。

国防部网站，http://www.mod.gov.cn。

新华网，http://www.xinhuanet.com。

中国网，https://news.china.com/socialgd/10000169/20180921/33971633_all.html。

中俄经贸合作网，http://www.crc.mofcom.gov.cn。

商务部网站，http://www.mofcom.gov.cn。

俄罗斯卫星通讯社网站，http://sputniknews.cn。

外交部网站，http://www.fmprc.gov.cn。

Y.4
全球重大武装冲突和军事形势评估（2017～2018）

徐进　章珏*

摘　要： 2017～2018年度，全球重大武装冲突的数量与上一年度相比差别不大，冲突仍然集中在中东、非洲东北部以及东南亚等地。其中影响较大的战争和武装冲突包括诸国打击“伊斯兰国”行动、叙利亚内战、阿富汗内战、也门内战，以及埃及、苏丹、尼日利亚等非洲国家的国内冲突。在世界军事形势方面，2017年全球军费开支比2016年小幅上升，南美/亚太、中西欧和中东地区的军费开支较上年有所增长，非洲、东欧和加勒比地区的军费开支则有所下降，而北美地区的军费开支情况基本保持不变。军事演习方面，北约和俄罗斯在双方接壤地区频繁开展针对性演习，导致地区安全形势较为紧张；而上合组织、印度、日本等组织和国家继续加强在核心利益区的军事存在。国防战略方面，各国的国防战略具有一定的延续性，并根据全球和地区安全环境的变化做出了部分调整。

关键词： 武装冲突　军费开支　军事演习　国防战略

一　全球重大武装冲突状况

2017～2018年度，全球重大武装冲突的数量与上一年度相比差别不大，

---

* 徐进，中国社会科学院世界经济与政治研究所研究员，国际政治理论研究室主任，主要研究领域为大国关系、中国外交；章珏，中国社会科学院研究生院世界经济与政治系2016级硕士研究生。

冲突仍然集中在中东、非洲东北部以及东南亚等地。其中影响较大的战争和武装冲突包括诸国打击“伊斯兰国”行动、叙利亚内战、阿富汗内战、也门内战，以及埃及、苏丹、尼日利亚等非洲国家的国内冲突。

（一）全球重大武装冲突总体状况

根据德国海德堡国际冲突研究所（HIIK）年度报告（*Conflict Barometer 2017*），2017 年，全球正在进行的有限战争有 16 场，比上年少四场。正在进行的战争有 20 场，比上年多两场。[①] 就整体而言，2017～2018 年世界各地的武装冲突依然没有减缓趋势。叙利亚内战、乌克兰内战以及非洲部分国家的内部冲突仍未得到和平解决，同时，阿富汗、也门和加沙局势有所恶化。从武装冲突发生区域来看，2017～2018 年全球武装冲突主要发生在中东、非洲以及东南亚等地；从武装冲突的性质来看，以打击极端恐怖主义和国家内部争夺的冲突为主；从武装冲突的参与主体来看，包括主权国家、极端组织、反政府武装和族群，其中，极端组织在国际社会的联合打击下，势力有所减弱，但是其外溢效应也在明显增强。

（二）主要地区和国家武装冲突状况

2017～2018 年度全球重大武装冲突发生的国家或地区包括：亚洲的南亚和东南亚地区；中东与北非的阿富汗、叙利亚、伊拉克、埃及、也门等；美洲的哥伦比亚、墨西哥和巴西等；撒哈拉非洲的中非、索马里、南苏丹等；欧洲的乌克兰等。具体情况见表 1。

1. 叙利亚内战局势逐渐明朗

2017～2018 年度，叙利亚内战已经进入第 7 个年头，内战局势逐渐明朗。2018 年初，叙利亚政府军发动了“大马士革之钢”战役，解放了大马士革省东古塔地区和霍姆斯省，打通了连接叙利亚南北的 M5 高速公路；

① Heidelberg Institute for International Conflict Research at The Department of Political Science, University of Heidelberg, *Conflict Barometer* 2017, https: //hiik. de/konfliktbarometer/aktuelle－ausgabe/.

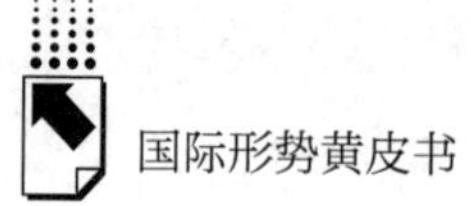

表 1　2017 ~ 2018 年度全球重大武装冲突

撒哈拉非洲	中东和北非	亚洲和大洋洲	美洲	欧洲
中非(反巴拉卡教派冲突) 民主刚果(反政府武装) 民主刚果、卢旺达(卢旺达民主解放力量) 埃塞俄比亚(种族间冲突) 尼日利亚、喀麦隆、乍得、尼日尔(博科圣地) 苏丹(族群间冲突、达尔富尔冲突) 索马里、肯尼亚(索马里青年党) 南苏丹(族群间冲突、反政府武装)	阿尔及利亚、马里(伊斯兰北非盖达组织) 埃及(伊斯兰武装组织) 黎巴嫩(逊尼派武装人员) 土耳其(库尔德、反政府武装) 阿富汗(塔利班) 叙利亚(反政府武装、"伊斯兰国"、反政府武装间冲突) 伊拉克("伊斯兰国") 也门(胡塞武装、伊斯兰极端组织) 沙特(胡塞武装) 利比亚(反政府武装)	巴基斯坦(伊斯兰军) 菲律宾(伊斯兰军、反政府武装) 缅甸(民族分离势力)	巴西(毒品交易组织) 哥伦比亚(反政府武装、左翼民兵武装、毒枭、垄断联盟间武装斗争) 墨西哥(毒枭、准军事化组织、垄断联盟间武装斗争)	乌克兰(分离主义势力)

资料来源：Heidelberg Institute for International Conflict Research at The Department of Political Science, University of Heidelberg, *Conflict Barometer* 2017。

2018 年 6 月，政府军发动花岗岩战役，解放了德拉省和库特奈拉省，控制叙约边境和叙以边境。截至 2018 年 8 月，叙利亚政府军已控制本国 60% 的领土和 75% 的人口。①

目前，伊德利卜省收复战一触即发。作为反对派控制的最后一块主要区域，该战役对整个战局具有决定性意义，各派势力背后的大国博弈也在升级。一方面，俄罗斯加大了对叙利亚政府军的军事援助和支持力度，俄罗斯空天部队配合政府军加紧对该地区的空袭活动；另一方面，美国及其西方盟友试图阻扰政府军攻势，美国等国除了表达"严重关切"外，还将核潜艇、战机等军事力量向叙附近海域和陆上基地集结，试图对政府军进行牵制。②

① 《叙利亚总统阿萨德建军节给政府军官兵写信：内战即将胜利》，观察者网，2018 年 8 月 3 日，https://www.guancha.cn/military-affairs/2018_08_03_466758.shtml。

② 《叙利亚伊德利卜收复战一触即发　美国等国为何阻挠》，央视网，2018 年 9 月 9 日，http://m.news.cctv.com/2018/09/09/ARTI41uVvLputGeIEFHts21b180909.shtml。

此外，俄罗斯也在积极争取和平途径，2018 年 9 月 18 日，俄、土两国达成设立非军事缓冲区的和平协议。如何处理各国利益矛盾将成为解决叙利亚问题的头等难题。

2. 也门冲突再度升级

以伊朗支持的什叶派的反政府武装和以沙特支持的逊尼派的哈迪政府之间的冲突已经持续了 7 年有余。近一年来，该地局势骤然升级。一方面，反政府同盟之间突然爆发冲突。胡塞武装与萨利赫支持者围绕政府要职任命一事产生矛盾，两者在首都经常交火。在 2017 年 12 月的交火中，胡塞武装将萨利赫打死，引起萨利赫支持者不满，致使后者倒向哈特领导的政府军同盟。另一方面，外国势力的进一步干涉加剧了也门局势的动荡。2018 年 6 月，以沙特为首的多国联军对也门港口城市荷台达发动了全面进攻，希望借此切断伊朗援助，这是也门自内战以来出现的最大规模攻势。①

同时，和平解决也门问题的前景依旧渺茫。截至目前，交战双方已经搁置政治进程长达两年。因为胡塞武装代表团未按时出席，原定于 9 月 6 日开启的新一轮和谈无果而终。随后，双方加紧了对荷台达地区的争夺。

3. “伊斯兰国”残余势力继续外溢

在国际联盟的帮助下，伊拉克和叙利亚各方打击“伊斯兰国”的行动已经取得最终成果。2017 年 11 月 8 日，叙利亚政府军成功解放“伊斯兰国”在叙的最后一个重要据点——阿布卡迈勒市。该市被收复后，“伊斯兰国”在该国境内仅剩一些小据点。2017 年 12 月 9 日，伊拉克总理阿巴迪宣布，政府军已收复“伊斯兰国”在伊控制的所有领土，取得了打击“伊斯兰国”的历史性胜利。目前，两国政府军正在双方边境地区针对残余势力展开清剿行动。

随着“伊斯兰国”逐步丧失在伊拉克和叙利亚的所控领土，其外溢效应也在不断冲击欧美和亚非多国。一方面，“伊斯兰国”将一些指挥员和骨

---

① 《想切断伊朗援助！沙特联军在也门发起内战以来最猛烈攻势》，观察者网，2018 年 6 月 13 日，https：//www. guancha. cn/internation/2018_ 06_ 13_ 460010. shtml。

干分子转移到北非马格里布、埃及西奈半岛、阿富汗等地区，进行组织、煽动、招募和破坏活动；另一方面，该组织利用已取得公民身份的人员，在欧美地区发动多起“独狼式”袭击。[①]

2017～2018 年度，全球重大武装冲突的数量与上一年度相比差别不大，冲突仍然集中在中东、非洲东北部以及东南亚等地，形式主要是国家内部冲突和反恐战争。其中，叙利亚内战局势逐渐明朗，政府军迎来胜利曙光。相反，也门内战却因反政府同盟的内部冲突而骤然升级。“伊斯兰国”在叙利亚和伊拉克战场上持续失利，其势力正在加速向外扩散。此外，非洲地区的内部冲突和反恐斗争仍在继续，和平道路维艰。

二　全球重要年度军事演习情况

2018 年，全球军事演习表现出强化、升级的趋势。北约和俄罗斯在双方接壤地区频繁开展针对性演习，导致地区安全形势较为紧张，而上合组织、印度、日本等组织和国家继续加强在核心利益区的军事存在。

（一）北约

北约自成立伊始，其战略核心目标就是对抗苏联。苏联解体之后，军事对抗俄罗斯便成为其战略规划中的主要目标。自乌克兰危机后，俄西关系长期僵冷，北约在俄罗斯边境地区的军事行动持续增强。2017～2018 年度，北约进行了多次针对俄罗斯的军事演习，从演习地点来看，主要集中在波罗的海地区、中东欧地区、北欧地区，以及地中海和黑海地区。俄罗斯国防部部长绍伊古称，“仅半年不到，北约就在俄罗斯西南战略方向举行了 13 场大规模军事演习，动员 4 万多名军人，动用 2000 件技术装备。”[②]

---

① 《“伊斯兰国”“领土”虽丧失　全球恐怖威胁仍严峻》，新华网，2017 年 12 月 4 日，http：//www. xinhuanet. com/world/2017 －12/04/c_ 1122056975. htm。

② 《俄国防部长：俄将对北约在俄边境增兵做出回应》，新华网，2018 年 6 月 21 日，http：//www. xinhuanet. com/mil/2018 －06/21/c_ 129897775. htm。

北约在波罗的海地区的军事演习以美国为主导，主要目的在于体现北约对盟国的保护决心。目前，该地区已经举行的军演包括在波罗的海地区举行的“波罗的海行动－2018”多国海上联合军演；在波罗的海三国及波兰境内举行的“军刀出击－2018”年度演习；在爱沙尼亚举行的2018年度“锁盾”网络防御演习；在立陶宛举行两次的“铁狼－2017”多国联合军演；以及在拉脱维亚举行的“马刀打击－2018”多国军演和“夏季盾牌XV”多国军演。从演习规模和范围来看，几乎所有的上述年度系列演习均刷新了已有纪录。

北约在中东欧地区的演习数量不多，但规模较大。其中，北约在乌克兰境内举行了“快速三叉戟－2018”多国军演和“海上微风－2018”多国联合军演，两者均为北约和平伙伴关系计划下的年度军事演习，旨在体现北约盟国对乌克兰的保护；此外，北约在格鲁吉亚举行了“高贵伙伴”和“敏捷精神”2018年度军演。

黑海和地中海地区一直以来都是北约和俄罗斯军事对峙的前沿阵地。2017年，北约继续加强在黑海地区的军事存在，在该地区共举行了18次联合军事演习，而“军刀卫士－2017”多国部队军事演习是其中规模最大的一次。此外，北约还在罗马尼亚组建了联合新军。同时，北约还在加快争夺地中海的控制权。2017年11月，北约在土耳其西南部的海军基地举行了“东地中海－2017”海上联合作战演习。①

近两年，为了争夺在北极地区的巨大利益，并实现对俄罗斯全方位的“围追堵截”，北约在北欧地区的军演规模有所扩大。继2017年在挪威和瑞典分别举行了欧洲最大军演之一的“北极挑战－2017”军演和瑞典20年来最大规模的联合军演“极光－2017”后，北约司令部于10月25日至11月7日在北欧地区及附近海域举行“三叉戟接点2018”多国联合演习。这次军演是北约近15年来最大规模的演习。来自北约29个成员国及伙伴国家的

① 《北约“东地中海2017”海上军演在土耳其结束》，新华网，2017年11月17日，http://www.xinhuanet.com/mil/2017－11/17/c_129743485.htm。

4 万多名军事人员参与其中，瑞典和芬兰两个非北约成员国也以观察员身份加入。

（二）上合组织

自 2001 年成立以来，防务安全合作便始终是上合组织发展的一大动力。由于上合组织自成立之初就确立了“不结盟”的政治定位，该组织框架内的防务安全合作也都围绕打击“三股势力”、打击毒品走私和跨国组织犯罪，进行抢险救灾和人道主义援助等方面展开。按照惯例，上合组织成员国每两年会举行一次“和平使命”多边联合反恐军事演习。2018 年 8 月底，上合组织在俄罗斯境内举行了“和平使命 –2018”联合军演。这是上合组织扩员后，8 个成员国首次全体参加的年度演练，参演军力超过 3000 人，动用各型武器 500 余台。①

（三）美国

美国除了参与北约的联合军演外，还组织和参与了多次双边和多边军事演习。从整体情况上看，这些军演主要集中在亚太地区。2018 年，美国和日本、韩国、菲律宾、泰国和澳大利亚等盟国举行了一系列军事演习。双边军演包括美韩“2018 超级雷霆”联合军演、美日“铁拳 –2018”联合军演、美泰“2018 金色眼镜蛇”联合军演、美菲“2018 肩并肩”联合军演、美新夏威夷“实弹射击”联合军演等。2018 年 6 月，为落实美朝友好对话成果和改善韩朝敌对关系，美韩两国国防官员已经同意无限期暂停包括“乙支自由卫士”在内的部分美韩重大联合军演。②

多边军演包括多国“环太平洋 –2018”联合军事演习、美日印“2018 马拉巴尔”海上联合军演、2018 美日韩联合军演和 2018 美澳日菲联合两栖登陆作战

---

① 《上合组织和平使命 –2018 联合反恐军演正式展开》，环球网，2018 年 8 月 26 日，http://mil.huanqiu.com/world/2018–08/12832824.html。

② 《美军方称“无限期暂停”部分美韩联合军演》，新华网，2018 年 6 月 23 日，http://www.xinhuanet.com/world/2018–06/23/c_1123024852.htm。

演习等。这些军演都是在亚太地区特别是南海地区军事持续紧张的状况下举行的，意在团结盟友，增强在亚太地区的军事存在。特别是2018年举行的环太平洋多国联合军事演习，规模空前，共25国参演，出动40余艘军舰和潜艇，200多架飞机和2.5万人。美国借口中国在南海争议水域填海造陆，发展军事设施而未邀请中国参加，遏制中国的意图昭然若揭。[①] 此外，美国在欧洲也举行了包括美希2018双边联合军演和美法2018联合军演在内的双边军事演习。

（四）俄罗斯

俄罗斯的军事演习旨在对北约的军事演习做出回应，以及参与亚太地区的大国博弈，缓和自身的战略压力。因此，俄罗斯的军事演习主要集中在俄罗斯国内和周边地区。

本年度，面对北约“东扩”的战略压力，俄罗斯在本国境内的西部和南部方向举行了大量军演，包括2018年东部军区春季训练、2018波罗的海舰队海上军演、2018年第80集团军训练演习，以及2018年6月同时举行的克里米亚空中演练和巴伦支海海上演练等。同时，俄罗斯在东部方向也举行了数次军事演习，主要目的是示威日本和牵制美国，比如2018库里尔群岛军演。2018年9月，俄罗斯在东部楚戈尔草原举行了号称史上最大规模的“东方－2018”演习，参演兵力达到30万人，各型军机1000多架，地面参演坦克及装甲车辆达3.6万辆。[②] 此外，中国军队也受邀参与了此次军演，参演兵力3200人，充分体现了两国高度的战略互信。

而与他国举行的联合军演大部分为年度系列军演，合作对象以独联体国家等周边友好国家为主，包括俄蒙“色楞格－2018”联合军演、中俄“海上联合－2018”军演、俄白塞“斯拉夫兄弟－2018”联合军演、俄印“因

① RIMPAC 2018 Begins, But Without China, *the Martime Executive*, June 29th, 2018, https://www.maritime-executive.com/article/rimpac-2018-begins-but-without-china#gs.VjeOFj4.

② 《“东方－2018”打造中俄联合军演升级版》，《参考消息》2018年9月17日，http://www.cankaoxiaoxi.com/photo/mil/20180917/2327474.shtml。

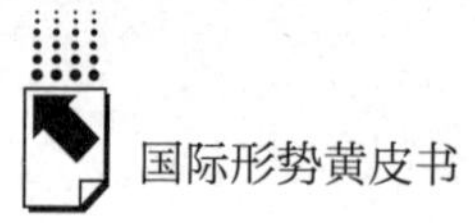

陀罗－2018”联合军演以及独联体集体安全组织和上海合作组织框架下举行的联合军演等。

（五）印度

作为南亚和印度洋的主要大国，随着经济实力的整体提升，近年来，印度不断谋求自身军事力量的发展，并希望以此来平衡中国在印度洋海域日益上升的影响力。纵观2018年，印度参与的双边军事演习包括印美陆上联合军演、印俄“因陀罗－2018”联合军演和印越双边演习，其中，于2018年1月和5月分别举行的印越双边陆上和海上联合演习是两国历史上的首次联合演习。印度参与的多边军演包括美日印“2018马拉巴尔”海上联合军演、“环太平洋－2018”联合军事演习和印度牵头域内各中小国家举行的“米兰－2018”多国联合演习等。印度在上述系列军演中均出动了比往年规模更大的军事设备和人员。

（六）日本

日本是美国在东亚地区的主要盟国之一，也是该地区的重要国家，日本的军事演习主要是在国内和周边海域进行的，旨在推进自身军事改革，并与美国协作对抗中国。2018年，日本参与的军事演习活动主要有日本陆上自卫队2018年度“富士综合火力演习”，这是日本国内最大规模的年度实兵实弹演习；美日“铁拳－2018”联合军演；日澳2018年度联合军演；日印2018年度海陆联合军演和日菲2018年度联合演习等双边军演，以及2018年度美日韩联合军演、2018美日澳空中联合军演、“环太平洋－2018”联合军事演习和美日印“2018马拉巴尔”海上联合军演等多边项目。此外，近两年来，日本还积极发展与英法两个欧洲大国的防务合作关系，日英两国已于2018年秋天在日本境内举行了陆上联合演习，而法国政府也表示“已准备好与日本在印太地区举行更多联合军演”。[①]

---

① 《日媒：日法将举行军演牵制中国　法将派军舰前往南海》，环球网，2018年1月26日，http：//world. huanqiu. com/exclusive/2018－01/11555920. html。

总体来看，2017～2018年度，受到地区和全球安全局势的影响，各国和国际组织开展军事演习的频数和规模并没有下降。自乌克兰危机以来，北约和俄罗斯剑拔弩张，双方针对对方开展了各种规模的军事演习。作为全球唯一超级大国，美国除了参与北约框架下的联合军演以“围堵”俄罗斯外，还致力于联合亚太盟友在亚太和印度洋地区开展军事演习，以遏制中国在该地区日益上升的军事影响力。

三　全球主要国家的军费状况

2017年全球军费开支比2016年小幅上升，其中南美、亚太、中西欧和中东地区的军费开支较上年有所增长，非洲、东欧和加勒比地区的军费开支则有所下降，而北美地区的军费开支情况基本保持不变。美国的军费开支出现显著增长，中国的军费开支继续保持稳定上升，俄罗斯军费开支出现大幅下降。作为地区主要国家，日本和印度正在加快发展军事力量，谋求增强军事影响力。同时，部分东南亚国家也在推进军事现代化建设，成为先进武器的重要购买市场。

（一）全球军费开支状况

根据斯德哥尔摩和平研究所（SIPRI）公布的《2017年世界军费报告》,[①] 2017年全球军费开支总额为1.739万亿美元，约占全球GDP的2.2%。全球实际军费开支相比2016年增长1.1%。全球军费开支排名前十的国家为美国、中国、沙特、俄罗斯、印度、法国、英国、日本、德国和韩国，这十个国家的军费开支占据了世界军费总开支的约73%（见图1）。[②]

撒哈拉以南非洲地区、南美地区、亚洲地区、中西欧地区和中东地区

---

① Military Expenditure, *SIPRI Yearbook* 2018, https://www.sipri.org/yearbook/2018/04.

② Global Military Spending Remains High at $1.7 Trillion, May 2nd, 2018, https://www.sipri.org/media/press-release/2018/global-military-spending-remains-high-17-trillion.

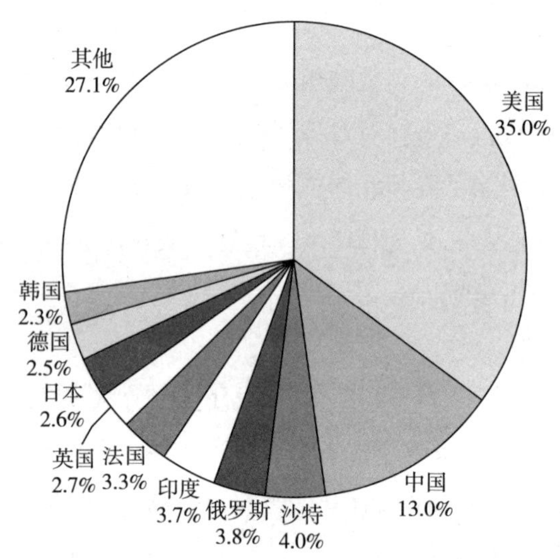

图1　2017 年全球军费开支排名前十的国家所占全球比例

数据来源：Share of Word Military Expenditure of the 10 States with the Highest Spending in 2017，https：//www. sipri. org/sites/default/files/2018 – 05/sipri_ fs_ 1805_ milex_ 2017. pdf。

（基于可获得的数据）的军费开支较上年有所增长，相反，北非地区、中美洲和加勒比地区、大洋洲地区和东欧地区的军费开支有所下降。而北美和东南亚地区的军费开支情况基本保持不变，具体情况如表 2 所示。其中，根据可获得的国家数据，[①] 中东地区的军费开支较上年有明显的增长，增长率为 6. 2% 。虽然中东石油出口国的收入锐减，但是该地区依旧严峻的冲突态势使得各国在本年度纷纷选择扩大开支。沙特在本年度的军费开支增长 9. 2% ，达到 694 亿美元，超过俄罗斯成为全球第三大军费开支国。另外两个地区重要国家伊朗和伊拉克的军费开支也出现猛烈增长情况，增长率分别为 19% 和 22% 。目前，该地区的军费开支总额占 GDP 比重已经达到 5. 2% ，远远超过其他地区 1. 8% 的平均水平。

① 斯德哥尔摩和平研究所尚不能获得中东地区部分国家的军费开支数据，其中就包括曾在 2014 年度占据该地区军费开支数额第二的阿联酋。

表 2　2017 年全球各地区军费开支情况

单位：十亿美元，%

地区	2017 年军费	增长率	变化原因
非洲	(42.6)	-0.5	
北非	(21.1)	-1.9	能源出口收入下降
撒哈拉以南非洲	21.6	0.9	应对地区冲突形势
美洲	695	0.0	
中美洲和加勒比地区	7.6	-6.6	面临财政赤字和债务限制
北美洲	630	-0.2	加拿大下调军费开支
南美洲	57.0	4.1	巴西和阿根廷大幅上调开支
亚太地区	477	3.6	
中亚和南亚	82.7	3.0	亚太地区的军费开支连年上涨，与中国快速崛起以及南海、朝鲜半岛等特定地区安全形势变化有关
东亚	323	4.1	
大洋洲	29.9	-0.6	
东南亚	41.1	0.1	
欧洲	342	-2.2	
东欧	72.9	-18.0	俄罗斯大幅下调本国开支
西欧	245	1.7	欧洲反恐局势影响
中欧	24.1	12.0	对俄罗斯威胁认知上升
中东	—	—	
总　计	1739	1.1	

注：() 代表不确定的估算。开支以当年美元（2017 年）计算，—代表该地区有部分国家军费数据缺失。增长率为 2017 年较 2016 年的增长率，以 2016 年的即时汇率进行比较得出。

数据来源：*Military Expenditure Data* 1949－2017，https：//www. sipri. org/databases。

（二）美国的军费与军备发展状况

2017 年美国军费开支继续保持高额姿态，达到 6097.58 亿美元，约占全球军费总开支的 35%，几乎相当于排名其后的 9 个国家的军费开支总额之和。

2017 年 5 月 23 日，美国总统特朗普向国会提交《2018 财年国防预算申请草案》，该草案规定 2018 财年美国的国防预算为 6391 亿美元（不包含联邦其他部门与防务相关的预算），较上一年度增长近 10%，其中国防基础预算为 5745 亿美元，海外紧急作战行动预算为 646 亿美元，这一数额远远超

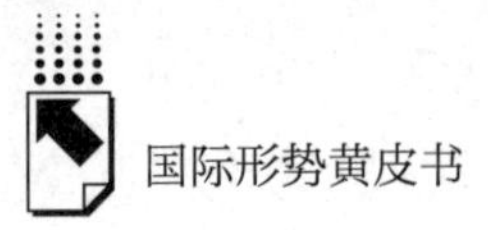

过了2011年颁布的《预算控制法案》设定的上限。① 国防部国防预算具体分配情况详见图2、图3。

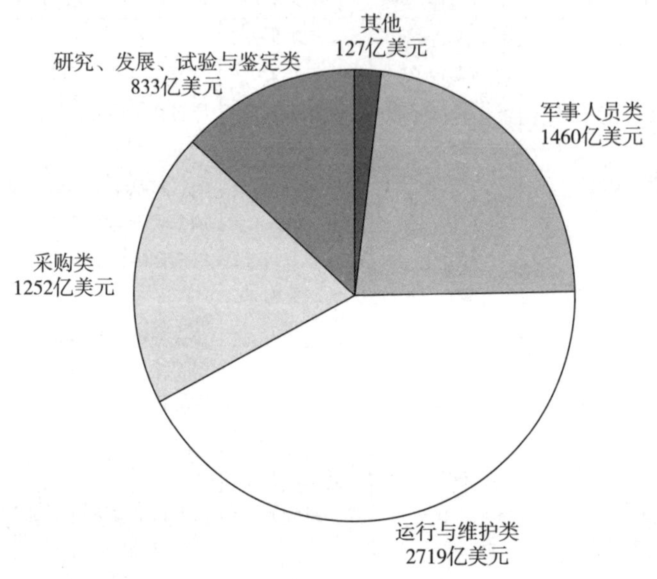

图2　美国2018财年国防部国防预算分布详情－按项目类别划分

数据来源：美国国防部官网，https：//www.defense.gov/News/News－Releases/News－Release－View/Article/1190216/dod－releases－fiscal－year－2018－budget－proposal/。

与2017年重视“应对五大外部挑战”不同，2018财年的国防预算提案更加重视“自身能力的建设”，更强调提高军种战备水平和联合作战能力，同时要求加强力量投送、核力量现代化、反导体系建设、太空布局、网络实战等方面实力，以重塑战略威慑力量体系。这直接反映了特朗普政府“军事优先”“实力至上”的执政理念。除了增加国防预算外，2018财年美军还将增加5.64万人的总兵力，并额外增购84架飞机和8艘作战舰艇，以构建

① U.S. Department of Defense, *DoD Releases Fiscal Year 2018 Budget Proposal*, May 23th, 2017, https：//www.defense.gov/News/News－Releases/News－Release－View/Article/1190216/dod－releases－fiscal－year－2018－budget－proposal/.

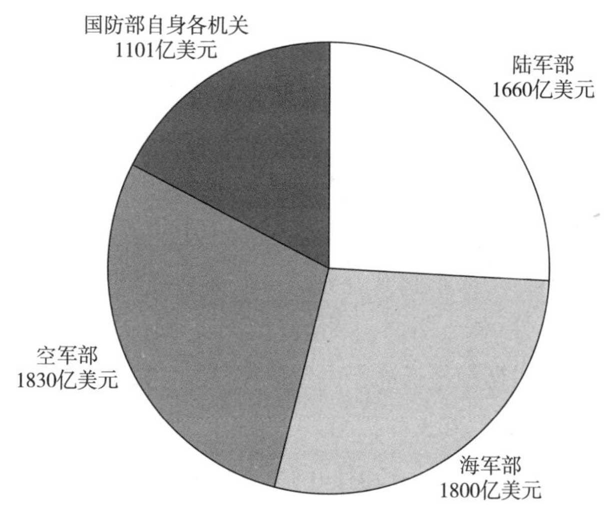

图 3　美国 2018 财年国防部国防预算分布详情－按军事部门划分

数据来源：美国国防部官网，https：//www.defense.gov/News/News－Releases/News－Release－View/Article/1190216/dod－releases－fiscal－year－2018－budget－proposal/。

“规模更大、能力更强、更具杀伤力的联合部队”。①

最终，经过数月的讨论，2017 年 11 月，美国国会最终通过了 2018 年度国防授权法案，获批的国防支出总额约 7000 亿美元，远远超过特朗普政府最初提交的申请额。国防开支的显著增长趋势在特朗普政府期间恐将继续维持下去。目前，特朗普已经签署了总额高达 7160 亿美元的《2019 年度国防授权法案》。

（三）俄罗斯的军费与军备发展状况

根据斯德哥尔摩和平研究所的统计，2017 年，俄罗斯的军费开支为 663.35 亿美元，约占世界军费总开支的 3.8%，居世界第四位。2017 年的军费开支较上一年下降 20%，自 1998 年以来首次出现下降趋势。经济的低迷和在乌克兰、叙利亚两地的战争费用是俄罗斯军费下降的主要原因。俄罗

① 张乃千、赵蔚彬：《美国表露“军事优先”倾向》，《解放军报》2017 年 6 月 5 日，第 4 版。

斯总统新闻秘书佩斯科夫表示，从 2018 年开始，俄国防预算将分阶段下降，预计在 5 年后降至国内生产总值的 3% 以下。同时，俄罗斯政府将把大量预算用于发展经济、改善民生。①

尽管俄罗斯的国防预算将逐步减少，但是其军兵种的武器换装计划和军工企业现代化改造进程仍在继续，国防力量增强的势头不会显著减缓。2017 年，俄军现代化武器和技术装备的比例已经达到 60%。2018 年，这一比例将继续上升一个百分点。② 然而，国防预算的下降还是影响到俄罗斯的军工制造计划，近日，塔斯社报道称，由于拨款受限，俄罗斯的未来远洋水面军舰建造计划可能推迟至 2025 年以后。③ 为此，如何平衡资金不足和军事发展的矛盾将成为俄罗斯未来一段时间的主要任务。

（四）中国周边地区和国家军费与军备发展状况

自安倍晋三二次执政以来，日本的军费开支持续上升。2017 年，日本的军费开支达到 453.87 亿美元，较上一年略有增长，占同期世界军费总开支的 2.6%，居世界第八位。根据 2018 年度国防授权法案，2018 年，日本的国防预算金额将达到 5.19 万亿日元（约 457 亿美元），相比上一财年增长 66 亿日元，涨幅 0.13%，这是国防预算连续第六年出现上涨趋势。④ 日本防卫省官员表示，增长的预算部分将用于购买两套美国陆基神盾系统及中程导弹，研究美制长程巡航导弹的兼容性，提升本土防空控制能力以及添置更先进的雷达系统。⑤

① 《俄罗斯称国防预算将分阶段下降》，新华网，2018 年 3 月 24 日，http：//www. xinhuanet. com/mil/2018 - 03/24/c_ 129836701. htm。

② 《普京：俄军现代化武器装备比例已接近 60%》，新华网，2018 年 6 月 29 日，http：//www. xinhuanet. com/mil/2018 - 06/29/c_ 129903432. htm。

③ 《拨款不足！俄或推迟建造核动力航母等新一代战舰》，环球网，2018 年 7 月 9 日，https：//m. huanqiu. com/r/MV8wXzEyNDQ5NDAzXzIyXzE1MzExMTQ4MDA = 。

④ 《日本政府批准了 2018 财年的国防预算，预算金额约 457 亿美元》，国防科技信息网，2017 年 12 月 28 日，http：//www. dsti. net/Information/News/107931。

⑤ 《日本通过 2018 年度预算案　国防预算六连涨创新高》，环球网，2017 年 12 月 22 日，http：//world. huanqiu. com/exclusive/2017 - 12/11469113. html。

2017 年度，印度的军费开支总额达到 639. 24 亿美元，占当年全球军费开支总额的 3. 7%，居世界第五位。军费开支较上一年增长 5. 5%，连续第四年出现增长态势。根据财政部提交的 2018 年国防预算草案，印度在该年的国防预算总额为 2. 95 万亿卢比（约 599 亿美元），相比上一财年增加 7. 81%。该数额将占当年 GDP 的 1. 58%，是 1962 年以来的最低值。① 与以往不同，2018 年度国防预算草案明显提高了国防基建开支的预算比例，武器装备采购和升级的预算占比有所下降，新项目现代化支出出现下降趋势。印度财政部部长贾特里表示，政府正重点发展边境连通性基础设施，以确保国家的防卫。②

根据斯德哥尔摩和平研究所的不确定统计，越南 2017 年度的军费开支为 50. 74 亿美元，与上一年基本持平。随着美国于 2016 年取消对越南的长期军事制裁，越南已经成为全球最具购买潜力的国防市场。根据 Janes 防务报道，越南 2018 年国防预算数额大约为 50 亿美元，到 2022 年，这一数额将提高到 65 亿美元，增长 30%。其中用于武器采购的数额将从 8. 71 亿美元上升到 11. 8 亿美元，上涨幅度约 35%。③

根据斯德哥尔摩和平研究所的评估，菲律宾 2017 年度的军费开支约为 43. 78 亿美元，较上一年增长 21%。根据菲律宾预算管理部的声明，菲律宾 2018 年的国防预算为 1450 亿比索，较 2017 年同比增长 5. 5%，将主要用于国土安全及维持社会公共秩序。④ 但是，这一提案尚未包括菲律宾武装部队现代化计划的采购费，预计将明显超过上年的同期数额。事实上，杜特尔特就任总统后，虽然将注意力更多地转向国内安全问题，

---

① 《印度 2018 财年国防预算同比增长 7. 18%》，国防科技信息网，2018 年 2 月 7 日，http：//www. dsti. net/Information/News/108485。

② 《印度公布国防预算　印媒叫嚣：经费太少　难应对中巴》，《人民日报》海外版网站，2018 年 2 月 2 日，http：//news. haiwainet. cn/n/2018/0202/c3541093 – 31252609. html。

③ Regional Focus Asia-Pacific ［ES18D3］，*Janes*，June 13rd，2018，https：//www. janes. com/article/80893/regional – focus – asia – pacific – es18d3.

④ 《菲律宾 2018 年国防开支上调 5. 5%》，中国国防科技信息中心，2017 年 7 月 19 日，http：//www. sohu. com/a/158337345_ 313834。

但并未放缓军队的现代化改造，在寻求美日等传统盟国支持的同时，杜特尔特也积极发展与中俄两国的军事关系，促进菲律宾装备采购的多元化。

四 全球主要国家国防战略动向

（一）美国

2017 年 12 月，美国总统特朗普发布了其上台后的首份《国家安全战略》报告，作为总统国际政策的主导框架文件，新版国家安全战略报告开篇便再度重申了特朗普政府“美国优先”的执政理念，列举了美国的四大核心利益，并将其称为战略的“四大支柱”，四者分别是保卫美国国土安全、促进美国繁荣、以强力捍卫和平及提升美国影响力。同时，该报告以“原则性的现实主义”为出发点，明确美国在国际政治中所处的权力中心地位，认为美国当前所处的世界正迎来更激烈的竞争，且国家间权力平衡正朝着对美国不利的方向发展。基于此，该报告将美国面临的主要挑战归结为三个方面，一是力图改变现状的“修正主义国家”，中俄被列入该类别；二是“地区独裁者”，包括伊朗和朝鲜；三是国际恐怖主义和跨国犯罪集团。[①]

与以往不同，这份报告将中国定位为美国的“战略竞争对手”和“修正主义国家”，认为中国正在挑战美国主导的全球秩序，试图削弱美国的力量、影响力和利益，这样的强硬立场尚属首次。报告指出要强力对抗中国的全球经济野心，在战略上宣扬“印太战略”，牵制中国。无独有偶，在 2018 年 1 月发布的 2018 年版《国防战略报告》中，美国国防部继续渲染中俄“大国竞争”的挑战，并将应对与中俄两国的长期战略竞争定为国防部的首

① 具体内容详见白宫官网，President Donald J. Trump Announces a National Security Strategy to Advance America's Interests，https://www.whitehouse.gov/briefings-statements/president-donald-j-trump-announces-national-security-strategy-advance-americas-interests/。

要优先事项。①

就目前来看，除了美朝关系迎来转机，渐趋稳定之外，美国与上述“挑战者”之间的关系均出现恶化趋势，特朗普利用绝对实力强硬打压中国出口贸易、遏制俄罗斯战略空间，重新发起对伊制裁，就是上述战略思想的体现。

（二）俄罗斯

2018 年 5 月，普京成功当选俄罗斯总统，赢得第四个总统任期。经过十多年的磨炼和考验，普京对俄罗斯国家安全战略的认知已经趋于成熟，截至目前，普京政府尚未出台新的国家安全战略文件，因此，2015 年重新修订的《2020 年前俄罗斯联邦国家安全战略》至今仍具有最高层次的指导性意义。

作为俄罗斯战略规划领域的基础性文件，这一文件首先对俄罗斯所处的国际环境给出了基本判断，认为俄罗斯当前所处的安全环境更为复杂严峻，这体现为与主要战略对手——美国的对抗关系进一步升级，北约的一系列举措加剧了俄罗斯面临的安全威胁，以及全球和地区安全形势的恶化。为此，该文件将国家防御列为俄罗斯国家利益和九大战略优先方向之首，并高调宣扬将军事手段作为维护国家安全利益的最终手段。② 在 2017 年的瓦尔代论坛会议上，普京继 2014 年“收复”克里米亚讲话后，再次公开谈论了他对国际秩序的看法，指出“俄遭遇了来自西方的重划势力范围和北约东扩的压力，自此与西方互不信任”。③

2017 年，俄罗斯在逆境中主动作为，迎来自乌克兰危机以来形势最好的一年。④ 在未来一段时间内，俄美、俄西关系恐难以出现实质性好转，因

---

① *Summary of the 2018 National Defense Strategy*，美国国防部官网，https：//www. defense. gov/Portals/1/Documents/pubs/2018 – National – Defense – Strategy – Summary. pdf。

② 王晓军：《新版〈俄罗斯国家安全战略〉解读》，《现代军事》2016 年第 2 期，第 47～55 页。

③ 庞大鹏：《有限的改善，可控的对立》，《世界知识》2018 年第 16 期，第 35～37 页。

④ 李东：《俄罗斯的战略动向》，《现代国际关系》2017 年第 12 期，第 12 页。

此，俄罗斯将继续把外交政策重点放在“东边”，并集中力量发展国内经济，应对美国制裁。

（三）其他周边国家

自2014年正式提出“东向行动”政策以来，莫迪领导下的印度外交展现出更为积极进取的姿态，印度的关注范围已经从东盟扩展到西太平洋和东印度洋地区，“东向行动”政策遂向“印太战略”延伸。在继续维持东盟所处的战略核心地位的同时，莫迪政府的印太战略突出表现为加强与美国、日本和澳大利亚的战略关系，致力于建设一个“自由、开放、繁荣和包容”的印度洋，以提升印度在亚太地缘角逐中的制衡力度，应对中国在该地区日益上升的影响力。[①] 然而，相较于执政初期外交上的高调，进入2018年后，莫迪政府正变得更加务实和谨慎，“经济优先”的国家发展战略再次摆上台面，在外交上也表现出不愿刺激中国的姿态。由此可见，莫迪政府印太战略的核心思想是在平衡中追求本国的最大收益。

自二次执政以来，安倍政府的愿景是让日本成为一个更强大和更独立的军事强国。据日本媒体报道，日本政府以应对朝鲜半岛局势新变化为理由，已于2017年底开始研究修订新版《国家安全保障条约》，并将以此为指导，同时修订新时期的《防卫计划大纲》和《中期防卫力整备计划》。有分析指出，新版安保战略的着眼点将不止于应对朝鲜威胁，通过日美同盟主导地区事务，增强日本防卫能力并拓展政策空间，以及牵制中国等内容都被涵盖其中，而“自由开放的印太战略”也将被写入新战略文件。[②] 此外，根据日本防相小野寺所言，新版《防卫计划大纲》的重点讨论领域将包括迄今已推进的西南诸岛防卫和弹道导弹防御，而“网络、太空等新领域的活动也变得至关重要”。[③]

① 王丽娜：《印度莫迪政府“印太”战略评估》，《当代亚太》2018年第3期，第94~97页。

② 《日着手打造新“安保三支箭”印太战略写其中》，环球网，2017年12月8日，http：//mil. huanqiu. com/observation/2017－12/11432803. html。

③ 《日本防相：力争2018年底修改〈防卫计划大纲〉》，中国新闻网，2018年1月24日，http：//www. chinanews. com/gj/2018/01－24/8431681. shtml。

近年来，随着区域经济的增长和国内外局势的一度紧张，中国周边的东南亚国家均将国防事业摆在国家建设的突出位置，为的是提高军力以捍卫国家主权和保护近海资源、岛屿。总的来说，这些国家的国防战略主要包含以下内容，一是强调建设独立自主的国防力量的重要性，例如印尼在2016年发表的新版国防白皮书中提到要建立“强大、独立的国防工业”；二是强调军事现代化的重要性，例如菲律宾，始终将军队的现代化改造摆在国防战略的突出地位；三是注重海空军的建设，例如对比越南新旧两版国防白皮书，就可以发现越南的国防战略从强调地面部队建设转向加强空军和海军的建设。

在国防战略方面，特朗普政府上台后，美国正在回归传统安全竞争模式，重视发挥自身实力优势，对中俄两国秉持更加强硬的立场；普京再次顺利当选俄罗斯总统，俄罗斯的内外政策将继续遵照新版联邦国家安全战略的指导；中国周边的国家继续致力于落实军事现代化计划，发展独立国防以提升军队战斗能力和应急反应能力，重点发展海空军事力量。其中，作为地区主要大国的印度和日本积极响应美国提出的印太战略，不断渲染中国的军事威胁，试图联合美国遏制中国。

结　语

通过对最近三年国际武装冲突形势的总结，我们可以发现以下特征。

第一，全球武装冲突总体情况并未发生明显变化。一方面，全球重大武装冲突的数量、规模和性质变化不大；另一方面，重大武装冲突的地区分布不变，仍然集中于中东和非洲东北部地区（见表3）。

第二，各国军演频数和规模越来越大，地区分布越来越广。近年来，北约扩大在俄罗斯周边，特别是北欧地区的联合军演，继而也引发俄罗斯军演的升级。美国及其亚太盟友加紧在亚太和印度洋地区的军事演习，遏制中国军事力量的意图更加明显。面对这样的国际环境，中俄两国正在加强安全合作，扩大双方的联合军演规模。

表 3　2014～2018 年全球武装冲突总体情况

年份	正在进行的有限战争	正在进行的战争	全球重大武装冲突
2014～2015	25	21	叙利亚(反政府武装) 叙利亚、伊拉克("伊斯兰国") 也门(反政府武装) 尼日利亚("博科圣地") 乌克兰(分离主义势力)
2015～2016	24	19	叙利亚(反政府武装) 叙利亚、伊拉克("伊斯兰国") 也门(反政府武装) 非洲地区(持续内乱)
2016～2017	20	18	叙利亚(反政府武装) 叙利亚、伊拉克("伊斯兰国") 菲律宾(反恐战争) 非洲地区(持续内乱)
2017～2018	16	20	叙利亚(反政府武装) 叙利亚、伊拉克("伊斯兰国") 也门(反政府武装,冲突升级)

注：数据汇编自近三年的《全球重大武装冲突和军事形势评估》报告。

第三，全球军费开支情况呈现波动增长态势。正如斯德哥尔摩和平研究所董事会主席 Jan Eliasson 所言，"全球军费开支的增长与各国深刻的安全关切直接相关"。[①] 例如，受到南海和朝鲜半岛紧张局势的影响，亚太地区的军费开支连年增长，已经超过欧洲成为全球第二大军费开支地区。同时，经济形势的恶化（主要是油价的下跌）制约了非洲和南美地区的军费开支增长幅度（见图 4）。

第四，主要国家的国防战略既有延续也有变化。就延续性而言，美国的国防战略始终围绕维持霸权，应对外界挑战展开。俄罗斯的国防战略着眼于对抗美国和北约的威胁。日本的国防战略基于实现军事大国的目标。中国周边地区国家致力于实现军事现代化，并联合美国制约中国。但是，随着中国

① Global Military Spending Remains High at ＄1.7 Trillion, https://www.sipri.org/media/press－release/2018/global－military－spending－remains－high－17－trillion。

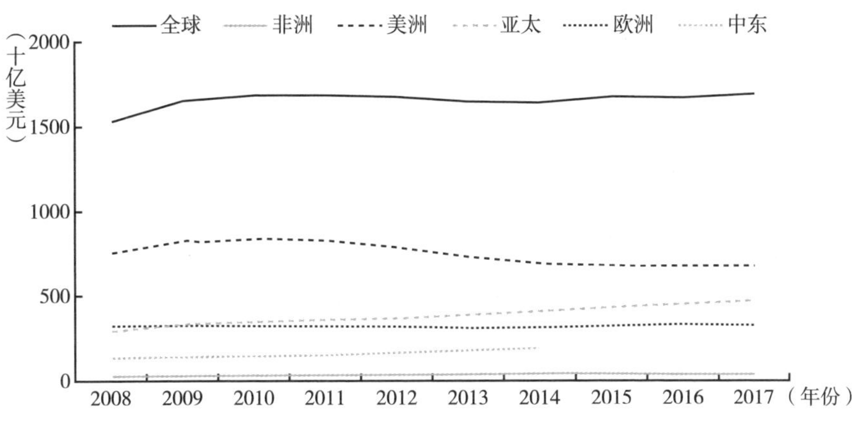

图4　2008～2017年全球及地区军费开支变化情况

数据来源：*Military Expenditure Data* 1949－2017，https：//www. sipri. org/databases。自2015年起，由于部分国家数据缺失，中东地区的军费开支总额无法获得。

的加速崛起，各国的国防战略也在发生变化。首先，中国的加速崛起给美国造成体系压力，使其反制中国的决心上升。由表4可知，近年来，美国对国际形势和中国力量的认知日趋消极，中美双边关系中的竞争主线日益明显。正如张宇燕和冯维江指出，“中美关系开始进入质变期，美国对华政策开始由‘接触’调整为‘规锁’”。① 其次，中国军事影响力的上升导致中国周边国家对中国的战略疑惧也在增加。为此，这些国家正在加强与区域外大国美国和区域内其他国家的安全合作，以达到制衡中国的目的。同时，中国周边国家也在加速购进军备和发展国防工业，以期实现国防自主，并重点提升海空军力量，且军事部署的针对性更加明显。

根据上述总结，我们可以对未来三年的全球武装冲突和军事形势做出如下预测。

全球武装冲突总体态势保持稳定，全球反恐局势趋于缓和，中东和非洲地区的国内冲突难平，和平道路维艰。

① 张宇燕、冯维江：《从“接触”到“规锁”：美国对华战略意图及中美博弈的四种前景》，中国社会科学网，2018年7月10日，http：//iwep. cssn. cn/xscg/xscg_ sp/201807/t20180710_4500114. shtml。

表 4　2014 ~ 2017 年美国《国家军事战略报告》对国际形势和中国力量的描述

2014 ~ 2015 年	2015 ~ 2016 年	2016 ~ 2017 年	2017 ~ 2018 年
大国开战可能性低，但在上升； 美支持中国崛起，与中国在更广泛的国际安全领域开展合作	战争可能性上升； 中国构成一定威胁，但美国支持中国成为维护国际社会安全的合作伙伴	“4 + 1”威胁和 5 大外部挑战，其中中国是主要威胁之一	世界正迎来更激烈的竞争，国家间权力平衡正朝着对美国不利的方向发展； 中国是“修正主义国家”和“战略竞争对手”

注：数据汇编自近三年的《全球重大武装冲突和军事形势评估》报告。

全球军演规模和数量将继续扩大，北欧和亚太地区将成为重点演习地域。

全球军费开支将继续维持增长态势。考虑到全球油价的逐步回升和特定地区冲突局势始终未能减缓，全球军费增长幅度将有所扩大，中东、北非和南美地区的军费开支可能出现较大的增长。此外，除了俄罗斯之外，世界主要大国的军费开支也将继续保持增长态势。

第五，大国权力竞争在未来将成为全球政治的主流趋势。在特朗普任期内，美国将继续依仗自身的优势打压中国经济发展，并联合日本、澳大利亚和印度等区域内大国推行印太战略，在安全上“围堵”中国。同时，美国也将继续联合北约对俄罗斯实施战略包围。因此，美中、美俄关系在近期内将继续维持下滑趋势。俄罗斯战略将继续东移，中俄两国将继续深化全面战略伙伴关系。此外，我们也需要指出，特朗普的政策依然存有极大的不确定性，而正是这种不确定性提升了美国与对手及其盟友的交易成本，损害了美国国际战略的可信度和可行性。与奥巴马政府不同，特朗普政府贯彻“美国优先”的治国原则，要求盟友承担更多的防务和经济责任，这引起了盟友的不满，也为中国化解周边压力创造了一定的条件。

参考文献

陈舟：《如何看待我国国防费连续第三年以个位数增长》，《中国青年报》2018 年 3

月 14 日，第 9 版。

李东：《俄罗斯的战略动向》，《现代国际关系》2017 年第 12 期。

刘亮：《北约联合军演不断刷新纪录》，《中国国防报》2018 年 6 月 22 日，第 4 版。

庞大鹏：《有限的改善，可控的对立》，《世界知识》2018 年第 16 期。

王丽娜：《印度莫迪政府“印太”战略评估》，《当代亚太》2018 年第 3 期。

王晓军：《新版〈俄罗斯国家安全战略〉解读》，《现代军事》2016 年第 2 期。

张乃千、赵蔚彬：《美国表露“军事优先”倾向》，《解放军报》2017 年 6 月 5 日，第 4 版。

德国海德堡国际冲突研究所：*Conflict Barometer 2017*，https：//hiik. de/konfliktbarometer/aktuelle – ausgabe/。

美国国防部：*DoD Releases Fiscal Year 2018 Budget Proposal*，https：//www. defense. gov/News/News – Releases/News – Release – View/Article/1190216/dod – releases – fiscal – year – 2018 – budget – proposal/。

美国国防部：*Summary of the 2018 National Defense Strategy*，https：//www. defense. gov/Portals/1/Documents/pubs/2018 – National – Defense – Strategy – Summary. pdf。

斯德哥尔摩和平研究所：*Military Expenditure Data* 1949 – 2017，https：//www. sipri. org/databases。

斯德哥尔摩和平研究所：*Military Expenditure*，*SIPRI Yearbook* 2018，https：//www. sipri. org/yearbook/2018/04。

参考消息，http：//www. cankaoxiaoxi. com/。

观察者网，https：//www. guancha. cn/。

国防科技信息网，http：//www. dsti. net/。

环球网，http：//www. huanqiu. com/。

《人民日报》海外版网站，http：//www. haiwainet. cn/。

人民网，http：//www. people. com. cn/。

新华网，http：//www. xinhuanet. com/。

中国社会科学网，http：//www. cssn. cn/。

中国新闻网，http：//www. chinanews. com/。

Y.5

中国周边安全形势评估（2017～2018）

王　雷*

摘　要： 从2017～2018年看，中国周边安全形势呈现四个方面特点：第一，周边大国战略竞争态势持续上升；第二，周边一些热点问题有所降温；第三，部分国家对华态度出现积极转变；第四，中国与周边国家在推进地区合作机制上取得积极进展。总的来看，中国周边安全形势日趋复杂多变，但在可见的预期内，中国周边安全环境总体保持相对稳定的格局料将持续。

关键词： 周边安全　边界争端　朝核问题　恐怖主义

当前，随着亚太地区权力格局、安全结构、地区秩序的不断演变，中国维护周边安全正面临日益复杂的外部环境以及若干较为严峻的挑战。对于转型期的周边安全研究来讲，我们迫切需要加强三方面努力：一是构建并完善新时期周边安全研究的理论与分析框架；二是准确把握和评估周边安全形势的新特点、新变化和新趋势；三是强化热点问题的跟踪与调研。本研究报告致力于从上述三方面展开研究，对过去一年的中国周边安全形势进行分析、评估和展望。

---

* 王雷，中国社会科学院世界经济与政治研究所助理研究员，主要研究领域为中国外交战略等。

一 中国周边安全研究的概念与分析框架

对于“中国周边安全”研究来讲，做好形势评估必然涉及三个重要问题，合理界定“中国周边”的地理范围，明确“周边安全”的研究范畴与要素，把握“评估安全形势”的途径和方法。

首先，对于“中国周边”地理范围的界定，学界当前存在“小周边”“大周边”的不同看法。“小周边”地理范围相对狭义，主要指与中国领土、领海直接相邻的国家和地区。“大周边”范围较为广泛，超越了传统的邻国、东亚、亚太范围，甚至包括部分非洲、美洲国家。显然，合理确定划分标准十分重要。我们主张“中国周边”的界定至少应遵循三个原则：一是地理范围不应过度宽泛，周边安全研究要与国际安全研究有所区别，应侧重于陆上、海上与中国相邻或相近、具有相同战略利益需求的国家和地区；二是具体问题具体分析，某些复杂的安全问题可以适当考虑域外国家、地区的安全和利益关联；三是树立大周边意识，随着中国的发展，影响力不断增大，周边安全研究理应具备更广的战略视野。

正是基于上述原则，本报告对“中国周边”地理范围的界定主要包括：俄罗斯、朝鲜、蒙古、哈萨克斯坦、吉尔吉斯斯坦、塔吉克斯坦、阿富汗、巴基斯坦、印度、尼泊尔、不丹、缅甸、老挝和越南14个陆上邻国，韩国、日本、菲律宾、马来西亚、印度尼西亚、文莱6个海上邻国，以及乌兹别克斯坦、土库曼斯坦、泰国、柬埔寨、新加坡、孟加拉国、斯里兰卡、马尔代夫8个与中国没有直接接壤，但地理临近，且在政治、经济、文化等方面与中国交往密切的国家。这28个国家分布于东北亚、东南亚、南亚、中亚和海洋方向五大“板块”。

其次，对于“周边安全”研究范畴和要素的选择，传统安全研究显然主要关注国家的生存与发展，强调外部的直接威胁，侧重于政治、军事、经济安全的研究。新时期，随着核扩散、恐怖主义、信息、文化、宗教、生态等安全问题不断涌现，非传统安全因素日益引发人们的广泛关注。面对传统

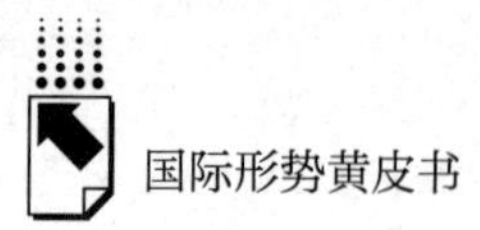

与非传统、政治性与非政治性安全因素相互交织的复杂局面，我们选定中国“周边安全”的研究范畴，主张应用两个原则：一是要兼顾传统与非传统、政治与非政治安全要素的综合分析与评估，尽量确保研究的综合性和全面性；二是为了保证研究的针对性和有效性，有必要根据不同要素的影响大小、关联程度进行适当取舍。鉴于形势评估类报告的特点，本报告将侧重于关注政治、军事安全形势，诸如领土安全、军事关系、边境安全、领土纠纷与冲突，以及恐怖主义、跨国犯罪等方面的威胁或风险。

最后，对于“安全形势的评估”，考虑到安全是与威胁、利益密切相关的，评估安全形势实际上就是评估安全利益受到威胁的可能性、大小以及趋势。[①] 从这个意义上讲，我们评估中国在周边地区的利益（如战略、政治、经济、军事、防扩散、反恐等方面的利益）是否安全，不妨借助以下途径和方法来实现：一是观察周边国家的战略取向及其变化；二是分析中国与周边国家的相互关系以及这些国家的对华态度；三是跟踪周边热点问题的变化与发展趋势；四是关注周边地区突发事件的冲击和影响。通过上述四方面研究，我们需要弄清楚中国在周边地区的安全利益是否受到威胁，受到何种威胁以及多大程度威胁，需要明确周边安全形势出现的新变化、新特点和新趋势。就本报告来讲，以下分析将围绕这一研究框架而展开。为了分析周边安全形势的变化趋势，我们设计了一个包含“非常稳定、比较稳定、欠稳定、比较紧张、非常紧张”五个区间的趋势分析频谱，意在直观展现过去一年周边安全形势的变化与趋势。为了评估中国与周边国家的安全关系，我们设计了一个包括“很好、较好、一般、较差、很差”五个层级的程度分析频谱，旨在清楚展示中国与周边国家安全关系所处的状态及变化。

二　2018年中国周边安全形势分析与评估

2018 年中国周边安全形势大体延续了近几年的发展特征，局部紧张与

① 李少军：《论安全理论的基本概念》，《欧洲》1997 年第 1 期，第 25 页。

整体稳定并存，转型期大国竞争博弈加剧，海洋权益争端升级，热点问题复杂多变增加了中国维护周边安全的挑战性与困难度，但是周边安全的大格局没有发生根本逆转，中国发展仍处于可以大有作为的重要战略机遇期，周边安全环境依然总体有利。过去一年，随着地区秩序的不断演进，一些国家内外政策、对外战略的不断调整，中国周边安全形势也呈现一些新变化、新趋势。

（一）东北亚方向

中美战略竞争态势持续上升。特朗普上台后，美国战略界对中国崛起的焦虑感日益增大。从 2017 年 12 月发布的《国家安全战略》报告和 2018 年 1 月发布的美国《国防战略报告》的基调来看，美国已明确将中国视为战略竞争对手。[①] 过去一年，在东北亚地区，美国继续支持日本扩军修宪，联合后者积极推动印太战略，力促日韩和解，打造制衡中国的美日韩三边安全合作机制；在军事层面，特朗普政府继续向亚太优先部署先进武器，强推在韩部署“萨德”系统，拒绝邀请中国参加“环太平洋联合军演”；在台湾问题上，特朗普政府不断挑衅，对中国进行战略讹诈；在朝核问题上，美国离间中朝关系，试图将中国边缘化。这些做法无疑加剧了中美的战略竞争与对抗，影响了中国与相关国家的政治、经济和军事关系，限制了东北亚地区一体化的深入发展。

安倍政府寻求调整对华政策。近一年来，虽然日本强化美日同盟，对中国加强遏制，依靠美国谋求东北亚主导权的战略方针没有改变，但安倍政府主动调整对华政策的意图十分明显。在政治外交领域，以日中邦交正常化 45 周年为契机，安倍政府不断表达对话缓和姿态，并力求在国际多边场合

① 相关内容参见 *National Security Strategy of the United States of America*, *Report*, the White House, December, 2017, https://www.whitehouse.gov/wp-content/uploads/2017/12/NSS-Final-12-18-2017-0905-2.pdf; “The 2018 National Defense Strategy of the United States of America,” Report, https://dod.defense.gov/Portals/1/Documents/pubs/2018-National-Defense-Strategy-Summary.pdf?mod=article_inline。

实现中日领导会谈。2018 年 5 月李克强总理访问日本，出席了中断多年的中日韩三国首脑会议。在经济领域，安倍政府呼吁加强对华经贸关系，试探在“一带一路”框架内与中国进行合作的意向。[①] 安倍政府调整对华政策原因主要有两点：一是日本内部反对“两面下注”对华战略的声音不断增多；二是面对美国的贸易大棒政策，日本谋求改善对华关系予以制衡。当前，随着高层互访以及各领域对话的不断恢复，中日关系已呈现改善和回稳迹象。

文在寅政府积极改善对外关系。过去一年，面对朴槿惠政府后期亲美外交政策造成的被动局面，以及特朗普上台后在经贸领域对韩国的打压，文在寅政府开始主动调整对外政策。在政治外交领域，文在寅政府力推大国平衡外交，在稳固韩美同盟的前提下，尝试改善因萨德问题恶化的中韩、俄韩关系。在半岛问题上，韩国寻求改善朝韩关系，缓解紧张局势。在经贸领域，文在寅政府提出三项对外经济合作新构想。其中，“朝鲜半岛新经济地图”事关半岛及周边经济合作的远景规划。“新北方政策”谋求在对中、对俄、对蒙经济合作上寻找“增量”。“新南方政策”的重点是东盟和印度，在地域上与中国海上丝绸之路部分重合，在某些领域形成一定竞合态势。[②] 总的来讲，受美国因素影响，韩国对外政策调整幅度有限，过去一年中韩关系有所转圜，但发展前景存在不确定性。

朝鲜对外战略由对抗转向对话。自 2017 年多次进行核试验和导弹试射后，朝鲜对外战略开始出现明显转变。2018 年初通过参加平昌奥运会，朝鲜主动对外展示了对话缓和姿态。2018 年 3 月中朝领导人举行了首脑会晤，朝鲜表示愿意实现半岛无核化。2018 年 4 月金正恩在劳动党七届三次会议上提出了新的战略路线，表示今后朝鲜将集中一切力量发展经济建设。与此同时，4 月 27 日金正恩与文在寅在板门店举行了首次会晤，签署了《板门店宣言》，5 月 26 日两人在板门店进行第二次会晤。通过上述一系列外交活动，朝鲜在对美关系上也取得重大突破，2018 年 6 月金正恩和

① 吕耀东：《日本对华政策调整及中日关系走向》，《当代世界》2018 年第 4 期，第 26 页。

② 董向荣：《韩国文在寅政府对外经济合作政策及其前景》，《当代世界》2018 年第 7 期，第 67 页。

特朗普在新加坡实现了史上首次朝美首脑会谈。显然，朝核问题重返对话轨道、半岛紧张局势趋于缓和，有利于朝鲜摆脱孤立、改善安全环境。

总体来看，过去一年东北亚安全形势出现了明显的缓和迹象。在这个区域，中俄安全关系依然最好，合作程度较高。2018 年中俄两国高层互访频繁，政治、经济、军事合作不断加深，双方在地区事务上紧密配合、相互协作。中蒙关系比较稳定，巴特图勒嘎政府对华政策比较务实，中蒙经济合作延续良好势头。中日关系虽然呈现了改善迹象，但安倍政府对华政策依然具有“两面性”和“投机性”，能否延续回暖势头有待观察。受朝鲜、韩国对外战略调整的影响，中朝、中韩关系实现较大转圜。随着朝美恢复直接接触，朝核问题再次重返对话轨道。不过，由于美朝缺乏政治互信，半岛无核化前景不容乐观（见图 1）。①

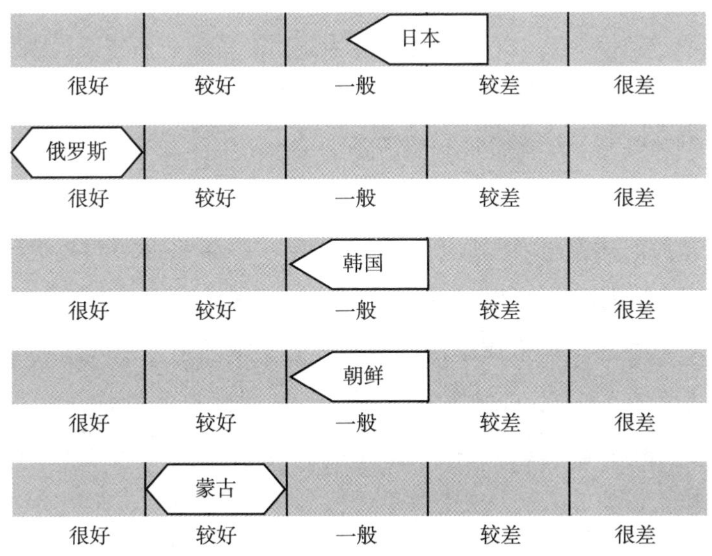

图 1　东北亚国家与中国安全关系评估

注：图中国家依汉语名称首字笔画数由上至下升序排列。

① 李枏：《朝美蜜月：开启还是终结?》，《世界知识》2018 年第 15 期，第 23 页。

（二）东南亚方向

美越安全合作进一步升温。过去一年，美越防务交流十分频繁。2017年7月，越南国防部副部长阮志咏会见了美国众议院军事委员会代表团。8月越南国防部部长吴春历访美。2017年12月，美国向越南海警部队赠送巡逻舰。新年伊始，美国国防部部长马蒂斯访问越南，随后3月美国派出航母访问越南岘港。美越强化防务关系显然各有所需。美国的战略意图是利用越南的地理条件及其对中国崛起的疑惧心理，企图把越南打造成自己“重返亚太”的一个支点。越南的战略意图是希望借助美国的力量，增加自己维护南海权益的实力和筹码，提升自己在国际舞台的地位和影响力。[①] 当然，美越军事关系到底能走多远，还有待观察。越南对发展与美防务合作无疑存有戒心，一方面担忧美国的“和平演变”，另一方面也不希望因美越关系发展损害越中、越俄关系。不管怎样，在中越南海争端依然持续、中美战略竞争不断加剧的背景下，美越防务合作不断升温无疑在战略、军事层面对中国构成了牵制和制衡，相关发展趋势需要给予密切关注。

菲律宾倾向大国平衡外交。杜特尔特上任后，菲律宾对华政策做出积极改变，在南海问题上与中国展开对话和磋商，中菲关系得到较大转圜。但是，也要看到，杜特尔特政府在处理对美、对华关系上仍具有较为明显的“两面性”：在军事安全上继续依赖美国，但又不满于美菲同盟在某些方面的不平等性；在经济上对华存在依赖，但又因南海问题而对中国存有戒心。[②] 在这种情况下，杜特尔特政府虽然对阿基诺三世“对美一边倒”的政策进行了修正，但并未触及美菲关系的根基。[③] 不难发现，2018年美菲军事合作程度更加紧密，5月两国举行了规模最大的“肩并肩”联合军演，美国在菲律宾的军事设施建设继续得到强化。显然，美菲当前对强化军事合作有

---

① 刘琳：《美越各取所需，进一步加强防务合作》，《世界知识》2018年第5期，第26页。

② Elfren S. Cruz, “Balancing USA and China,” *Philstar Global*, June 28, 2017, https: //www.philstar. com/opinion/2017/06/28/1714571/balancing - usa - and - china.

③ 李忠林：《菲律宾杜特尔特政府的南海政策及前景》，《太平洋学报》2018年第6期，第62页。

着较为现实的战略需求，杜特尔特政府也倾向于通过大国平衡外交实现自身利益最大化。[①] 考虑到这种趋势短期难以改变，中菲南海争端虽然有所趋缓，但仍存隐忧。对于中菲关系，菲律宾调整对华政策显然存在限度，中国需要对相关变化保有客观、理性的认知和判断。

新加坡对华态度做出调整。近年来，中新关系陷入低谷与新加坡奉行“联美制华”的外交政策密切相关。在战略层面，新加坡对美国的亚太再平衡战略一直给予积极支持和配合。在南海问题上，鼓励南海周边国家利用仲裁手段解决争议。在台湾问题上，违反一中原则与台湾秘密发展军事交流和合作。这些做法严重损害了中国的国家利益，引发了中国的强烈反制。[②] 2017 年 9 月新加坡总理李显龙访华，中新关系对话、接触要素显著增加。显然，随着南海争端有所降温，菲律宾、越南等国开始转变对华态度，新加坡也没必要追随美国继续与中国对抗。再者，考虑到特朗普政府废除 TPP、推行贸易保护主义带来的现实压力，新加坡也迫切需要改善对华关系、维护自身经济利益。总之，受上述因素影响，过去一年中新关系呈现回暖迹象。

总的来讲，过去一年东南亚安全形势较为稳定，东盟国家欢迎中国的和平发展，不希望在大国博弈中选边站队，希望借助中国崛起的机会实现互利共赢。在这其中，老挝、柬埔寨与中国的政治、经济、安全关系依然最好。泰国、缅甸、印尼、文莱与中国的政治、经济、安全合作也保持较高水平。2018 年马来西亚举行了大选，执政 61 年的国民阵线失去政权，由前总理马哈蒂尔领军的希望联盟赢得选举，当前中马关系受马方内部变局影响出现一些波动，但新政府总体倾向于对华继续保持友好与合作。[③] 在东南亚国家中，新加坡、越南、菲律宾的对华政策制衡色彩依然较浓。三国与中国加强经济合作的意愿是明确的，但是在政治、安全领域对中国依然存在疑虑，倾向于借助外部势力平衡中国的影响力（见图 2）。

① 刘琳：《2018 美菲肩并肩传达怎样的信号?》，《世界知识》2018 年第 12 期，第 30 页。

② Nile Bowie, “Do Lee and Xi See Eye-to-eye?” *Asia Times*, Sept 22, 2017, http://www.atimes.com/article/lee-xi-see-eye-eye/.

③ 傅聪聪：《中马关系，“重塑”还是“升级”?》，《世界知识》2018 年第 12 期，第 21 页。

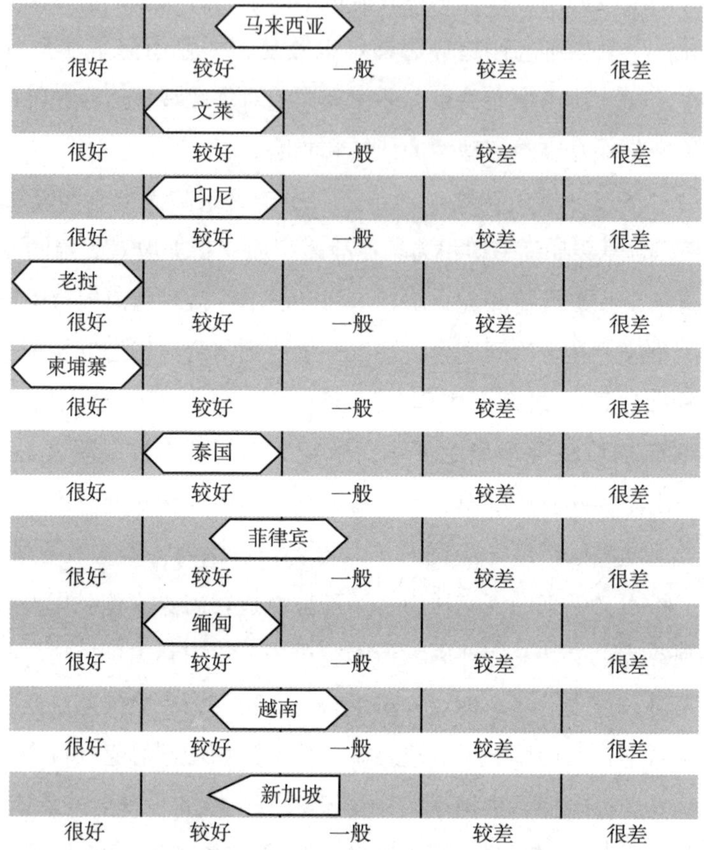

图 2　东南亚国家与中国安全关系评估

注：图中国家依汉语名称首字笔画数由上至下升序排列。

（三）南亚方向

中印关系有所企稳和改善。2017 年洞朗危机导致中印关系出现显著下滑，但进入 2018 年，在双方共同努力下，中印关系已逐渐恢复良性互动的基本态势。① 首先，从政治外交高层互动来看，继 2018 年 2 月印度外交部

① 林民旺：《中印关系有望再次超越分歧翻开新篇章》，《世界知识》2018 年第 8 期，第 74 页。

秘书顾凯杰访华后，莫迪政府持续释放改善对华关系的积极信号，先是主动限制达赖集团在印度的政治活动以及印度国内的反华声音，随后3月莫迪总理就习近平当选中华人民共和国主席发来贺电，表示愿同中方共同推动两国更加紧密的发展伙伴关系取得更大进展。进入4月，印外交部部长、国家安全顾问、国防部部长等高官陆续访华，中印领导人在武汉举行了非正式会晤，6月莫迪总理出席上合青岛峰会与中方领导人再次会谈。与此同时，中印双方在工作层面的沟通对话也始终保持通畅。过去一年，有关中印边境事务磋商和协调的工作会议、中印经贸联合小组的会议、中印跨境河流专家对话会议都如期举行，取得积极成果。种种迹象表明，中印两国都希望管控分歧，避免边境领土纷争给两国关系带来更大的波动。

南亚大选季迎来系列新变局。过去一年，南亚新一轮大选季拉开序幕。2017年12月，由尼泊尔共产党（联合马列）与尼泊尔共产党（毛主义中心）组成的左翼联盟在大选中取得胜利，亲印度的尼泊尔大会党竞选失利。新当选的总理奥利表示，尼泊尔希望成为印中两国的桥梁，2018年4月和6月奥利分别对印度和中国进行了访问，尼泊尔政局变动能否获得印度支持有待观察。2018年7月巴基斯坦举行国民议会选举，正义运动党获得胜利，打破了该国30年来穆盟和人民党轮流坐庄的局面。当前，正义运动党主席伊姆兰·汗已出任巴基斯坦新总理，巴内政外交走向引发外界高度关注。[①] 2018年9月23日马尔代夫举行总统选举，反对派候选人萨利赫赢得大选。[②] 2018年2月该国曾爆发政治危机，印度一度威胁出兵干预，此番大选产生的政局变动是否影响近年来快速升温的中马关系有待观察。9～10月，不丹举行了国民议会选举，亲印度的执政党人民民主党落败，没能进入第二轮，不丹协同党最终获胜。此外，2019年孟加拉国、印度、斯里兰卡也将迎来大选，随着南亚各国政治变局陆续开启，南亚地缘政治格局、一些国家内外

① 林一鸣：《大选后的“新巴基斯坦”将是何样》，《世界知识》2018年第16期，第29页。

② Maria Abi-Habib and Hassan Moosa, “Maldives Opposition Declares Election Victory,” *The New York Times*, Sept. 23, 2018, https://www.nytimes.com/2018/09/23/world/asia/maldives-elections.html.

政策走向料将出现新的变化与调整。

总体来看，过去一年南亚安全形势稳中有变。印巴关系依然紧张，矛盾难以化解。中巴关系较为稳健，出现波动的可能性料将不大。中印关系总体呈现改善趋势，但边界争端、战略猜忌依然困扰两国关系正常发展。当前，印度对中巴关系、中国在南亚的经济存在存有较深的偏见和误解。为了在战略上牵制中国，印度与美日等国不断强化安全合作，阻碍“一带一路”项目在南亚的推进。南亚小国虽然希望与中国进一步扩大经济合作，但囿于印度的态度，这些国家与中国的交往均受到不同程度的影响和制约（见图3）。

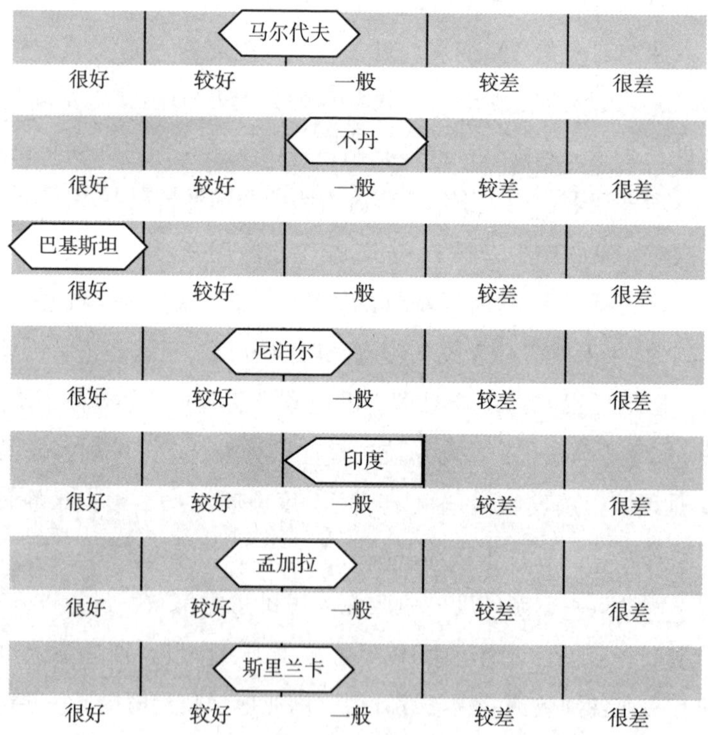

图3　南亚国家与中国安全关系评估

注：图中国家依汉语名称首字笔画数由上至下升序排列。

（四）中亚方向

过去一年，中亚地区多数国家的政治和经济状况有所好转，但安全领域仍面临诸多风险。首先，大国在中亚地区的战略博弈日趋明显。俄罗斯在政治、军事、经济领域不断强化影响力，试图重新整合中亚国家。美国也在不断加大资源投入，强化政治、军事和经济存在，谋求利用中亚牵制中国、俄罗斯和伊朗。除此之外，欧盟、日本、印度、土耳其也在通过各种途径向中亚渗透，当前，中亚地缘政治总体呈现美俄竞争延续，同时更趋多元的复杂格局。①

其次，中亚国家的内部稳定依然面临不少挑战。比如经济发展不平衡引发的失业、社会矛盾激化问题近年来一直困扰哈萨克斯坦。吉尔吉斯斯坦南部地区的民族关系一直比较紧张。塔吉克斯坦内战遗留问题至今没有得到彻底解决，东部地区仍有不少非法武装盘踞，时而制造事端。乌兹别克斯坦和土库曼斯坦采取高压手段维持国内稳定，这两个国家都完成了首任领导人去世后的政权平稳交接，但维系政权稳定依然面临不少挑战。

最后，中亚国家之间各种问题和矛盾依然比较突出。由于历史积怨、资源分配和贸易纠纷等因素，中亚国家在外部经济环境趋于复杂的情况下加强合作面临较多阻力，特别是乌兹别克斯坦与吉尔吉斯斯坦、塔吉克斯坦甚至哈萨克斯坦的关系比较复杂。水资源、非法务工和债务等问题事实上一直在影响中亚国家间曾经密切的政治经济关系。不仅如此，中亚国家间的边境争端问题也难以化解，在费尔干盆地，吉塔、乌塔、乌吉的边境纷争依然十分敏感。

此外，阿富汗局势持续动荡也给中亚带来了较大的安全压力。当前，“伊斯兰国”向阿的渗透已经初见成效，有迹象表明，中亚三股势力与“伊斯兰国”的相互联系日益密切。不仅如此，“基地”“阿塔”“巴塔”“乌伊

① 孙壮志：《当前中亚地区安全形势及其对中国的影响》，爱思想网，http：//www. aisixiang. com/data/106585. html。

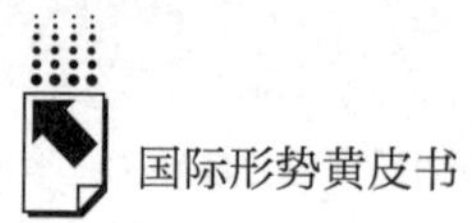

运”等极端宗教组织也大量盘踞在塔吉克斯坦—阿富汗—土库曼斯坦边界地区，肆机扩张。随着“圣战分子”向这一地区不断回流，域内域外极端势力不断合流，中南亚交界区域的恐怖、极端势力已经呈现向中亚地区渗透、扩散的趋势，对中国在中亚的利益、中国西北边疆的安全构成挑战。

总体来讲，当前中亚安全形势在稳定中蕴含较多变数，非传统安全问题比较突出。影响稳定和安全的挑战主要来自内部和相邻的“热点”地区。中亚国家除阿富汗外都是上海合作组织成员国，中国历来主张在互信、互利、平等、协商、尊重多样文明、谋求共同发展的基础上发展与中亚国家的睦邻友好合作关系，打造命运共同体。当前中国与该地区国家的政治、经济、安全关系正在延续积极、健康的发展势头（见图4）。

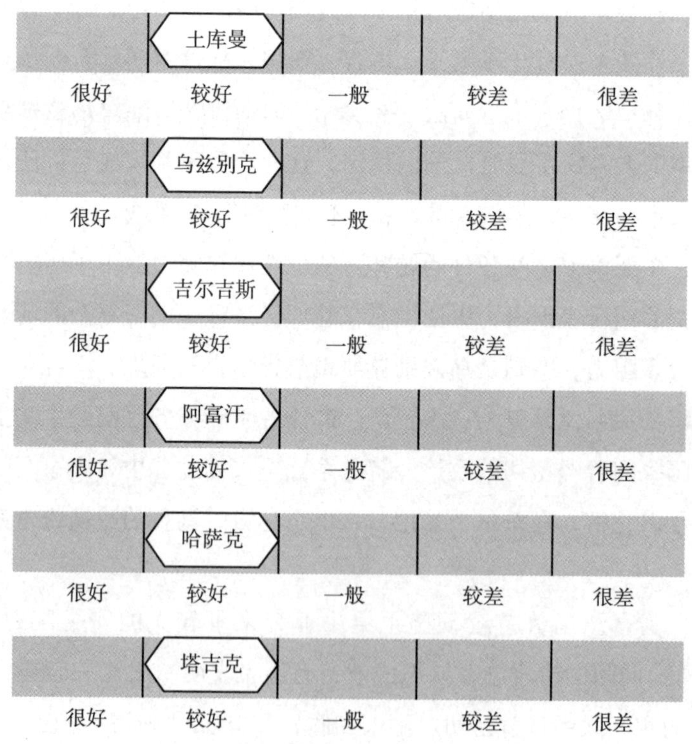

图4 中亚国家与中国安全关系评估

注：图中国家依汉语名称首字笔画数由上至下升序排列。

（五）海洋方向

特朗普政府积极推进印太战略。自2017年11月美国提出“自由而开放的印太战略”后，近一年来特朗普政府开始不断充实和推进这项战略。从政治层面看，美日澳试图将更多国家拉入印太战略体系，2018年英法两国在美国唆使下就派遣军舰参加了所谓的“南海自由巡航”行动。此外，美日澳还试图拉拢菲律宾、越南等东盟国家以及台湾参与印太战略。从军事层面看，美国已将太平洋司令部改名为“印度洋—太平洋司令部”，这种调整显示了印太战略先军后经、以军带政的推进思路。当然，作为该战略的重要组成部分，特朗普政府也在积极支持美国企业扩展与印太地区的商业联系，谋求更多经济利益。但总体来看，印太战略当前还处于构想和造势阶段，其地缘政治的重点是维系美国的海上主导地位，遏制中国在海洋方向的崛起，地缘经济的重点是加强美国与印太地区国家的贸易和投资合作，对冲中国在该地区日益提升的经济影响力。①

毫无疑问，印度当前是美国推进印太战略重点拉拢的对象。自2017年美日澳印举行四方会谈后，美印防务安全合作不断升级。2018年9月美印举行了首次外交与防务“2+2”会谈，签订了《通信兼容与安全协议》，进一步提升了军事合作水平。从战略层面来看，印度利用美日制衡中国的战略意图没有改变，但是对于公开加入针对中国的带有军事性质的潜在联盟显然存有顾虑。② 菲、越等国对“印太战略”目前大体持观望态度，在南海问题上它们希望获得域外大国的支持，但又不想在中美之间选边站队。显然，印太战略的前景仍面临诸多限制和不确定性。但近一年来，随着特朗普政府大力推进印太战略，中美之间的战略竞争显著增加，双方在南海、台海地区的军事较量明显加剧。中国需要对该战略的后续走势给予高度关注，要警惕一些国家战略取向做出改变的可能性。

---

① 韦宗友：《特朗普政府南海政策初探》，《东南亚研究》2018年第2期，第129页。

② 杨瑞、王世达：《印度与“印太战略构想”：定位、介入及局限》，《现代国际关系》2018年第1期，第51页。

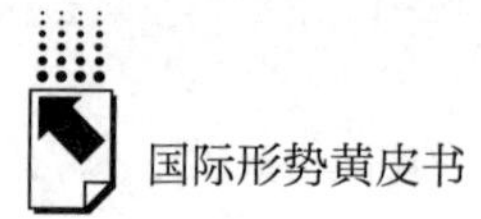

南海局势表面趋缓，但暗流涌动。自 2016 年以来，在中国和东盟共同努力下，南海局势有所降温，但一些根本性问题并没得到解决，现有形势并不稳固。[①] 过去一年，中国在以下四个领域面临较为突出的挑战：首先，菲律宾、越南等国的主张和声索并未发生实质变化，近期政策的调整主要是在中国强势维权背景下做出的被迫选择。事实上，这些国家仍在南海所占岛礁从事建设活动，包括军事设施建设，试图强化“实际控制”。其次，美国南海政策“军事化”日趋明显。过去一年，特朗普政府放宽了美军舰船进入南海实施“航行自由行动”的审批权，美军显著提升、加大了在南沙、西沙海域执行“航行自由行动”的频率和力度。与此同时，美军在南海地区的军事演习、抵近侦察日益增加，军事设施建设动作也在加大。再次，域外大国联动干预事态不断加剧。近一年来，美国一直鼓动澳大利亚在南海执行定期的“航行自由行动”，同时煽动英国、法国等国派舰进入南海巡弋，并定期和日本举行海上军演，竭力营造多国海军力量介入、干预南海局势的事实，在军事、外交层面给中国制造麻烦，试图逆转现有局势。[②] 最后，在南海问题上，东盟立场趋于统一的态势越发明显。“双轨思路”是一把双刃剑，一方面它推动中国和东盟国家在构建南海行为准则方面达成诸多共识，有利于稳定南海局势；另一方面，东盟成员国在与中方的互动中也意识到，统一立场迫使中国让步的重要性。应该看到，近来非声索国新加坡、缅甸、老挝关于南海争端的态度都在发生微妙变化，中国想要巩固现有合作的成果仍面临较大挑战。

三 总结与展望

毫无疑问，中国周边安全形势依然复杂多变，转型期内周边安全形势的主要特点就是不稳定、不确定因素开始增多。但是，也要看到，这些因素带来的冲击和影响仍然是有限的、局部的和可控的，并没有从全局、根本层面

---

① 邵建平：《南海局势：表面趋缓，但暗流涌动》，《当代世界》2018 年第 14 期，第 21 页。

② 朱锋：《“印太战略”阴影下的南海大国较量》，《世界知识》2018 年第 1 期，第 18 页。

动摇中国实现和平发展的有利环境。虽然中国周边一些区域的安全形势存在进一步紧张化或者波动性加大的可能，但是失控、无序的风险较小。除非爆发大规模战争或者突发性武装冲突，否则，在可见的预期内，中国周边安全环境总体保持相对稳定的格局料将持续。

从区域层面来看，过去一年，受朝核问题重返对话轨道影响，东北亚安全形势出现了较为明显的缓和趋势。东南亚安全形势依然相对稳定。南亚安全形势总体来讲稳中有变，新一轮大选季给地区安全格局、一些国家的内外政策走向带来新的变化与调整。中亚安全形势稳定中蕴含较多潜在风险，大国博弈、民族矛盾、边界纷争、恐怖主义等安全问题较为突出。海洋方向的安全形势主要面临两方面挑战，一是中美在印太区域的战略竞争有所加剧，二是南海问题总体来看有所降温，但当前形势仍不稳固（见图5）。

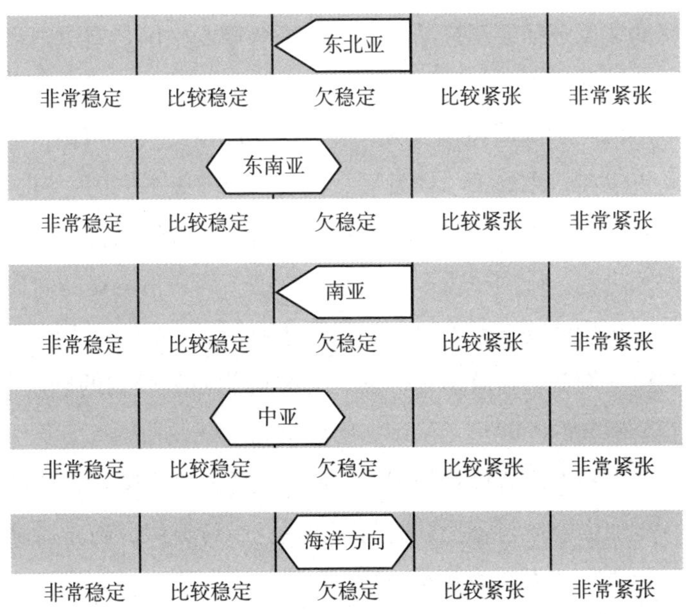

图5　2018中国周边安全形势分析

总而言之，过去一年中国周边安全形势呈现四个新特点：一是周边大国战略竞争态势持续上升。虽然特朗普政府摒弃了“亚太再平衡”战略及其经济内核《跨太平洋伙伴关系协定》（TPP），但对中国崛起的警惕、防范意识不断增强，各种制衡、打压措施更为强硬。中日两国尚未找到摆脱安全困境的有效方法。虽然安倍政府表示要改善中日关系，但对华战略“侧重投机、两边下注”的底色并未改变。对中印关系而言，战略猜忌依然难以化解。二是周边一些热点问题有所降温。显然，中印两国都希望管控分歧，避免边境争端给两国关系带来更大的波动。朝核问题正在迎来重大转机，尽管美朝对话实际成果有限，但半岛紧张局势已经大为缓和。三是部分国家对华态度出现积极转变，中日、中朝、中韩、中越、中菲、中新关系均实现较大转圜。四是中国与周边国家在推进地区合作机制上取得了积极进展，澜湄合作机制、中日韩三边自贸协定磋商和《区域全面经济伙伴关系协定》谈判都在加速推进。①

可以预见，短期内中国周边安全环境的转型与调整料将不会结束，中国与周边国家的关系还需要不断磨合。虽然磨合期内中国与周边国家关系的竞争、博弈成分显著增多，但对话、协商、合作的成分也在明显加大。不难发现，近年来中国与一些周边国家发生摩擦、纷争后，各方都在努力控制局势，避免危机失控。求和平、谋发展、促合作仍然是各方的主流诉求。在可见的预期内，中国与周边国家的关系料将在磨合中继续前行，周边国家需要不断适应中国崛起，中国也需要不断适应自己新的身份与责任。如果各方能够抓住机遇，尽快就安全合作机制、规范达成共识，那么中国与周边国家的上述调整和摸索期就会显著缩短，反之，则可能面临较长的磨合期。同样，中国周边安全面临的一些热点、难点问题错综复杂，在现有的条件下，它们很难在短时间内被彻底解决和处理。因此，无论对中方来讲，还是其他各方而言，进一步加强合作与管控，避免紧张局势持续升级，防止局部风险演变为系统性风险是十分迫切的现实选择。

---

① 石源华、肖阳：《中国周边形势新特点与周边外交新思考》，《当代世界》2018 年第 8 期，第 13 页；时殷弘：《中国的周边战略与对美关系》，《现代国际关系》2018 年第 6 期，第 3 页。

参考文献

董向荣：《韩国文在寅政府对外经济合作政策及其前景》，《当代世界》2018 年第 7 期。

傅聪聪：《中马关系，“重塑”还是“升级”?》，《世界知识》2018 年第 12 期。

吕耀东：《日本对华政策调整及中日关系走向》，《当代世界》2018 年第 4 期。

刘琳：《美越各取所需，进一步加强防务合作》，《世界知识》2018 年第 5 期。

刘琳：《2018 美菲肩并肩传达怎样的信号?》，《世界知识》2018 年第 12 期。

李枏：《朝美蜜月：开启还是终结?》，《世界知识》2018 年第 15 期。

林民旺：《南亚新一轮“大选季”已经揭幕》，《世界知识》2018 年第 16 期。

林民旺：《中印关系有望再次超越分歧翻开新篇章》，《世界知识》2018 年第 8 期。

李少军：《论安全理论的基本概念》，《欧洲》1997 年第 1 期。

林一鸣：《大选后的“新巴基斯坦”将是何样》，《世界知识》2018 年第 16 期。

李忠林：《菲律宾杜特尔特政府的南海政策及前景》，《太平洋学报》2018 年第 6 期。

时殷弘：《中国的周边战略与对美关系》，《现代国际关系》2018 年第 6 期。

石源华、肖阳：《中国周边形势新特点与周边外交新思考》，《当代世界》2018 年第 8 期。

邵建平：《南海局势：表面趋缓，但暗流涌动》，《当代世界》2018 年第 14 期。

孙壮志：《当前中亚地区安全形势及其对中国的影响》，爱思想网。

韦宗友：《特朗普政府南海政策初探》，《东南亚研究》2018 年第 2 期。

杨瑞、王世达：《印度与“印太战略构想”：定位、介入及局限》，《现代国际关系》2018 年第 1 期；

朱锋：《“印太战略”阴影下的南海大国较量》，《世界知识》2018 年第 1 期。

Elfren S. Cruz, “Balancing USA and China,” *Philstar Global*, June 28, 2017.

Maria Abi-Habib and Hassan Moosa, “Maldives Opposition Declares Election Victory,” *The New York Times*, Sept. 23, 2018.

National Security Strategy of the United States of America, *Report*, the White House, December, 2017.

Nile Bowie, “Do Lee and Xi See Eye-to-eye?” *Asia Times*, Sept 22, 2017.

全球问题与全球治理 

Global Issues and Global Governance

Y.6

全球治理：形势与热点

任 琳*

摘 要： 2018 年，由于发达经济体掀起的全球化逆流，人们开始迷茫于经济全球化的发展方向与全球治理事业的前途。加之，即成大国与新兴大国之间的对抗性增强，“溢出”到全球治理领域，使原本处于“重构或调试”期的全球治理前景也因此更为堪忧。美国退出多边国际组织、采取保护主义姿态乃至贸易霸凌主义行径，皆是出于“美国优先”的原则。因此，维系原有全球治理体系的稳定与有效并不在特朗普政府的思考范畴之内。就目前而言，让大国之间的经贸及其他冲突回归多边规则框架，通过谈判解决矛盾，仍是最优结果。综上，以规则为基础的全球治理仍是我们解决问题的最佳方案，但

* 任琳，中国社会科学院世界经济与政治研究所副研究员，全球治理研究室主任，主要研究领域为全球治理、大国关系、网络安全等。

如何维护这项国际社会的共同事业，塑造人类命运共同体，路途且长且难。

关键词： 逆全球化 全球治理 中美经贸冲突

一 逆全球化下的全球治理前景堪忧

2018年的全球化进程与发展方向似乎被蒙上了一层厚厚的迷雾。人们迷茫于经济全球化的发展方向与全球治理事业的前途。一些我们一度引以为豪的全球和区域性多边合作成果不是受到质疑，就是被日益增强的离心力所困，抑或遭受到极大的冲击。在区域层面，英国退出欧盟的步伐虽然蹒跚，但依然鲜见放弃之说；在全球层面，特朗普一再声称退出全球多边组织，加剧全球公共产品的赤字状况，让本来就困难重重的全球治理雪上加霜。似乎二战后逐步成形的全球治理体系及其带来的稳定世界秩序正在受到侵蚀。然而，在某种意义上，经济全球化进程已成为某种必然，并非说逆就逆。步履蹒跚的英国脱欧谈判足以说明个体国家与区域、与世界已然深度复合、相互依存，很难“说断就断”。

英国脱欧谈判进程艰难只是经济全球化客观现实在欧洲区域的一个缩影，在经济全球化过程中自发塑造起来的全球价值链和世界一体化市场的痕迹无处不在。虽然，离英国正式脱欧的预定期限还有半年多时间，英国和欧盟之间的博弈依然激烈，而且不得不承认脱欧艰难，主要原因之一就是在众多领域内英国的利益已然深深嵌入欧洲一体化之中。虽然一再声称“硬脱欧”，但英国在2018年上半年出台的《英国退出欧盟及与欧盟建立新伙伴关系白皮书》之中，我们看到的却是“商业友好型”的软脱欧。英国无法借助脱欧彻底与欧盟切割，在诸多领域内例如化学品、航空和药物等领域，它依然表示了保持与欧盟框架下管理机构良好沟通的希望。[①] 特别是在航

① 任琳：《从脱欧白皮书看英国脱欧进程》，《世界知识》2018年第15期。

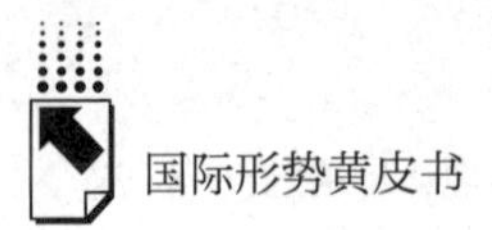

空、汽车等制造业领域内，产品的生产、运营和监管依然是全球化和区域化的，彻底的切割将给企业带来极大的损失，例如空客等企业就对硬脱欧反应激烈。此外，切割的同时，英国还努力重塑通关便利化，例如建议在英国脱欧后成立“英国－欧盟货物自由贸易区”。从英国脱欧的艰难进程之中，我们不难看到单个国家的经济社会生活已然深深嵌入区域一体化和经济全球化之中。英国的选择性脱离尚且如此，某些国家企图“切割”全球价值链的行为更是不切实际地想“逆全球化”而为。

逆全球化出现的动因不仅来自国际层面，更为重要的还是根植于国内深层次的经济社会问题，国内经济社会治理不足，致使个体国家无法应对来自全球化和技术进步的冲击，从而出现了贫富差距拉大等一系列问题。这些问题不断发酵，一股民族主义情绪、保护主义情绪逐渐滋生。然而，大多数发达国家采取的应对手段却是把矛盾抛给国际层面（尤其是美国），进而转移国内情绪出口获得短期政治支持，并非从问题的根本出发，通过结构性改革从国内层面解决矛盾。如此，一方面，一味地归咎于全球化并无法从根本上解各国之忧；另一方面，转移矛盾（特朗普政府从解决国内问题转向指责美国在国际经贸中存在赤字，从而回避问题，寻求国内支持）还直接或间接地伤害了全球治理事业，加剧了治理赤字的严峻程度。

谈及这股由发达经济体掀起的全球化逆流带来的后果，首先，随着欧美发达经济体不断转移国内矛盾，全球化似成众矢之的。以美国为例，特朗普在全球层面采取贸易保护措施，威胁退出世界贸易组织（WTO），将国内经济问题归咎于对中国、对欧洲、对韩国、对墨西哥等双边贸易存在赤字。实际上，并不能将美国国内的经济社会问题（包括收入差距的拉大、失业率居高不下、劳资矛盾等）全部归咎于经济全球化，问题反而是出自对国内经济社会问题的应对不利，诸如调控缺位、监管不足、补偿机制不畅等国内政策的缺陷。如果不从国内经济社会入手，就不可能从根源上探讨解决问题之道，包括反思全球化、技术进步加剧不平等等相关问题。特朗普目前对华采取报复性关税等保护主义、单边主义和霸凌主义的举措，在短期内能够成为其赢得支持率的重要政治筹码，但是，减税和增加财政支出等短期刺激手段“吹起”的虚假繁荣泡沫，很快会被现实击破。当上行的经济周期过去，短期刺激的效果下降，特朗普政府近期采取的对外经贸手段与经济增长之间的虚假相关关系也很快会被识破。因为，采取所谓的逆全球化姿态，并无法从根本上解决发展不平等等国内深层次的问题，甚至在泡沫破灭之后，这种不平等的情况和尖锐的矛盾会更为加剧。

其次，作为霸主的美国轻易退出诸多国际多边组织的行为，无异于使本来就深陷全球公共产品赤字困扰的全球治理事业更加雪上加霜。自特朗普上台以来，他先后宣布美国退出 TPP、巴黎气候协定、联合国教科文组织和《移民问题全球契约》，并在 2018 年多次威胁退出 WTO。[①] 特朗普通过退出既有的国际多边机制，做出反建制主义的姿态，在一定意义上折射出驱动美国外交的主要动力发生了一定的变化：美国的外交决策是为了在新的国际环境中更好地维护自身利益，而非为了继续保持“霸权稳定者”的身份，延续提供大量国际公共产品的过往做法。简单说来，特朗普“退出外交”针对的是各种他认为不利于实现美国利益最大化的双边和多边国际制度，目的是扭转美国在原有全球治理秩序中逐渐失利的惨淡处境，因此维系原有全球治理体系的稳定与有效并不在美国思考范畴之内，为了“美国优先”原则，而动摇全球治理体系的稳定、破坏世界经济的发展与繁荣也在所不惜。因此，在 2018 年，我们不仅困惑于经济全球化的历史大势何去何从，还开始担忧全球治理事业的未来发展前景。

二　全球治理主要平台

（一）WTO：全球多边治理受挫

2018 年的全球治理，尤其是各多边治理平台和治理事务，因美国的诸

① US Says Premature to Talk WTO with Drawal，https：//www. theaustralian. com. au/news/latest - news/us - says - premature - to - talk - wto - withdrawal/news - story/57df80eae3fddb8e6a9882b83a0f7f7.

多退出行径而充满不确定性，其中最为突出的例子是特朗普曾多次要挟退出WTO多边贸易框架。特朗普政府多次启用强硬派参与国际贸易谈判，明确表示WTO有损美国利益，指出8000亿美元的国际贸易赤字是美国的外交灾难。① 在美国贸易代表办公室（USTR）于2017年向国会提交的贸易政策年报中，多次言及重塑贸易秩序、标注与规则，例如启用美国贸易法“301”条款、优先启用国内法解决国际贸易争端等单边行动，皆与WTO倡导的多边贸易秩序明显相悖。随后，特朗普在中美之间挑起贸易摩擦，表达了对即成多边机制的不信任，认为全球贸易治理体系的问题导致中国从中占了美国的便宜。

美国多次威胁如果世界贸易组织（WTO）不改善对美国的态度，美国就会决定退出该组织。此番言论的动机和实际效果如何呢？一方面，特朗普政府如此表态看似是出于“美国优先”的考虑，实则并不一定真正符合美国的国家利益，毕竟失去全球化市场的代价并非美国所能承受。退出WTO这套相对成熟的全球多边贸易治理体系，在一定程度上意味着与经济全球化切割。各国早已深深嵌入恰恰得益于经济全球化塑造起来的全球化市场之中。没有哪个国家可以独善其身，同样没有哪个国家可以完全自给自足，毫不依赖于世界市场而生存和谋求经济增长。美国同样如此，美国的产业结构本就是全球价值链的重要一环，一旦美国脱离价值链，不仅其他国家会受影响，美国自身也会难以为继。另一方面，特朗普将国际贸易得以有效运行的基石锁定为攻击目标，并未慎重考虑这套国际多边贸易治理体系受损，会给世界各国带来多大的损失。在某种意义上，美国退出世贸组织将给美国和世界各国造成巨大损失，甚至将严重破坏二战后在美国倡议和主导确立起来的全球经济治理体系，对世界经济带来无法预估的震动效应。

WTO还遭遇了美国的程序性抵制。除了威胁退出，美国还试图以其他方式“架空”WTO表达对现状的不满，例如制造程序性障碍，防止WTO

---

① 《特朗普2018年国情咨文》，https：//www.whitehouse.gov/briefings－statements/president－donald－j－trumps－state－union，2018年3月13日。

仲裁功能的正常运行。WTO 争端解决机制的正常运行有一定的程序性约束，例如 WTO 下设的上诉机构常设七位法官，而只有大于等于三名法官出席每个案件的处理才能确保程序合法；同时，即使有四五位法官也常常会遭遇合法性困境或操作性难题，难以保持该机制正常运行。由于美国的阻碍，法官的甄选工作并没有如期启动。目前的情况是，国际社会必须做好两手准备：一是力推改革，从技术性手段入手，解决争端解决机制的程序性难题；二是做好美国退出 WTO 的应急机制，避免全球贸易治理机制失灵的重大冲击。

综上，WTO 是全球治理事业受挫最为典型的案例之一。面临核心主导国的威胁退出和程序性抵制，WTO 的未来出路何在？如果深度的机制改革是必然选择，那么什么样的方案可以一方面保证核心主导国提供公共产品，维持机制有效性；另一方面保障 WTO 不要陷入极端“非正义”，丧失机制合法性，损害其他成员国家利益？深化对话与交流，寻求这样一个可被各方接受的折中方案，需要花费大量的交易成本，然而，抛弃这个多边规则框架诉诸报复性关税等所谓“贸易战”的行径，将给相关国家乃至全球各国造成不可预期的更大损失。因此，两害取其轻，主要大国回归 WTO 多边框架，谋求对话与合作，对既成规则进行改革升级，虽将耗费大量交易成本，但依然是更优选择，也属明智之举。

（二）金砖国家：南南合作砥砺奋进

2018 年 7 月，第 10 届金砖国家峰会在南非约翰内斯堡举行，主题为“在第四次工业革命中共谋包容增长和共同繁荣”，会议日程包括金砖国家工商论坛、领导人小范围会议/大范围会议、纪念领导人会晤 10 周年非正式会议、金砖国家与非洲国家领导人对话会、“金砖 +”领导人对话会。[①] 回顾过去的十年，金砖国家合作组织在以下方面取得了巨大成就。

第一，推进了全球治理体系改革，改善“权利 – 义务”不对称的现状，提高新兴国家和发达国家的话语权。尽管起步晚，以金砖国家为代表的新兴

① BRICS Leaders Reach out to Africa and the Broader South，http：//www. brics2018. org. za.

国家和发展中国家积极参与全球治理，提供大量全球公共产品，为全球问题的解决出力献策。尽管如此，它们却面临“权利－义务”不对称的情况，进行议程设置的机会相对少、参与度不够、话语权相对弱。一方面，这具有历史性原因，毕竟这套既成的全球治理体系形成于二战之后，主要的倡导者和建立者皆是欧美发达国家；另一方面，这也的确体现了全球治理存在合法性不足的问题，亟须呼吁改革，为新兴国家和发展中国家提供与它们的贡献相称的权利。金砖国家合作组织正是这样一个对话机制，作为新兴国家和发展中国家自己的治理平台，成为推动全球治理体系改革的重要推手。

第二，凝聚共识，打造“南南方案”。作为新兴国家和发展中国家自己的治理平台，金砖国家合作组织创造了新兴经济体国家自己的对话机制。以往，在 G20 开会前，我们看到 G7 国家自己的协调会可凝聚共识，从一个口径出声。因此，在很多全球问题领域，存在着“北北方案”占据主导地位，新兴国家和发展中国家往往无从插手的局面。但是有了金砖国家合作组织，南方国家也可以把涉及它们切身利益的问题放到这个平台上，协调立场，凝聚共识，通过打造全球治理的“南南方案”来发声。此外，在经贸、科技、能源、教育和人文等诸多领域，金砖国家的合作日益加深。

第三，力主机制创新，反对排他性国际机制，倡导包容性。例如，中国倡导成立了金砖国家新开发银行。建立初衷是构建一个金融安全网，规避国际金融市场波动对新兴经济体国家带来的负面影响。因此，中国倡议建立应急储备基金，准备一个资金池子，提供外汇稳定金融市场，规避短期金融波动的风险。此外，该多边银行机制旨在推进亟须完善的基础设施建设，提供一个新的、非排他性的融资选择，进一步填补基础设施建设的缺口。这也是在之前《金砖国家银行合作机制多边本币授信总协议》、《多边信用证保兑服务协议》、《可持续发展合作和联合融资多边协议》和《非洲基础设施联合融资多边协议》等前期合作协议和共识基础上达成进一步深度合作的重要成果。

此外，此次峰会选址非洲在约翰内斯堡举行，充分显示出金砖国家重视与非洲国家的合作。在金砖国家之外，南非还邀请了 22 个国家参会，其中的 19 个国家来自非洲大陆。通过这次峰会，进一步加深了金砖国家与非洲国家的对话，吸引了世界的目光，也将为助力非洲发展提供动力。

在单边主义盛行，世界未来充满不确定性的今天，金砖国家的对话、与其他发展中国家的对话与合作具有举足轻重的意义，例如此次会议框架下金砖国家第八次经贸部长会议上，各国围绕反对保护主义，维护和支持多边主义达成一致。金砖国家都是经济全球化的获益者，且未来经济增长仍将长期依赖于全球经济的联通。金砖五国曾在金砖峰会、G20 峰会等多个场合明确表示将遵守、履行和维护 WTO 多边贸易体制，① 支持以透明、非歧视性、开放性和包容性为特征的全球贸易治理。在这个不确定性笼罩的时刻，金砖国家做出如此集体发声行为，具有重大意义。

（三）G7：西方俱乐部亦有离心力

2018 年 6 月，一年一度的七国集团（G7）峰会在加拿大魁北克召开。在 G8 开除俄罗斯之后，不少外部评论认为美国和其主要同盟国家将会进一步突出 G7 的向心力，美国在安全、经济等议题领域内承担更多治理成本和妥协让步，加强该集团的功能。可是，以往人们认知中的西方发达国家俱乐部似乎也出现了不和谐的声音。②

特朗普主政下的美国对其盟友同样表现出一定的“霸权”，而诸如加拿大、德国等传统盟友国也对这种减少义务却屡屡强势的“霸权行为”在一定程度上表示异议。特朗普在推特中指出，“美国支付了几乎北约所需的全部费用，去保护那些在贸易上剥削美国的国家（他们付钱少，却理所应当！）。”后来他再次表态，美国将不会容忍别人，不管是朋友还是敌人，占美国任何便宜。美国的这种“霸道”还体现在特朗普拒签联合公报一事上。G7 峰会结束后，本该按照程序发布联合公报，可结果一波三折。特朗普的

① 《金砖五国明确反对贸易保护主义》，http：//www. scio. gov. cn/xwfbh/xwbfbh/wqfbh/35861/37079/zy37083/Document/1562318/1562318. htm。

② The G7 Has Not Been Dealt a Fatal Blow – But The Summit Did Damage，https：//www. theguardian. com/business/2018/jun/19/g7 – summit – canada – global – economic – system.

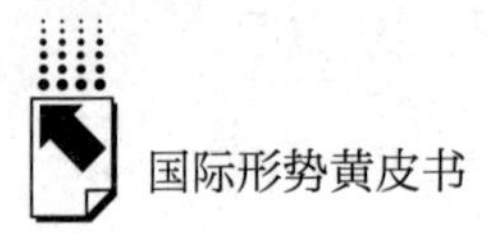

怨气恰恰是针对这份公报和大力推动签署这份公报的加拿大总理特鲁多。公报强调了 WTO 多边贸易规则的重要性，强调了公开、透明和包容及符合 WTO 规则，认为自由公平互利的贸易是世界经济增长与稳定的动力。该公报内容一出，特朗普马上做出拒签表态，并“严厉”批评特鲁多做出“虚假声明”。

面对美国甚至开始对传统盟国表现出的“自私”和“霸权”，G7 其他成员国也出现了反对声音，例如，德国表示未来的欧洲不能将自身命运押在美国一国身上，不能过分夸大大西洋伙伴关系的意义，而是要有独立性，要自强，要拓展合作对象国。这种态度在 G7 峰会后，默克尔接受采访中被多次提及。在路透社 6 月 13 日的报道中，德国外交部部长马斯（Heiko Maas）对外公开表示，欧洲必须在此校准对美关系。德美两国过去长达 70 多年的同盟关系是有限定条件的，欧盟与美国的关系也是需要平衡的，只有如此才能在美国越线时，做出积极回应和应对。

我们是否可以基于这些事实认为 G7 或者说西方俱乐部就名存实亡了？事实并非如此简单。统观诸多细节，虽然不再是捆绑于同盟的利益妥协集合体，但 G7 逐步发展成为一个基于利益的西方国家同盟。既然是基于利益，那么在有利可图的情况下，它们依然是坚强的同盟，况且欧美在意识形态和某些问题方面更具有相似性。在一些问题上，它们提前召开俱乐部小型会议，协调立场还是可能的，以加强“北北方案”的话语优势。只是，这个“北北方案”中的美国“霸权”可能更明显，其他传统盟国需要做出的妥协可能更多。但是，基于一致的意识形态、相对来说更为相融的利益现实、长久的合作经验，G7 成员国在相当长一段时间内还将维持西方俱乐部的身份，只是这个俱乐部在形式上可能表现为 G1 +6 的模式。

（四）G20：新兴治理平台同样面临大国博弈僵局

2018 年 11 月 30 日至 12 月 1 日，二十国集团（G20）峰会于阿根廷首都布宜诺斯艾利斯举行。在二十国集团升级为峰会后的历史书卷上，人们首次并非关注多边峰会本身，而是峰会期间即将举行的中美领导人会晤。这种关注点的转移在某种意义上也说明了此前中美贸易摩擦产生了世界效应，波及诸多经济体，而大家也寄希望于峰会期间的中美领导会面可以为问题的解决提供契机，同时力挽狂澜于多边主义和全球治理精神日渐式微之际。中美双方的贸易摩擦暂时“停火”，给世界经济带来利好消息，也为未来的双边谈判搭建了基本框架。

总之，2018 是全球治理事业跌宕起伏的一年，G20 峰会期间的中美对话起到了力挽狂澜，避免全球多边治理坠入低谷的作用。虽然，未来的中美关系和世界形势依然存在大量不确定性风险；但是，对中美双方、对整个世界而言，对话合作强于冲突甚至对抗。

G20 反映出世界各国对全球事务的持续关心，更反映出治理全球问题必须依赖各国合作、共同治理，例如 G20 峰会对气候变化治理的持续关注。虽然，在 2017 年的汉堡峰会上，特朗普的“退群”行为几乎颠覆了国际社会围绕气候变化和环境保护问题取得的巨大成就，让巴黎协定变成废纸一张，但是，国际社会依然坚守治理气候变化问题，并认为保护地球环境是事关人类生死存亡的大事，各国必须共同努力予以解决。因此，G20 亟须关注气候变化议题重申支持巴黎协定，敦促各相关国家继续坚持落实此前承诺。

G20 折射出全球治理机制存在滞后性，亟须改革的特点，例如本次峰会可能会讨论虚拟货币的问题，而比特币作为新近几年才出现的新问题、新领域、新议题，尚未被纳入原有的全球治理议题篮子，因此没有体现在全球治理既成的治理条款、规则和体系当中。虽然，目前的虚拟货币资产仅占全球 GDP 的不足 1%，但一些潜在的问题已然浮出水面，例如涉及洗钱、恐怖主义金融、非法交易等。对于以上问题的监管，亟须在国际多边规则框架下予以规范。

G20 已然反映出新兴国家与发达国家之间存在部分分歧，例如 B20（工商 20）并未尊重协商一致原则，忽视中国工商界的正当关切和合理诉求。①

① 《中国工商界发表声明反对 B20 政策建议文件》，http://www.xinhuanet.com/world/2018-10/06/c_1123522984.htm。

虽然G20内部各成员国之间存在不少分歧，但作为全球治理的核心平台之一，它的作用依然非常重要。首先，G20各成员国的GDP和贸易额总量占到全球的80%左右，重要性毋庸置疑，对治理各类棘手的全球问题负有责任。其次，G20积聚了最具代表性的南方国家与北方国家，汇聚了新兴经济体和发达经济体的声音。具有“南北共治”特点的G20仍可能是最终解开中美矛盾，培育南北对话的关键之一。

三　全球治理：挑战与应对

（一）全球治理面临的问题与挑战

第一，大国掀起全球化逆流，全球治理事业受挫。一方面，欧美发达国家出现保护主义趋势，与全球化大势背道而驰；另一方面，由于主要发达国家特别是美国质疑全球化，参与治理意愿下降，全球公共产品赤字加剧。特朗普政府在全球发起贸易保护主义，成为最典型的逆全球化之举。特朗普政府的贸易保护主义和报复性关税举措不仅会伤害以中国和德国为代表的贸易出超国，还会最终伤害到美国自身利益，更为重要的是它会破坏作为经济全球化重要成果的全球价值链，挫伤人们对经济全球化的信赖，破坏人们对世界经济有序维系和发展所依赖的那套全球治理规则的基本尊重。

第二，既成大国与新兴大国之间的对抗性增强，“溢出”到全球治理领域。原本处于“重构或调试”期的全球治理也受之影响，前景堪忧。以中美贸易冲突为例，特朗普政府企图将中国孤立在美国工业链条之外的做法，在中短期内并不具有可操作性，还将大幅抬高全球商品的生产成本、流通成本等。小到苹果手机，大到波音飞机在短期内都无法承担全球价值链短期断裂带来的震动，可能会因此遭受巨额损失。更为重要的是，作为国际贸易规则主要倡议者的美国“破坏”自由贸易规则的行为将会使全球贸易治理暂陷“泥坑”。目前的贸易治理秩序存在无序、赤字和面临停滞的危险，亟须各主要国家停止“伤敌一千，自损八百”的博弈，进而冷静下来回归谈判桌，以对话方式解决矛盾，谋求规则的升级，而非弃规则于不顾。综上，大国关系中的对抗性因素上升，大国关系“不稳定期”与当前全球治理的“重构期”重叠，给亟待加强和完善的全球共同合作、多元化的治理增加了难度。既成大国与新兴大国之间的矛盾与冲突，将不可避免地影响全球和区域治理领域的合作。

（二）应对之策

第一，亟须澄清全球化的影响，寻求问题本源。只有深入理解全球化的国内根源，才能从根本上应对这些问题，而非简单地从表面上把问题归咎于全球化。为了有效地应对西方主要发达国家以全球化为借口“割裂”中国与世界联系、破坏全球治理事业的行为，我们有必要在世界范围内做好理论宣传与问题澄清工作。经济全球化实现了资源在全球范围的更优配置，为世界带来了巨大的经济增长，当然也造成了贫富差距的加剧。如果没有给予市场行为一定程度的调试，就很容易导致劳资矛盾、不平衡发展、失业和贫富差距等问题。因此，问题不仅在于全球化本身，更在于在国内层面如何有效治理全球化带来的不均衡发展等问题。

第二，全面理解特朗普政府的单边退出与反建制主义行为，在全球治理领域内既要抓住机遇，有所作为，又要规避损失，保护国家利益。我们要全面理解美国单边退出与反建制的破坏性，有效地趋利避害。特朗普政府过分看重经济收益和不负责任的退出实际上损害了美国承担国际责任的外部形象，破坏了美国的国际声誉。特朗普在现阶段恐怕还没有考虑清楚，“硬收益”与“软收益”都重要，进而该如何平衡两者之间的关系。不过，这种轻国际责任，重个体收益的外交姿态，也为我们制造了良好的战略机遇期。以中国为代表的新兴国家如果抓住这个历史机遇，在全球治理等领域内有所作为，将有助于塑造良好的国际形象，提高国际事务的参与度和影响力。虽然，中国并非旨在构筑平行体系、推翻先行的国际秩序，但是，改变目前全球治理领域内公平赤字现状的诉求也是有的。除此之外，事物总具有两面性：一方面，要抓住战略机遇；另一方面，也要避免美国作为“不负责任大国”可能给国际秩序带来的冲击。此外，还要思考如何应对这种不负责任“转嫁”治理成本的行为，在积极参与全球治理的同时，避免战略透支。规避战略透支，弥补全球治理公共产品赤字，可以有效借助拓宽治理的融资渠道与丰富融资方式等措施。

第三，培育新兴大国与既成大国之间的良性竞合关系。[①] 时代不断前进，国家之间竞争方式与内容不能同日而语。因而，简单地将目前出现的贸易摩擦和全球多边治理领域内的博弈引申为冲突升级的“导火索”，进而类比历史上崛起国与守成国必有一战的历史经历颇为不妥。这种必战论在一些西方学者中较为普遍，例如，米尔斯海默认为大国政治悲剧无法避免，既有国际政治体系的中国崛起必将引发紧张的竞争状态，甚至战争风险。[②] 实际上，简单地类比历史经验，断言守成国与崛起国之间必有一战，忽视了新时代背景下国与国之间不断增强的复合相互依存关系，忽视了冲突与合作的矛盾对立统一关系，以及国家间共同利益的可塑性。即使存在竞争和冲突，也并不意味合作是不可能的。《美国国家利益》报告就曾特别强调了美国与重要战略对手国家的关系：“为了与美国国家利益保持一致，与那些可能会成为战略性对手的国家——中国和俄罗斯——建立生产性/建设性关系（productive relations）。”[③] 中国一贯重视与美国塑造良性的大国关系，希望两国之间可以进行良性竞争，并停止冲突、谈判解决问题。虽然，目前的形势相对比较严峻，塑造合作的难度很大，但未来需要两国合作的领域还有很多。以中国为代表的新兴国家和美国可以从相对容易突破和达成合作的治理

---

① 战略互动包括竞争与合作，战略威慑同样适用于友好国家，共同利益不意味着放弃对彼此的战略博弈，战略博弈也同样不意味着两者没有合作的必要。不仅仅对立的敌手之间需要运筹帷幄，使用战略手段。谢林曾尝试矫正这种误解，即使冲突双方也没有必要成为“完全势不两立的敌人，而是互存疑虑与分歧的伙伴”，毕竟各国身处复合相互依存的时代。参考托马斯·谢林《冲突的战略》，赵华等译，华夏出版社，2017，第5页。

② 约翰·米尔斯海默：《大国政治的悲剧》，王义桅、唐晓松译，上海人民出版社，2014，第436～440页。

③ 《美国国家利益》，https://www.belfercenter.org/sites/default/files/files/publication/amernatinter.pdf，2018年2月28日。

领域（例如气候变化、知识产权保护等）入手，用发展的眼光逐步与战略对手培育起良性的竞争与合作关系。

第四，顺全球治理部分领域亟须改革升级之势，回归多边规则框架解决争端是大势所趋。有些全球治理平台和规则亟须升级改造，进而适应不断变化的新形势和新需求。以经贸领域为例，塑造一个升级版的 WTO 具有必要性和可行性。特朗普发起对华贸易报复的重要原因之一是美国认为原有的 WTO 治理机制和规则无法约束中国行为，让中国占了便宜。中国也认为，随着时代的发展，有些新问题、新挑战和新领域的治理不曾写入旧的规则条例中，因此旧的规则的确存在问题，亟须升级改造。既然各方都有改革全球多边经贸治理规则的诉求，以中美两国为代表的各利益攸关方回归多边谈判、谋求规则升级改造，远比陷入轮番报复性关税的彼此伤害来得更理性。再者，如果可以让中美回归多边规则框架解决矛盾，得到的结果必然要好于目前的惩罚性关税和经贸冲突等工具手段。此外，其他的利益攸关方，例如欧洲也有改革 WTO 的诉求，并有了初步的方案，如果中国也可以拟订一个自己的方案，在中美欧三个方案中求得平衡与对话，或许也不失为一个跳出目前僵局的重要选择。

参考文献

任琳：《从脱欧白皮书看英国脱欧进程》，《世界知识》2018 年第 15 期。

托马斯·谢林：《冲突的战略》，赵华等译，华夏出版社，2017。

约翰·米尔斯海默：《大国政治的悲剧》，王义桅、唐晓松译，上海人民出版社，2014。

《特朗普 2018 年国情咨文》，https：//www. whitehouse. gov/briefings – statements/president – donald – j – trumps – state – union，2018 年 3 月 13 日。

《美国国家利益》，https：//www. belfercenter. org/sites/default/files/files/publication/amernatinter. pdf，2018 年 2 月 28 日。

2018 年金砖国家峰会网站，http：//www. brics2018. org. za。

新华网，http：//www. xinhuanet. com/world。

Y.7
网络安全与大国关系

郎 平 丁丽伟*

摘 要： 面对日益严峻的全球网络安全形势，推动网络空间的大国合作有着重要的现实意义。然而，在当前国际格局发生质变、大国关系面临重大调整的大背景下，一方面，各国积极推出维护本国网络安全方面的各项举措；另一方面，网络空间的大国关系更多受制于现实空间的国家战略，从而使网络空间的大国关系成为现实空间大国博弈的延伸。在网络空间，中美贸易摩擦和全面竞争的态势加剧了两国的冲突和对立，中俄全面战略协作伙伴关系进一步部署为两国的信息网络空间合作增添了新的空间，美俄地缘政治的战略博弈凸显了两国之间的信息战。未来一段时间，网络空间的大国关系仍然从属于大国间的战略博弈，网络空间安全合作的现实需要会受到限制。

关键词： 网络空间治理 网络安全 大国关系 中美关系

一个跨越国家地理边界和互联互通的网络空间已经在全球范围形成：一方面，信息通信技术日新月异，引领了社会生产的革命性变革，成为国家经

---

* 郎平，中国社会科学院世界经济与政治研究所研究员，国际政治理论研究室副主任，主要研究领域为网络空间安全与治理等；丁丽伟，中国社会科学院研究生院世界经济与政治系 2017 级硕士研究生。

济发展的驱动力；另一方面，互联网成为信息传播的新渠道、人们生产生活的新空间和社会治理的新平台。当网络空间与现实空间高度融合时，网络空间无可避免地成为大国博弈的新领域，而网络空间的大国关系既是现实空间大国博弈的延伸，也带有网络空间独有的技术特性。

一　全球网络安全形势

近年来，全球网络安全事件持续增加，对国家的社会、经济和政治秩序产生了很大的冲击。从 Wannacry 勒索病毒大规模爆发到剑桥分析事件，从雅虎、优步、亚马逊等互联网企业的数据泄露，到 Paypal、SWIFT 等金融企业和组织遭受攻击；从美国大选“黑客门”事件到乌克兰等国关键基础设施遭受网络攻击，一国面临的网络安全风险和威胁持续增加。

网络安全问题之所以引发国际关注，不仅是因为攻击次数不断增加，更因为网络攻击的目标愈加明确，其产生的效果和影响力不断扩大。特别是全球范围内高级持续性威胁（Advanced Persistent Threat）的数量、攻击范围都呈现扩大的趋势，且在地缘摩擦激烈的时期活跃度会出现增加趋势。[①] 2018 年，世界经济论坛发布《全球风险报告 2018》，首次将网络攻击列入全球五大安全风险。报告称，地缘政治摩擦正不断助长网络攻击的规模和复杂性，企业监测到的网络攻击活动在五年中几乎翻番，从 2012 年每个企业遭受 68 次攻击增长至 2017 年的 130 次。[②] 赛门铁克发布的《2018 年互联网安全威胁报告》显示，2017 年有目的的攻击行为增长 10%，而更广泛的网络威胁相关的分析请求达到 10 亿次，较 2016 年增长 5%。[③]

除了传统上以窃取数据为目标的攻击外，大量攻击转向虚拟货币系

① 360 安全中心：《2017 年中国高级持续性威胁研究报告》，2018 年 2 月 26 日，http://zt. 360. cn/1101061855. php? dtid = 1101062514&did = 491016239。

② 世界经济论坛：《全球风险报告 2018》（*The Global Risks Report 2018*，https://www. weforum. org/reports/the - global - risks - report - 2018），达沃斯世界经济论坛，2018。

③ Symantec，*2018 Internet Security Threat Report*，https://www. symantec. com/about/newsroom/press - kits/istr - 23.

统和关键的金融设施，意图直接获取巨额利益。根据赛门铁克的数据，自2017年四季度开始对矿工设备的扫描直线上升，全年同比增长8500%。2018年上半年，这一趋势仍在持续，包括Coincheck、币安（Binance）在内的虚拟货币交易所受到攻击，对全球的虚拟货币市场造成一定的影响。据安全机构Checkpoint估计，窃取虚拟货币的攻击性在2018年上半年可能已经使背后的犯罪组织获利超过25亿美元。自2016年SWIFT遭受攻击使孟加拉国央行损失8100万美元之后，针对SWIFT的攻击显著增加。①

尤为值得关注的是，针对国家关键部门的高级持续性威胁（Advanced Persistent Threat）活跃度有所增加。根据360安全中心的《2017年中国高级持续性威胁研究报告》，50%的APT组织以政府为攻击目标，而中美是全球范围内受APT攻击最多的两个国家，政府、能源、金融、国防、互联网是APT组织关注度最高的五个领域，对工业控制系统的威胁也被认为来自此类有组织行动。报告认为，APT组织及其活动与网络空间中的大国博弈之间呈现很多微妙的显性联系，它们与国家间的政治摩擦密切相关，对地缘政治的影响日益显著，指责他国的APT活动已成重要外交手段，部分机构选择在敏感时期发布APT报告，APT组织针对国家智库的攻击显著增多。② 鉴于日益严峻的网络安全风险，全球的网络安全支出大幅度增加。据全球领先的信息技术研究和顾问公司高德纳预测，2018年全球信息安全产品及服务支出将超过1140亿美元，较上年增加12.4%；到2019年，带动全球安全支出增长的主要因素包括更加重视建设监测与相应的能力、制定GDPR等隐私权法规以及解决数字化业务风险的必要性。③

---

① Check Point Research, *Cyber Attack Trends* (*2018 mid-year report*), San Carlos: Check Point, 2018, www. checkpoint. com.

② Symantec, *2018 Internet Security Threat Report*, https: //www. symantec. com/about/newsroom/press – kits/istr – 23.

③ Gartner, "Gartner Forecasts Worldwide Information Security Spending to Exceed $124 Billion in 2019," August 15, 2018, https: //www. gartner. com/en/newsroom/press – releases/2018 – 08 – 15 – gartner – forecasts – worldwide – information.

二 各国维护网络空间安全的举措

在网络安全层面，国家始终是发挥主导作用的行为体。出于发展水平的不同以及国家利益的不同考量，各国政府纷纷出台相关法律法规，通过国内立法或者制度安排等途径强化本国的网络安全防护体系。目前，美国、欧盟、新兴经济体和发展中国家的举措各有侧重，也是其网络实力和综合实力水平的直接体现。

（一）美国：强化内容管控，确保绝对优势

美国继大选“黑客门”事件后，开始强化对互联网内容的管控，加强对互联网企业的监管。2018 年 2 月，美国司法部宣布将成立一个名为“网络数字工作组”的网络安全工作组，重点关注美国大选操纵情况。3 月，《纽约时报》披露一家名为“剑桥分析”（Cambridge Analytica）的数据分析公司在 2016 年美国总统大选期间在未经允许的情况下从 5000 万个 Facebook 用户那里收集数据并将它们用于政治广告。此事件不仅使 Facebook 公司遭遇到前所未有的危机，更是提升了美国政府对数据泄露政治影响的关注度。8 月，特朗普政府宣布与 Facebook 公司合作打击虚假信息，同月，美国众议院情报委员会提出《安全选举法案》，法案将允许地方选举办公室申请联邦拨款，购买用于选举的纸质设备以取代无纸电子投票机，防止出现因黑客攻击导致选票信息被篡改而无纸质记录可验证的情况。① 8 月 15 日，美国总统特朗普签署行政命令，撤销了奥巴马时期的 20 号总统政策指令（PPD－20），放宽美国政府对部署进攻性网络武器的限制，从而有助于为军事行动

① Politico, “A Bipartisan Group of House Intelligence Committee Members Today will Introduce a Companion Bill to the Senate's Secure Elections Act, S. 2593. The Legislation is being Proposed by Republicans Tom Rooney and Trey Gowdy and Democrats Jim Himes and Terri Sewell,” https://www.politico.com/newsletters/morning－cybersecurity/2018/08/10/first－in－mc－new－election－security－bill－arrives－in－house－313136; S. 2593: https://www.congress.gov/bill/115th－congress/senate－bill/2593.

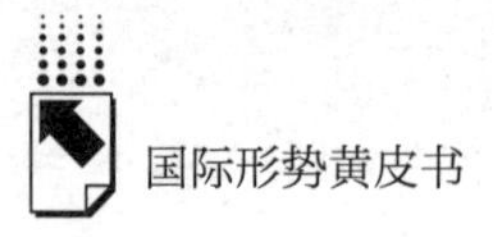

提供支持和实施攻击性网络行动，防止外国干预选举活动和窃取知识产权等。①

美国拥有世界上最强大的网络力量，其完善的立法更是遥遥领先于其他国家。2017 年 5 月，特朗普总统签署 13800 号行政命令，要求加强联邦系统和关键基础设施的网络安全。2018 年 2 月，美国国会通过《澄清域外合法使用数据法案》（*Clarifying Lawful Overseas Use of Data Act*），以提高美国政府获取跨国界存储数据、打击数字犯罪的能力，明确了美国的数据主权战略。② 2018 年 1 月和 3 月，《网络漏洞披露法案》和《2018 DHS 网络事件响应小组法案》先后获得众议院审议通过，前者将为特朗普政府的“漏洞公平裁决程序”提供法律依据，并规定什么样的漏洞应当及以怎样的方式由当局向外界公布；后者则授权国土安全部下属的网络应急小组处理与关键基础设施相关的网络防御工作。③

在行动层面，特朗普政府对于网络安全高度重视，相关的政府部门更是出台了新的《网络安全战略》，以进一步强化美国的网络力量。国土安全部作为负责美国国内网络安全的主要部门，在 2018 年 5 月发布了新的《网络安全战略》，提出把风险识别、减少漏洞、减少威胁、影响缓释、落实网络安全成果作为网络安全管理的五大支柱，并形成相应的 7 个目标；④ 8 月，国土安全部宣布成立新的机构间中心——国家风险管理中心，旨在帮助关键基础设施企业长期评估持续存在的网络威胁以及由此引发的网络风险，打击入侵和破坏金融、能源以及医疗保健系统的黑客行为，化解科技公司遭受网

---

① HuffPost, “Trump Reverses Obama-Era Rules on Cyberattacks,” August 17, 2018, https://www.huffingtonpost.com/entry/trump-cyberattack-directive-20_us_5b758f76e4b0df9b093d1b06.

② 洪延青：《美国快速通过 Cloud 法案，清晰明确数据主权战略》，《环球视野》2018 年 5 月 3 日。

③ 根据 E 安全相关报道整理。E 安全：《美国“0Day 漏洞披露法案”已获得众议院通过》，http://m.sohu.com/a/216321387_257305；《美国通过“关键基础设施”最新法案》，http://www.sohu.com/a/226058080_257305。

④ DHS, *DHS Cybersecurity Strategy*, May 17, 2018, https://www.dhs.gov/publication/dhs-cybersecurity-strategy.

络攻击的危机。① 国防部作为掌管美国军事力量的最高机构，2018年更是动作频频。2017年8月，美国网络司令部启动程序升格为一级司令部；2018年2月的《国防战略报告》（*National Defense Strategy Report*）明确将对重大网络攻击实施核报复；② 9月18日，国防部对外发布《国家网络战略》摘要，阐明了国防部将如何在网络空间、通过网络空间落实2018年1月发布的《国防战略报告》的优先事项，认为美国正处于来自中俄等国的长期战略竞争的安全威胁，需通过提高网络空间作战能力、前摄性制止有关恶意网络活动、加强跨部门及跨国合作等加以应对。③ 可以看出，美国今后将更加重视网络力量与传统军事力量的融合，确保联合部队能在对抗性的网络环境中获得绝对优势。

（二）欧盟：GDPR生效，助推全球数据保护

欧盟在网络空间安全治理领域起步很早，2011年，欧洲理事会的26个欧盟成员国就联合美国、加拿大等30多个国家签署了世界上第一部打击网络犯罪的国际公约《布达佩斯网络犯罪公约》。2013年，欧洲出台了《欧盟网络安全战略——一个开放、安全、可靠的网络空间》，其关注的焦点逐渐转向网络和信息系统安全，特别是网络犯罪、个人隐私保护和数据安全等方面。2018年5月，欧盟的《一般数据保护条例》（*General Data Protection Regulation*，GDPR）正式生效，这部旨在为保护欧洲公民的个人隐私和数据安全而制定的更为严格和统一的法律，被称为“互联网诞生以来最严格”的数据监管法案。

在网络空间，数据的重要性不言而喻，欧盟此举成功地将其市场力量转化成规范性的权力，直接影响各国互联网企业在欧洲甚至全球范围内的竞争

---

① E安全：《DHS成立国家风险管理中心：保护关键基础设施》，http：//www.sohu.com/a/244986590_257305。

② U.S. Department of Defense, *2018 National Defense Strategy*, https：//dod.defense.gov/Portals/1/Documents/pubs/2018-National-Defense-Strategy-Summary.pdf.

③ DOD, *Summary Department of Defense Cyber Strategy 2018*, https：//media.defense.gov/2018/Sep/18/2002041658/-1/-1/1/CYBER_STRATEGY_SUMMARY_FINAL.PDF.

力。欧盟约占全球34%的数字市场规模，GDPR 的生效不仅使得欧洲市场的互联网企业必须受到其监管约束，更是将全球为欧洲企业和公民提供互联网服务的企业都包含在内，否则就要受到高额的罚款和处罚。但是，欧盟的做法也招致了很多企业的不满和抗议。截止到 8 月 8 日，有超过 1000 家美国新闻网站为了避开 GDPR 的规定将欧盟用户屏蔽，以避免遭遇欧盟的巨额罚款；在美国 100 家最大的纸质媒体中，约有 1/3 的网站在欧洲无法访问，包括《芝加哥论坛报》《纽约每日新闻》《每日新闻》等。①

欧盟 GDPR 将对全球互联网的隐私保护产生举足轻重的影响。GDPR 生效后，几乎全球的民众都会收到世界各大公司隐私条款变更的邮件，微软、谷歌等企业均发布遵守 GDPR 的声明，掌管全球互联网域名的 ICANN 也及时组织与缔约方就 GDPR 合规性召开会议，并更新了多项政策，以遵守欧盟的相关规定。与此同时，美国、印度、巴西等国家纷纷制定并出台了本国的数据保护法案，以加强对本国数据的保护和监管。由此可以看到，欧盟 GDPR 的生效不仅从外部环境上倒逼其他国家加快制定本国的数据保护规则，而且会在国际层面上助推国际数据流动和信息保护规则的谈判进程，这成为大国间博弈的又一焦点。

（三）发展中国家：克服数字鸿沟，加快网络立法

在网络空间，发展中国家的利益诉求大体可以归结为两点：一是经济和社会的发展，二是确保国家的安全，前者是根本目标，后者是基本保障，两者相辅相成，缺一不可。与美国和欧盟等发达国家和地区相比，发展中国家的信息技术发展和信息化水平相对落后，这一方面表现为其对网络空间的关注度和依赖程度并不高，但另一方面也彰显出其在网络空间未来的发展潜力和安全需求将有很大的提升空间。因此，越来越多的发展中国家一方面加快

① Barry Levine, "MarTech Today: A Third of Top US News Sites Block EU Users, How to Start a Marketing Operations Function & AgilOne Partners with Criteo," August 9, 2018, https://martechtoday.com/martech-today-a-third-of-top-us-news-sites-block-eu-users-how-to-start-a-marketing-operations-function-agilone-partners-with-criteo-219417.

本国相关的立法和政策引导；另一方面则选择通过国际合作来弥补数字鸿沟，尽快加强本国的网络空间能力建设。

当前，发展中国家开始逐步推进国家层面的立法和制度建设，建立健全国家网络安全保障体系，提高国家应对网络安全风险的防护能力。2018 年 6 月，尽管美国和加拿大以及一些境外势力此前曾向越南施压，越南国会仍然以 86.86% 的支持率通过越南网络安全法，对在网络空间就维护国家安全和社会秩序以及各有关机构、组织和个人的行为责任做出规定。[①] 2018 年 7 月，埃及总统塞西签署批准有关加强媒体监管的法律，8 月，埃及总统签署批准了国内“首部网络安全法”——《反网络及信息技术犯罪法》，旨在打击极端分子利用互联网开展恐怖行动，这也是埃及第一次在网络安全领域颁布系统性的法律。[②] 可以相信，随着互联网在越来越多的国家普及，推进网络安全立法已经成为广大发展中国家的大势所趋。

在国际层面，越来越多的区域经济合作开始将网络议题纳入合作框架之中。2018 年 1 月，澜沧江 - 湄公河合作首次领导人会议在柬埔寨金边制定了 2018 ~2022 年行动计划，提出多项务实合作议程，包括共同加强打击网络恐怖主义、网络犯罪等非传统安全事务合作；推动信息网络等基础设施建设与升级，增加包括北斗系统在内的全球卫星导航系统在澜湄国家基础设施建设、交通、物流、旅游、农业等领域的应用；制定澜湄国家宽带发展战略和计划，积极推进跨境陆缆和国际海缆建设与扩容；加强数字电视、智能手机、智能硬件和其他相关产品创新发展的合作等。[③] 作为 20 国集团峰会的主席国，阿根廷 2018 年的关注重点之一就是数字化时代的工作和教育未来。它认为，数字化时代，新技术和不断创新的生产方式将为新的和更好的工作创造机会，但也会给某些原有的社会组织方式带来挑战，如何建立数字时代

---

① 王迪、陶军：《越南国会表决通过网络安全法》，新华社河内 2018 年 6 月 12 日电。

② 曲翔宇：《埃及出台首部网络安全法》，新华网，2018 年 8 月 21 日，http://www.xinhuanet.com/world/2018 -08/21/c_ 129936648.htm。

③ 《澜沧江 - 湄公河合作五年行动计划（2018 ~2022）》，中国政府网，http://www.gov.cn/xinwen/2018 -01/11/content_ 5255599.htm。

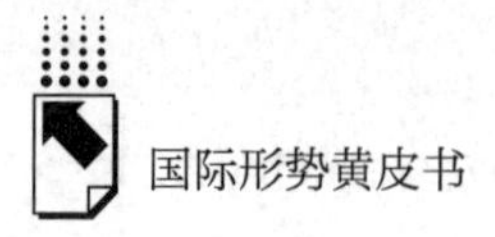

的新社会契约、确立全球在线平台新工作关系准则、衡量数字经济及其对劳动力的影响，都是未来应重点关注的领域。①

三　网络空间的大国博弈

目前，网络空间的大国博弈已经在多个层面上展开，从价值观的争论到技术的发展，再到国际规则制定话语权的争夺，无不体现出大国战略的碰撞和国家利益诉求的差异。受到现实空间大国关系的影响，网络空间的大国关系的冲突面有所上升，合作的动力并未消失，但势头有所停滞。网络空间的中美、中俄以及美俄关系都直接折射出现实空间的力量格局变化。

（一）中美全面竞争的核心域

特朗普政府上台之后，美国对华战略出现重要调整，特朗普政府发布了任期内首份《国家安全战略》报告，“美国第一”的目标和对中国“全面竞争对手”的战略定位，同样加剧了中美两国在网络空间的冲突和紧张关系。2018 年 3 月，美国贸易代表办公室发布了《对根据 1974 年贸易法第 301 条进行技术转让、知识产权和创新的中国的行为、政策和做法进行调查的结果》（简称 301 调查报告），美方再度指责中国政府对美国公司的计算机网络进行未经授权的入侵和盗窃，威胁对中国进行关税报复。该《报告》承认，虽然 2015 年习奥会之后来自中国的网络窃密数量有明显好转，但美方仍然认为“中国政府继续指导并支持着对美国公司的网络入侵行为”。② 此外，该《报告》还将矛头指向中国的《网络安全法》，认为其对 IT 产品和服务建立安全审查、对跨境数据流动施加限制、要求某些缔约方数据本地化等规定或给美国企业带来不公平的竞争环境。

① Think 20, “T20 Summit Agenda 2018,” Argentina, September 2018, http://sdg.iisd.org/events/think-20-summit-t20-2018/.

② 美国贸易代表办公室：《对根据 1974 年贸易法第 301 条进行技术转让、知识产权和创新的中国的行为、政策和做法进行调查的结果》，2018 年 3 月 22 日。

回顾中美两国在网络空间的历史交锋，可以看到中美其实在各个层面都存在不同的竞争态势。在关键资源和社会公共政策领域，中美更多表现为价值观的冲突，中方希望能尽可能提升政府的话语权和影响力，强调网络主权，主张多边与多方并存的治理模式，美方则凭借其先发的绝对优势要将政府排除在外，支持多利益相关方治理模式，反对政府过多介入和干预；在数字经济层面，美方提出了以跨境数据自由流动为核心的数字经贸规则，中方则主张数据存储本地化，在确保国家经济安全的基础上实现数据的跨境流动；在网络安全领域，美方奉行网络威慑战略，主张将原有的国际法“武装冲突法”适用于网络空间，中方则持反对态度，立场的对立直接导致了 2017 年 UNGGE 谈判的破裂。

从双边关系来看，中美之间的网络冲突主要表现在两个方面：一是美方批评中国的互联网审查制度，认为有悖全球互联网自由、民主、开放的精神，导致了互联网的碎片化；二是美方指责中国政府支持企业进行商业窃密，以非法手段获取美方的商业机密，为中国企业提供了相对于美国企业的不正当竞争优势。2015 年习近平访美之后，中美在网络窃密问题上的冲突有所缓和，建立了执法与网络安全高级别对话机制，以推动两国在联合打击网络犯罪方面的合作。但在中美关系和美国国家安全战略出现重大转变的大背景下，中美贸易摩擦和全面竞争的态势势必延伸至网络空间，双边网络空间的博弈焦点今后会更多转向技术和经济领域。美国要确保技术创新和经济实力方面的绝对优势，从而服务于现实空间大国战略博弈的总体目标。

（二）中俄战略协作的新空间

信息网络空间的合作是中俄全面战略协作伙伴关系的重要组成部分。当前的大国关系中，中俄两国在反对西方主导的国际秩序、发挥大国作用方面有着重要的共同利益，两国的战略协作同样延伸至信息网络空间。2015 年 5 月，习近平主席访问俄罗斯期间，中俄外长在两国元首见证下签署了《中华人民共和国政府和俄罗斯联邦政府关于在保障国际信息安全领域合作协定》；2016 年 6 月，两国元首发布了关于协作推进信息网络空间发展的联合声明，双方承诺在相互尊重和相互信任的基础上，就保障信息网络空间安全、推进信息网络空间发展的议题，全面开展实质性对话与合作。2018 年 9 月，在习近平赴俄罗斯出席第四届东亚经济论坛期间，两国元首对中俄全面战略协作伙伴关系进一步发展做出部署，并且共同出席中俄地方领导人对话会，进一步推动两国跨境电子商务的开展。①

中俄在网络空间的合作很大程度上直接受益于两国的整体战略协作，但也可以看到，两国的实质性合作步伐仍然较为落后，这在很大程度上导致了西方国家对中俄信息网络空间合作的不看好。有观点认为，中俄合作只是临时的“联姻”，是浮于表面的对外宣示。中俄合作仅仅是为了对抗以美国为首的西方国家在网络空间的主导权、挑战西方国家网络空间治理规则的权宜之举，并不存在长期联盟合作的动力。② 在现实中，中俄之间相互有很多针对对方的网络活动，近年来有增无减，而除了在国际场合协调立场之外，并没有看到中俄在信息网络空间有任何实质性的合作和进展。③

上述质疑固然有西方世界对中国国情和利益诉求认知不清的原因，但也揭示出中俄信息网络空间合作缺少实质性合作的问题。从战略视角来看，中俄在信息网络空间的战略协作为中国在网络空间的大国博弈中争取了力量支持，也为中国追求自身的安全和发展利益赢得了时间和空间。但显然，两国间的合作潜力并没有被充分挖掘，其中既有两国核心利益错位的原因，也事关两国在全球的整体战略布局。落实和推进中俄两国在信息网络空间的合作框架，有着重要的战略意义和现实意义，只有尽快推动两国在信息网络空间的务实合作和利益对接，才能为两国在国际层面的信息网络空间合作奠定稳固的基础。

---

① 胡晓光、骆珺、郑晓奕：《习近平与俄罗斯总统普京进行会谈》，新华社，2018 年 9 月 11 日电。

② Lincoln Davidson，“Despite Cyber Agreements，Russia and China are not as Close as You Think”，June 30，2016，CFR，https：//www. cfr. org/blog/despite – cyber – agreements – russia – and – china – are – not – close – you – think.

③ Yuxi Wei，“China-Russia Cybersecurity Cooperation：Working Towards Cyber-Sovereignty”，JSIS，JUNE 21，2016，https：//jsis. washington. edu/news/china – russia – cybersecurity – cooperation – working – towards – cyber – sovereignty/.

（三）美俄地缘政治的博弈

对抗与竞争是美俄网络空间关系的主流，也是两国现实空间战略博弈的延伸。俄罗斯与美国或者西方国家的矛盾和冲突主要体现在双边关系和国际治理层面。其中，前者体现为美国与俄罗斯围绕“黑客门”之间的网络攻击和信息战，后者则主要表现为全球互联网治理理念和路径的完全对立。2018 年 7 月，俄罗斯总统普京与美国总统特朗普在芬兰首都进行了历史性的会晤，然而这次会晤不仅没能缓和两国的关系，反而加速了美国国内针对总统特朗普的“通俄门”调查；9 月，特朗普前竞选团队负责人保罗·马纳福特承认密谋反美和密谋妨碍司法两项罪名，并同意配合进一步的调查。[①]

自 2016 年底爆出俄罗斯黑客干预美国大选以来，美俄“黑客门”事件至今仍在不断发酵和升级。2018 年 2 月，美国司法部起诉 13 名俄罗斯公民和 3 个俄罗斯实体涉嫌干扰美国大选，起诉书认为俄罗斯通过包括使用社交媒体在内的网络活动支持共和党总统候选人特朗普，其战略目的在于挑拨美国政治系统内的是非。[②] 3 月，全球最大的轻博客网站 Tumblr 承认，俄罗斯曾在 2016 年大选期间利用其平台传播假新闻，并公开了 84 个可疑账户的用户名；同月，美国国土安全部和联邦调查局发布一份警告，指责俄罗斯政府针对美国的关键基础设施进行网络攻击，美国政府称，有充分的证据证明，俄罗斯政府支持的黑客组织针对美国政府实体以及能源、核能、商业设施、航空、水务和关键制造业等部门发起了多阶段的入侵行动。[③]

目前，如何防范俄罗斯政府针对美国发起的信息战，成为美国对俄网络政策的重中之重。2018 年 4 月，美国知名智库兰德公司发布报告《现代政治战》，报告指出，信息域是一个越来越重要，甚至具有决定性的政治战领

① 刘阳：《马纳福特：“通俄门”调查中倒下的又一张多米诺骨牌》，新华社华盛顿 2018 年 9 月 16 日电。

② Ben Riley-Smith, Alec Luhn and Rozina Sabur, “Thirteen Russians Charged with US Election Meddling as Shocking Detail of Allegations is Laid Bare,” *The Telegraph*, February 16, 2018.

③ Pierluigi Paganini, “DHS and FBI Accuse Russian Government of Hacking US Critical Infrastructure,” *Security Affairs*, March 19, 2018.

域，信息战以各种方式发挥作用，例如放大、混淆和说服，及时提供令人信服的证据是对付虚假信息的最佳办法；报告分析认为，俄罗斯政府认为大众传播是国际政治的重要战场，并且已经建立广泛的、资金充足的媒体库，以实现其国际和国内目标；鉴于俄罗斯越来越重视“混合威胁”和“信息战”，俄罗斯很可能会继续打磨和扩大其信息战的影响力。[①] 在美国看来，俄罗斯不仅发动信息战，更是善于在传统的军事冲突中配合以网络攻击，后者在俄罗斯看来是信息战的一种类型。2018 年 7 月，美国网络司令部司令兼国家安全局局长保罗·仲曾根（Paul Nakasone）宣布，他已成立一支“俄罗斯小组”，旨在应对俄罗斯对 2018 年 11 月的美国中期选举采取的网络威胁。[②]

在国际治理层面，俄罗斯主张颠覆美国所主导的网络空间自由秩序，可谓与美国自由、民主、开放的互联网治理理念背道而驰。俄罗斯是网络主权的坚定支持者，它认为国家应该对信息网络空间行使主权。早在 2011 年 9 月，俄罗斯即发布了一份《国际信息安全公约草案》，明确提出“所有缔约国在信息空间享有平等主权，有平等的权利和义务……各缔约国须做出主权规范并根据其国家法律规范其信息空间的权利。”2016 年，俄罗斯发布了《俄罗斯联邦信息安全学说》，进一步明确了国家在信息空间的国家利益。在实践中，俄罗斯也多次强调国家主权在网络空间的重要性，认为从互联网关键资源的治理到军事领域的安全，政府都应发挥重要的作用，国家主权应在各个层面得到尊重。2017 年 11 月，俄罗斯政府披露了开发独立于全球都在使用的域名系统的“独立互联网计划”；在俄罗斯看来，其面临的最大风险之一是在政治危机中，被美国故意切断互联网连接，使俄成为信息的孤岛。因而，俄罗斯的愿望是另起炉灶，在国内最好是少数国家之间（例如金砖国家）建立一套独立可控的网络系统，从而摆脱美国的控制。

---

① Linda Robinson, etc., “Modern Political Warfare: Current Practices and Possible Responses,” Rand Corporation, 2018.

② Sean Lyngaas, “NSA Chief Confirms he Set up Task Force to Counter Russian Hackers,” *Cyberscoop*, July 23, 2018.

结　语

以信息通信技术为代表的新一轮技术革命方兴未艾。一些可见的安全威胁例如网络恐怖主义和网络犯罪还会借助快速发展的新技术发起新的挑战，人工智能、推荐算法、人物画像等新技术和新应用带来的风险未知远远大于已知。各国面临的网络安全风险和威胁将不断涌现，具有高度的复杂性和不确定性。当网络空间的内涵无限扩大、边界无限延展时，如何应对全球性的网络安全风险成为国际社会面临的共同挑战，而处于信息革命前沿的大国则会更早地感受到切肤之痛，这是大国合作建立网络空间秩序的现实需要。然而，从目前的走势来看，大国间关系的竞争面仍然在扩大，合作面的进展将会面临较大的阻力。

首先，围绕信息通信技术展开的科技战有愈演愈烈之势。在新一轮的数字革命浪潮中，信息通信技术水平作为综合国力的重要组成部分，将在很大程度上决定着大国实力的兴衰和其在国际格局中的位置。2018 年，中美贸易摩擦不断升级，其本质上的冲突是两国技术实力的角力和企业竞争力的比拼，美国制裁中兴事件以及中兴公司之于中国经济发展的重要性都可以放在这个大背景下来解读。2018 年 4 月，美国国防部发布的白皮书分析了“中国的技术转让战略”，认为中国通过工业间谍、网络窃密等非法手段和强制的合资要求，削弱了美国的全球竞争力，而特朗普政府担心中国对美国技术的投资，决定对中国科技产品加征关税。作为中国互联网和信通技术企业的领头羊，华为和阿里巴巴公司在美国市场的发展举步维艰；8 月 13 日，特朗普签署《2019 年度国防授权法案》，禁止美国政府部门使用或采购包括华为、中兴等公司为代表的中国企业生产的电信设备。① 其后，澳大利亚和印度相继宣布禁止华为参与该国的 5G 网络试验。未来一段时间，中国科技企业“走出去”将会面临严峻的外部环境和强大的压力。

① “President Donald J. Trump Signs H. R. 5515 into Law,” White House, August 13, 2018, https: //www. whitehouse. gov/briefings – statements/president – donald – j – trump – signs – h – r – 5515 – law/.

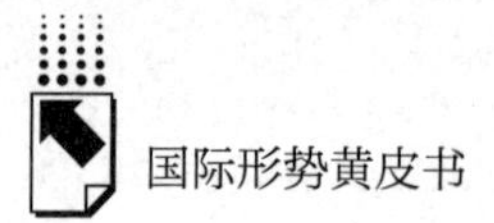

其次，信息战在大国博弈中的重要性将持续上升。信息的互通是互联网价值的重要体现，但它同时可以成为国家实现其战略目标的重要手段。2017 年，“假新闻”（fake news）入选柯林斯年度热词，假新闻同样成为大国关系中的一把双刃剑，既能伤人又可伤己。俄罗斯一方面被指责通过散播假新闻干预美国大选，另一方面又饱受其害，提议在联合国制定打击假新闻的战略；美国总统特朗普被认为是假新闻的受益者，但他同样认为自己是假新闻的受害者。2018 年6 月，美军推出信息战备战宝典，对以色列、北约、加拿大、德国、中国等 12 个国家和组织在信息环境中的优势与特点进行了分析，认为从多个能力领域全面来看，对手和潜在对手中，中国和俄罗斯的实力是最强大的，美军应优先开展和充分利用与信息有关的活动，提升信息传播的程序化和标准化水平，将信息力量视为联合武器的一部分。① 随着各国信息化进程的推进，为夺取和保持信息获取权、控制权和使用权的信息战将会比网络战时代更早到来。

最后，建立网络空间国际秩序和国际规则的博弈将进一步深化。在当前大国力量格局发生质变的大背景下，中国的相关政策与特朗普政府“美国第一”战略的提出成为现行国际秩序的最大的两个变量。2018 年 5 月，兰德公司推出了《中国与国际秩序》报告，认为考虑到中国的影响力日益扩大，一个日益强化的多边国际秩序可为美国和其他国家制约中国崛起提供重要的工具。② 8 月，兰德公司政策分析师阿里·温尼（Ali Wyne）在兰德网站发表署名文章，认为当下的国际秩序具有复杂多变性，呼吁建立新的国际秩序，以保持世界范围内各方势力的平衡。③ 网络空间作为一个新兴的空间，其国际秩序的确立既会受到现实空间国际秩序变革的影响，也会具有网络空间分布式结构的独特属性，因而会更加复杂和困难。可以预见，在未来较长一个时期内，网络空间国际秩序的形成将会是一个长期而艰难的过程，

① “Lessons from Others for Future U.S. Army Operations in and through the Information Environment,” Rand Corporation, June 2018. www.rand.org.

② “China and International Order,” Rand Corporation, May 2018, https://www.rand.org.

③ Ali Wyne, “Taking Stock of a Shifting World Order,” https://www.rand.org/blog/2018/08/taking-stock-of-a-shifting-world-order.html.

而国际规范的制定会遵循由易到难的逻辑逐渐由双边、诸边向多边推进，其中，大国发挥着关键性的作用，特别是中美两个大国的博弈态势将会直接关系网络空间国际秩序的构建。

参考文献

360 安全中心：《2017 年中国高级持续性威胁研究报告》，2018 年 2 月 26 日，http：//zt. 360. cn/1101061855. php？ dtid = 1101062514&did = 491016239。

Ben Riley-Smith，Alec Luhn and Rozina Sabur，“Thirteen Russians Charged with US Election Meddling as Shocking Detail of Allegations is Laid Bare，” *The Telegraph*，February 16，2018.

Check Point Research，*Cyber Attack Trends*（*2018 mid-year report*），San Carlos：Check Point，www. checkpoint. com.

DHS，*DHS Cybersecurity Strategy*，May 17，2018，https：//www. dhs. gov/publication/dhs.

DOD，*Summary Department of Defense Cyber Strategy 2018*，https：//media. defense. gov/.

Pierluigi Paganini，“DHS and FBI Accuse Russian Government of Hacking US Critical infrastructure，” *Security Affairs*，March 19，2018.

Sean Lyngaas，“NSA Chief Confirms he Set up Task Force to Counter Russian Hackers，” *Cyberscoop*，July 23，2018.

Symantec，*2018 Internet Security Threat Report*，https：//www. symantec. com/about/news.

U. S. Department of Defense，*2018 National Defense Strategy*，https：//dod. defense. gov/Portals/1/Documents/pubs/2018 – National – Defense – Strategy – Summary. pdf.

The Telegraph.

www. guardian. com.

www. internetsociety. org.

www. rand. org.

www. state. gov.

www. un. org.

www. whitehouse. gov.

参考消息。

网信中国。

新华网。

中国政府网。

Y.8
全球恐怖主义与国际反恐斗争（2017~2018）

邵　峰*

摘　要： 2017~2018年度，全球反恐形势有所缓和。从全球反恐斗争的态势看，"伊斯兰国"的主体被击溃，但恐怖活动依然非常活跃，重大恐怖袭击案件仍然屡屡发生。全球恐怖主义和反恐斗争发展表现出若干新趋势和新特点：失去政权后的"伊斯兰国"将向常态化的恐怖组织转型；恐怖主义正从中东向全球外溢和扩散，多国面临严峻的安全挑战；"大国竞争"已经取代"反恐"，成为美国国家安全的首要关切；双重标准再盛行，恐怖主义成为敌对国家之间博弈的工具；运用高科技、大数据等手段反恐已是当务之急。

关键词： 恐怖主义　全球反恐　"伊斯兰国"

一　全球恐怖主义形势及发展态势评估

2017~2018年，全球反恐形势有所缓和。从全球反恐斗争的态势看，"伊斯兰国"的主体被击溃，但恐怖活动依然非常活跃，重大恐怖袭击案件仍然屡屡发生。

* 邵峰，中国社会科学院世界经济与政治研究所研究员，主要研究领域为国际反恐、核扩散和中国的对外战略。

（一）从权威统计数据看，全球反恐形势有所缓和

2018年9月19日，美国国务院发布《2017年度全球恐怖主义报告》。[①]报告显示，2017年全世界发生了8584起恐怖袭击事件，造成超过18700人丧生，造成19400多人受伤。报告称，虽然袭击发生在100个国家，但它们主要集中在五个国家：阿富汗、印度、伊拉克、巴基斯坦和菲律宾。

报告指出，2017年全球恐怖袭击事件总数下降23%，因恐怖袭击致死的人数下降27%。全球恐怖主义袭击的减少主要是由于伊拉克暴力事件的减少。美国国务院表示，这些数据证明了美国及其盟国在打击“伊斯兰国”、“基地”组织和其他恐怖主义组织的斗争中取得了巨大进展。

但是报告称，这些恐怖组织仍然是对美国的重大威胁，恐怖主义的威胁在2017年变得更加复杂。“伊斯兰国”、“基地”组织等越来越具有灵活性和适应性，并且已经习惯了在伊拉克、叙利亚、阿富汗、利比亚、索马里、也门等地区所受到的反恐压力。

2018年6月20日，欧洲刑警组织公布了2018年度《恐怖主义现状及趋势报告》。[②]报告显示，在2017年，9个欧盟成员国发生了205次未遂和得逞的恐怖袭击，相比2016年的142次增长44.4%，而且从2014年开始的下降趋势有所转变。这些袭击造成68人死亡，844人受伤。几乎所有的死亡（62人）都是圣战恐怖分子袭击的结果。圣战恐怖分子袭击的数量从2016年的13次增加到2017年的33次，增加了153.8%。尽管2017年伤亡人数有所减少，但欧洲本土的袭击事件没有减少。最近的圣战分子袭击主要是由本土的、被激进化的恐怖分子发动的，他们并没有在国外加入恐怖组织的经历，大多数人与任何圣战组织没有直接联系。所谓的“伊斯兰国”组

---

① U. S. Department of State, *Country Reports on Terrorism 2017*, https://www.state.gov/j/ct/rls/crt/2017/index.htm.

② Europol, *EU Terrorism Situation and Trend Report 2018* (TE - SAT 2018), https://www.europol.europa.eu/newsroom/news/terrorist - threat - in - eu - remains - high - despite - decline - of - in - iraq - and - syria.

织结构的退化并不意味着圣战恐怖主义威胁的减少。在欧盟范围内由“伊斯兰国”、“基地”组织或其他圣战组织指挥、指导或鼓动的恐怖主义活动仍然具有现实的可能性。这让欧洲刑警组织不能减少其打击各种形式的恐怖主义的努力。

中国信息安全测评中心的报告显示，2018 年上半年，在全球 42 个国家共发生了 639 起恐怖袭击，与 2017 年同期基本持平，恐怖袭击造成 3305 人死亡，较 2017 年同期大幅下降 19.6%。中东、北非等地区仍是国际恐怖主义的重灾区，也是国际社会反恐斗争的重点区域。欧洲、中亚、东南亚地区成为恐怖主义新的活跃区，反恐形势处于严峻状态。[①]

总体来看，全球的反恐形势有所缓和，这主要与“伊斯兰国”在伊拉克和叙利亚的主体被国际联军击败有关。但是欧洲的形势比较特殊，由于近年来受困中东的难民潮、恐怖分子借机渗透和恐怖主义的意识形态在网络上的泛滥，欧洲的反恐形势比较紧张。

（二）从全球反恐斗争的态势看，恐怖活动依然非常活跃

2017 年 12 月，伊拉克、叙利亚、俄罗斯、伊朗相继宣布打击“伊斯兰国”的战争胜利结束，被其占领的所有领土都获得解放。但是正如伊拉克总理阿巴迪在宣布胜利的同时所强调的，恐怖主义的威胁并未消失，如何阻止恐怖组织在城市发动袭击将是下阶段安全部门面临的重大挑战。

美国特朗普政府也认为反恐取得了很大的胜利，把国家战略的重心转移到与其他大国的战略竞争方面。2018 年 1 月 19 日，美国国防部公布了新版的国防战略报告，提出美国面临新的战略转型，声称国家间的战略竞争，而不是恐怖主义，才是目前美国国家安全面临的首要问题。

但是，反恐专家、保卫民主基金会的高级研究员托马斯·乔斯林（Thomas Joscelyn）对此提出了不同的见解。他指出，多年以来“伊斯兰

---

① 中国信息安全测评中心：《2018 年上半年国际恐怖主义态势报告》，《中国信息安全》2018 年第 9 期。

国”和“基地”组织一直令西方国家疲于奔命。虽然 ISIS 已经失去了其领土和所谓的“哈里发”，但战斗还远未结束。一个基本的现实是：ISIS 还远未被消灭。尽管伊拉克和叙利亚的大部分领土都已被解放，但该组织仍保留着无限期发动游击战争的资源。五角大楼在国防战略上没有错。但是，恐怖分子在“9·11”之后的 16 年间遍布全球。恐怖分子正在争取占领新的领土，美国不能忽视这种威胁。ISIS 没有被打败，“基地”组织也没有。①

事实上也的确如此。2018 年 8 月 22 日，“伊斯兰国”首领巴格达迪通过一段在线视频，敦促其支持者继续战斗，这是他近一年以来首次发声。巴格达迪表示，“胜利或失败的规模并不取决于一座城市、空中优势和先进的武器”，他力求承担美国的主要对手这一角色。伊拉克情报机构负责人认为，已经数次被认为死亡的巴格达迪可能藏身于与伊拉克接壤的叙利亚边境。

在伊拉克和叙利亚之外的很多国家，“伊斯兰国”的武装分子仍然保持活跃的状态，继续在一些国家发动叛乱和恐怖袭击，而这些所谓的“伊斯兰国”分子仍然威胁着国际社会的安全。“哈里发国”的西奈省（Wilayat Sinai），至今仍然威胁着埃及的国家安全。一些 ISIS 幸存者撤离到利比亚苏尔特南部的偏远地区，他们试图重新组织。在“非洲之角”索马里北部，“伊斯兰国”组织了一支规模虽小却致命的战斗力量。在也门的亚丁湾，“伊斯兰国”的狂热分子为已经复杂的多边战争增加了新的因素。在东南亚，“伊斯兰国”在印尼、马来西亚和菲律宾建立了网络，吸引了一些经验丰富的恐怖分子。“伊斯兰国”的黑手甚至伸到了澳大利亚和新加坡。

近年来，“基地”组织的名头被“伊斯兰国”所压制，似乎给人的感觉不太活跃。但实际上，“基地”组织的渗透和发展甚至比“伊斯兰国”更广泛、更深入。新兴的“基地”组织在非洲的马里及其周边国家尤其多。在

---

① Thomas Joscelyn, “Analysis: ISIS Hasn't been Defeated,” February 22, 2018, http://www.defenddemocracy.org/media-hit/thomas-joscelyn-analysis-isis-hasnt-been-defeated/.

阿富汗，“基地”组织仍对塔利班领导的反叛活动给予配合和支持。在恐怖主义阵营内部，“基地”组织甚至希望利用“伊斯兰国”的领土丧失之机来重新赢得圣战者的忠诚和“大哥”地位。

（三）从恐怖主义的威胁看，重大恐怖袭击案件仍然屡屡发生

尽管全球反恐形势有所缓和，但是恐怖主义的威胁仍然是国际社会面临的重大安全挑战。在全世界范围内，恶性恐怖袭击事件屡屡发生，有些案件甚至到了触目惊心、骇人听闻的地步，严重挑战人类文明的底线。

2017 年 10 月以来，全球发生的特别重大恐怖袭击案件主要有以下几起。

2017 年 10 月 14 日下午，一辆载有爆炸物的汽车在索马里摩加迪沙市区一个十字路口爆炸，造成至少 358 人死亡，228 人受伤。

2017 年 11 月 24 日，埃及北西奈省首府阿里什市以西偏僻的阿贝德镇一座苏菲派清真寺发生严重恐怖袭击，造成 305 人死亡，125 人受伤。这是一起经过周密计划的恐袭，恐怖分子选择星期五主麻日混入清真寺，在现场 500 名信徒当中先是引爆炸弹，接着用冲锋枪扫射信徒，最后是袭击赶来的救护车。种种迹象表明，这起恐袭事件是自称“伊斯兰国西奈省”的“耶路撒冷支持者”所为。苏菲派是伊斯兰教逊尼派的一个神秘分支。尽管苏菲派信徒在伊斯兰世界被较为广泛地接受，但是包括“伊斯兰国”在内的极端组织将其视为异端。

2018 年 1 月 27 日中午，阿富汗首都喀布尔市中心发生自杀式汽车炸弹袭击。在共和国医院大门前的爆炸造成 95 人死亡、150 人受伤。塔利班随后对此次恐怖袭击宣布负责。

2018 年 7 月 13 日下午，巴基斯坦俾路支人民党在俾路支省默斯东地区举行集会。在一名该党领导人的车队抵达现场时，一名极端分子近距离引爆了其携带的爆炸物。自杀式炸弹袭击造成 128 人死亡，另有至少 100 人受伤。极端组织“伊斯兰国”在互联网上发布消息称制造了这起袭击。

二　全球恐怖主义活动的特点与趋势

全球恐怖主义活动表现出若干新趋势和新特点。失去政权后的“伊斯兰国”继续活动，将向常态化的恐怖组织转型。恐怖主义正从中东向全球外溢和扩散，多国面临严峻的安全挑战。

（一）失去政权后的“伊斯兰国”将向常态化的恐怖组织转型

在国际社会多方力量的打击下，盘踞于叙利亚、伊拉克数年的极端组织“伊斯兰国”终于走上了穷途末路。2017 年 12 月 7 日，俄罗斯国防部发布公告称，叙利亚所有被恐怖组织占领的城镇都已获得解放，俄军在叙利亚的反恐任务已经完成。12 月 9 日，伊拉克总理阿巴迪也宣布，伊政府军已解放“伊斯兰国”控制的所有领土，打击“伊斯兰国”的斗争取得了历史性胜利。

“伊斯兰国”作为一个政治实体已经覆灭，但是并不意味着该极端组织完全消亡。对“伊斯兰国”的军事胜利不等于对其的全面胜利，要彻底消灭其威胁，国际社会还面临众多挑战。正如一些学者所说的那样，国际恐怖主义的发展进入了“后伊斯兰国”时期。所谓“后伊斯兰国”时期，即在国际社会的打击下，“伊斯兰国”逐渐由一个有地盘、有体系、有人马的新型半军事恐怖组织退缩回传统的常规恐怖组织的时期。“伊斯兰国”是一个以伊拉克和叙利亚为核心，以“八大行省”为外围，以欧洲、中亚和东南亚等地区为重要的外延渗透基地，以及囊括全球众多“独狼”支持者的四层结构体系。目前，其一、二层体系已经濒于覆灭，但其仍然可以借助其三、四层体系继续进行扩张和外溢，在多国发动恐怖袭击。①

“伊斯兰国”被迫做出组织和战略的转型，回归到常态化的恐怖组织，

① 李伟：《“后伊斯兰国”时期国际恐情将更为混乱》，北京周报网，2017 年 6 月 29 日，http：//www. beijingreview. com. cn/shishi/201706/t20170629_ 800099266. html。

很大程度上将模仿“基地”组织的模式，将对国际社会产生不同于以往的新威胁。这就意味着几个不可避免的趋势：第一，“伊斯兰国”将主要作为一种恐怖主义意识形态的符号，长久地鼓舞和引导着世界各地的极端分子继续开展恐怖活动；第二，其组织结构体系将更为精简；第三，各种非对称作战模式大行其道，在更大的范围内发动恐怖袭击；第四，继续借助新媒体和网络，号召和联络全球的支持者就地发动“独狼”袭击。这些趋势与当今的全球恐怖主义发展呈现的全球化、极端化、网络化、独狼化等特征是一脉相承的。

2018 年 2 月 8 日，联合国负责反恐事务的副秘书长弗拉基米尔·沃龙科夫在向安理会汇报“伊斯兰国”问题时说，尽管“伊斯兰国”在伊拉克、叙利亚地区以及菲律宾南部被严重挫败，但该组织仍然对国际社会构成严重威胁。“伊斯兰国”目前已经不再谋求夺取和控制领土，而是化整为零，其组织层级减少。“伊斯兰国”在阿富汗和非洲一些地区的活动依然活跃，并企图重新在利比亚寻找立足之地。国际社会对“伊斯兰国”的斗争远没有结束，需要采取持续且协调统一的全球应对行动。①

（二）恐怖主义正从中东向全球外溢和扩散，多国面临严峻挑战

由于“伊斯兰国”被击溃，其他国家的恐怖分子已不再涌向伊拉克和叙利亚，但是从这一地区返回原籍国或潜入其他国家的恐怖分子对国际社会的安全构成了严重威胁。从中东到北非到西欧再到东南亚，本已走上穷途末路的“伊斯兰国”像癌细胞扩散一样不断制造恐怖威胁，不能不让国际社会保持十分的警惕。

恐怖主义的外溢和恐怖分子的流散主要表现为以下三个方面。

第一，恐怖分子从叙利亚和伊拉克返回原籍国。

据国外媒体的估计，在“伊斯兰国”鼎盛之时，约有 4 万名来自 100

---

① 《联合国官员说“伊斯兰国”仍对国际安全构成严重威胁》，新华社联合国 2018 年 2 月 8 日电，https://baijiahao.baidu.com/s?id=1591871582696951242&wfr=spider&for=pc。

多个国家的极端分子奔赴伊拉克和叙利亚。随着“伊斯兰国”的溃败，一些极端分子出于各种原因返回原籍国，成为相关国家的心腹大患。早年阿富汗的历史教训不能忘却，这些已经完全被洗脑的“圣战”分子获得了丰富的战斗技能和暴恐经验，回流后对当地的安全稳定将产生巨大的冲击，甚至可能催生下一代暴恐“大魔王”。

2017 年 10 月 24 日，西班牙《世界报》网站就曾经报道，反恐怖研究机构苏凡中心的报告指出，最近几年，随着“伊斯兰国”的失势，来自 33 个国家的至少 5600 名 IS 成员，包括男人、妇女和儿童已经回到原籍国。报告指出，这些恐怖分子回国的原因各不相同，包括战斗失败者以及被 IS 派往世界各地执行“圣战”任务的极端恐怖分子等各种情况。[①]

第二，恐怖分子随难民潮涌入中东周边国家和欧洲。

近年来，伴随着中东政治局势的动荡，大批无助的难民涌向周边国家和欧洲。周边国家首当其冲的是土耳其，截至 2018 年 8 月，近 400 万难民从叙利亚涌入土耳其境内，“伊斯兰国”等恐怖组织的恐怖分子也混入其中，对这些人员的甄别和处理对土耳其政府来说是一大挑战。[②]

来自中东和北非的数百万难民涌入欧洲，在经济、社会、安全、文化等层面给欧洲带来巨大冲击，产生了一系列经济、治安、社会和国家关系问题。更可怕的是，大批恐怖分子借机浑水摸鱼，趁着难民潮潜入欧洲制造恐袭，令欧洲民众成为惊弓之鸟。同时，随着难民危机引发的各种问题进一步恶化，难民中的一部分人很可能被现实或网络空间的恐怖主义思想所蛊惑，成为新的恐怖分子。

第三，“伊斯兰国”战略性地转移阵地，企图在更大的范围内开辟新的战场。

目前，“伊斯兰国”的政治实体已经崩溃，但是其组织核心和领导能力

---

① 《美反恐研究中心警告：数千名 IS 分子返乡成各国威胁》，参考消息网，2017 年 10 月 26 日，http：//www. cankaoxiaoxi. com/world/20171026/2240581. shtml。

② 田佳玮：《负重土耳其：近 400 万叙利亚烽火难民的去留之际》，财新网，2018 年 8 月 25 日，http：//international. caixin. com/2018 - 08 - 25/101318640. html。

并未完全丧失。从目前的情况看，“伊斯兰国”很可能在进行甚至已经提前开始了有意识、有组织的战略大转移，从叙利亚—伊拉克中心向世界各地转移并形成新的活动中心，对国际安全形成新的挑战，不久后或将掀起新一轮国际恐怖浪潮。

2017年10月19日，英国《每日快报》网站报道称，克拉里恩项目组织（监控在美伊斯兰极端主义的非营利机构）发布的最新数据显示，在过去4个月时间里，在世界各地被发现的“伊斯兰国”分支，其数量之多令人震惊。自2017年9月底以来，至少有12个与“伊斯兰国”有关的恐怖组织在8个国家被发现，包括爱尔兰、比利时、俄罗斯和沙特。数据显示，尽管“伊斯兰国”将最终被消灭，但该组织的触角已从中东伸向北非和海湾地区。①

联合国2017年11月10日发布的一份报告显示，一年来，“伊斯兰国”在索马里势力不断壮大，2016年只有几十人，2017年已经发展到200余人，很有可能成为外国极端分子蜂拥而至的新据点。他们还从总部那里获得一定数额的资金支持。“伊斯兰国”在索马里的势力范围主要在东北部邦特兰地区。2016年10月，他们曾经攻占甘达拉镇，宣布建立“索马里哈里发国”。两个月后，索马里军方在美军顾问支援下，夺回甘达拉镇。多名变节的武装分子供认，穆明领导的这支武装接受“伊斯兰国”总部的指令和资助。由于其理念更具蛊惑性和欺骗性，名头更响亮，“伊斯兰国”比“青年党”更具吸引力。考虑到索马里脆弱的安全局势，“伊斯兰国”在索马里坐大的可能性不可忽视。②

2018年5月3日，在20多个小时内，印尼东爪哇省首府泗水市多地接连遭到家庭自杀式爆炸袭击，包括3座教堂、诗都阿佐县一公寓和警察局遇

---

① 刘白云：《外媒称IS正向全球扩散：半个月8国查出12个IS基层组织》，参考消息网，2017年10月30日，https://baijiahao.baidu.com/s?id=1582636574101105025&wfr=spider&for=pc。

② 王宏彬：《蜂拥而至？索马里恐成“伊斯兰国”新据点》，新华社专特稿，2017年11月12日，http://w.huanqiu.com/r/MV8wXzExMzc0NDQ3XzEyNThfMTUxMDQ1MzkyMA==。

袭。袭击已造成14人身亡，41人受伤。袭击者来自一个六口之家，父亲引爆一枚汽车炸弹，18岁和16岁的儿子用摩托车发动袭击，母亲和12岁及9岁的女儿引爆随身炸药，这家人先前从叙利亚返回印尼。印尼官员称，袭击者与支持IS的圣战组织——“神权游击队”（Jemaah AnsharutDaulah，JAD）有关。此次极端分子利用儿童发动袭击，再度暴露出恐怖主义的残忍和冷血，也引发国际社会的强烈谴责。据BBC报道，目前已知有多达30个印尼团体宣誓效忠IS，甚至有人曾表示要在东南亚建立一个IS的正式行省。印尼是世界上穆斯林人口最多的国家，约2.6亿人口中近90%信奉伊斯兰教。印尼处于东南亚和大洋洲的中间地带，如果印尼成为所谓的中东之外的“远方哈里发”，后果不堪设想。①

三　国际反恐斗争的特点与趋势

在国际反恐斗争方面，2017～2018年度比较明显的特点和趋势是：其一，“大国竞争”已经取代“反恐”，成为美国政府对国家安全的首要关切。其二，恐怖主义成为敌对国家之间博弈的工具。其三，利用现代手段、大数据等进行反恐已是迫在眉睫。

（一）大国竞争取代反恐，成为美国国家安全的首要关切

2017年12月18日，特朗普政府发布了其任期内首份《美国国家安全战略报告》。② 这份带有鲜明特朗普主义印迹的战略报告，在界定美国的国家利益、威胁评估和战略手段的选择方面都体现出与奥巴马时代完全不同的战略思维，带有显著的回归“冷战”的特点，引发了国际社会的广泛关注。

① 陆依斐：《20几个小时内印尼三炸，IS在东南亚死灰复燃？要建“远方哈里发”?》，上观新闻，2018年5月14日，https：//www.jfdaily.com/news/detail? id=89466。

② White House, *National Security Strategy of the United States of America*, December 2017, https：//www.whitehouse.gov/wp-content/uploads/2017/12/NSS-Final-12-18-2017-0905-2.pdf.

这个报告表明，美国政府对恐怖主义威胁程度的判断发生了重大变化。2015 年奥巴马政府的国家安全战略报告，将恐怖主义放在对美威胁排序的首位，表现出对恐怖主义和反恐问题的高度重视。而特朗普的报告则进行了明显调整，把恐怖主义威胁置于威胁排序的末尾。报告指出，美国及其盟国和伙伴国正面临各种力量的挑战，其中包括中国和俄罗斯这两个修正主义国家，伊朗和朝鲜这两个“流氓国家”，以及跨国恐怖组织特别是伊斯兰宗教极端组织等。这些对手虽然在性质上有所不同，但他们在政治、经济、军事领域都给美国带来了冲击，意图改变地区力量平衡。这种排序上的变化，显示出特朗普政府对恐怖主义问题的新认知，即反恐斗争已经不再是美国政府的当务之急，而是国际社会需要共同应对的“新常态”。特别是极端组织“伊斯兰国”接近被击溃，使得美国政府认为恐怖主义对美国的挑战相对减弱，因此对反恐问题的重视程度不断下降。

2018 年 1 月 19 日，美国国防部公布《2018 年美国国防战略报告》。[①] 报告指出，美国现在面临着日益复杂的国际安全环境，而这个环境对美国是不利的。美国目前面临着三类安全威胁：第一类威胁就是所谓的修正主义国家，主要是指大国，就是中国和俄罗斯；第二类威胁就是获取大规模杀伤性武器的国家，主要是指伊朗和朝鲜；第三类威胁是国际恐怖主义，虽然极端组织“伊斯兰国”在伊拉克和叙利亚的实体哈里发国被击败，但全球仍受到“伊斯兰国”、“基地”组织及其他极端组织的威胁。

在这三类威胁中，报告特别强调大国之间的战略竞争。该报告开篇就说，“国与国之间的战略竞争而不是反恐，将是现阶段美国国家安全的首要关注”[②]。“我们将对抗恐怖主义，但是现在维护美国国家安全的主要焦点是来自强国的竞争，而不是恐怖主义”。“9·11”事件之后，美国的安全战略经历了一次重大的转型，从主要针对别的国家给它带来的威胁转向强调全球

---

① U. S. Department of Defense, *2018 National Defense Strategy*, Jan. 19, 2018, https://news.usni.org/2018/01/19/2018 - department - defense - national - defense - strategy.

② U. S. Department of Defense, *2018 National Defense Strategy*, Jan. 19, 2018, https://news.usni.org/2018/01/19/2018 - department - defense - national - defense - strategy.

反恐战争。这次特朗普政府制定的美国国防战略更多的是强调大国之间的竞争，也就是说美国要把大国之间的竞争重新拉回到整个国防战略和军事战略的轨道。俄罗斯和中国被明确列为美国的首要竞争对手，并妄自非议中国军队的现代化建设，渲染“中国军事威胁”，体现出“零和博弈”、对立对抗等过时的“冷战”思维。报告称，这是在日益复杂的全球安全环境里“竞争、威慑、取胜”的战略。这些提法和变化都是美国自2001年发起反恐战争以来的第一次。该报告是继《美国国家安全战略报告》之后又一“冷战”色彩极浓的文件，标志着美国国家安全战略的又一次重大的转型。

（二）双重标准再盛行，恐怖主义成为敌对国家之间博弈的工具

2018年9月22日上午，伊朗西南部的胡齐斯坦省首府阿瓦士举行阅兵式时遭遇武装分子的袭击。阅兵式进行过程中，恐怖分子伪装成伊斯兰革命卫队成员和民兵，在看台后朝军人和民众开枪，造成29人死亡，70多人受伤。虽然“伊斯兰国”和伊朗的阿拉伯民族分裂主义组织“阿拉伯爱国民主运动”宣布对恐怖主义袭击事件负责，但是伊朗并不认为这是单纯的国际恐怖主义组织所为，而是具有针对伊朗的地区大国和全球大国的复杂背景。伊朗认为地区恐怖主义赞助者以及美国人应该为此负责。

事实上，由于恐怖主义问题的特殊性，有些袭击的真凶在一段时间内是难以判定的，各方都会出于各自的国家利益和战略考量得出不同的结论。近年来，伊朗在伊拉克和叙利亚动作频频，直接插手当地的武装冲突，支持两国政府对反对派势力和恐怖主义组织的进攻，地区影响力大有扩展，引起美国和西方国家的不满和警惕。特朗普上台后，美国不仅宣布退出伊核协议，而且正在重建1979年伊朗伊斯兰革命后的反伊朗阵营，伊朗的安全形势更加严峻。此次恐怖袭击到底是单纯的恐怖组织所为，还是真有美国和海湾阿拉伯国家的背后图谋，也许永远也搞不清楚，但是在激烈的国际斗争中，特别是在中东这个国际政治中最复杂的竞技场上，在反恐问题上的双重标准确实是存在的，把恐怖主义作为敌对国家之间博弈的工具也是不言而喻的。

美国主导的国际联盟于2014年以打击IS为由，开始卷入叙利亚内战，

但叙利亚政府长期以来一直质疑该国际联盟的真实意图。在俄罗斯的强力帮助下，持续7年半之久的叙利亚乱局终于见到曙光，叙利亚政府军解放了大多数国土。伊德利卜省是反对派和极端组织武装在叙利亚境内控制的最后一个据点。据叙当地消息人士透露，目前伊德利卜省约有45个不同身份与派别的武装团体，总人数在5万~8万。

伊德利卜省是叙利亚北部的交通要冲和战略要地。彻底解放伊德利卜，将成为整个叙利亚内战的一个里程碑，对叙利亚局势的未来走向产生重要影响，因此此役也被诸多媒体称为“最后一战”，引发各方激烈博弈。俄罗斯和伊朗都强调应从伊德利卜省彻底清除恐怖分子，而土耳其则考虑到在伊德利卜有大量亲土势力存在，所以极力阻止伊德利卜战役的打响。美国及其西方盟友心里明白，如果伊德利卜被收复，他们将失去最后一个影响叙利亚局势的工具，他们绝不会就此善罢甘休。因此，围绕叙利亚局势的大国博弈趋向白热化，俄罗斯和美国都在叙利亚附近的地中海集中了大批的战舰，在附近的陆上基地加强军事准备。

由于世界和地区大国错综复杂的利益纠缠和战略博弈等因素，把恐怖主义作为博弈的筹码和工具，把反恐作为打击对手的旗号和幌子，双重标准自然是各方一种不可避免的选择。

（三）魔道相争，利用大数据等手段反恐已迫在眉睫

全球恐怖分子不断在恐怖袭击手段上花样翻新，高科技化已成恐怖主义发展的重要趋势之一，国际社会必将面临恐怖主义新挑战和新威胁。为此，运用高科技、大数据等手段反恐已是迫在眉睫。

2018年8月4日，委内瑞拉总统马杜罗正在国民警卫队成立81周年庆祝活动上发表讲话，两架无人机企图对马杜罗所在的主席台实施炸弹袭击，袭击造成7名国民警卫队人员受伤。幸运的是，政府军的狙击手在无人机到达目标区域之前击落了它们。据称，这是委内瑞拉极右翼与哥伦比亚极右翼合谋所为。

用无人机刺杀一国总统，无疑向世人预示了一个可怕的未来。事实上，

用无人机发动军事打击早已不是新闻。美国和以色列搞“定点清除”，经常就是靠无人机发动。这些无人机能迅速锁定目标并直接发射导弹。事实上，这次的无人机袭击技术含量很低，失败也正常。但必须要看到，随着技术的突破，如果恐怖组织利用无人机来实施暗杀，相比其他的袭击方式更加难以预防。无人机不仅仅是一种战场武器，也不仅仅对政治人物是一个威胁，如果技术被扩散甚至落入恐怖组织之手，后果不堪设想。[①]

专家们认为，“面对国际恐怖主义高科技化和意识形态化趋势，运用高科技、大数据反恐已是当务之急，其重点应是完善、提升反恐体系的防范预警机制、快速反应机制和后果处理机制”[②]。

以色列由于自身所处的险恶安全环境，非常重视运用高科技手段防范和打击恐怖主义。2018 年 6 月 17 日，以色列反恐技术会议在特拉维夫举行。专家们一致认为，在打击全球恐怖主义问题上，应当加强对互联网、人工智能等高科技手段的利用与研发。在充分利用网络技术的同时，还应不断发展先进的防御系统。据以色列国家安全总局（辛贝特）公布的最新数据，2018 年以来，以色列已破获大约 250 起恐怖活动，其中大部分是通过大数据分析破获的。[③] 由此可以看出，高科技手段的运用对提高反恐工作的效率具有特别重要的意义。

结　语

2017 年以来，国际社会联手打击“伊斯兰国”的军事行动取得重大进展。“伊斯兰国”作为一个政治实体被彻底击溃，全球反恐形势总体来看有所缓和。但是，“伊斯兰国”回归到传统的恐怖主义组织形态，对国际社会

① 《这次诡秘的无人机刺杀总统，预示了人类一个可怕的未来》，强国网，http：//www.cnqiang.com/2018/08/42531.shtml。

② 潘光：《2018 年，全球反恐面临哪些新挑战?》，《解放日报》2018 年 1 月 8 日。

③ 《以色列专家强调高科技反恐重要性》，新华社耶路撒冷 2018 年 6 月 17 日电，https：//baijiahao.baidu.com/s?id=1603588112910173742&wfr=spider&for=pc。

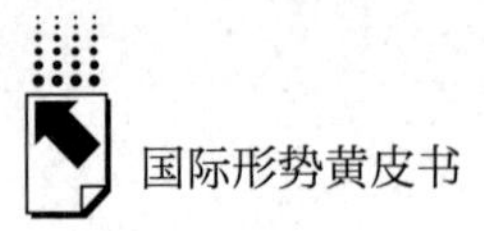

的威胁仍然不可小觑。全球恐怖主义和反恐斗争的发展表现出若干新特点，需要国际社会给予足够的重视。

展望2019年，在全球反恐问题上有两个问题值得关注：第一，失去地盘的“伊斯兰国”会怎样发展？“后伊斯兰国”时期的全球反恐形势是否能够持续好转？第二，美国国家安全战略的又一次重大转型以及特朗普政府对反恐的重视程度明显下降，对全球的反恐斗争和国际合作会产生怎样的影响？

参考文献

李伟：《“后伊斯兰国”时期国际恐情将更为混乱》，北京周报网，2017年6月29日。

刘白云：《外媒称IS正向全球扩散：半个月8国查出12个IS基层组织》，参考消息网，2017年10月30日。

潘光：《2018年，全球反恐面临哪些新挑战?》，《解放日报》2018年1月8日。

田佳玮：《负重土耳其：近400万叙利亚烽火难民的去留之际》，财新网，2018年8月25日。

中国信息安全测评中心：《2018年上半年国际恐怖主义态势报告》，《中国信息安全》2018年第9期。

U. S. Department of State, *Country Reports on Terrorism 2017*, https://www.state.gov/j/ct/rls/crt/2017/index.htm.

Europol, *EU Terrorism Situation and Trend Report 2018* (TE - SAT 2018), https://www.europol.europa.eu/newsroom/news/terrorist-threat-in-eu-remains-high-despite-decline-of-in-iraq-and-syria.

Thomas Joscelyn, “Analysis: ISIS hasn't been Defeated,” 22nd February 2018. http://www.defenddemocracy.org/media-hit/thomas-joscelyn-analysis-isis-hasnt-been-defeated/.

White House, *National Security Strategy of the United States of America*, December 2017, https://www.whitehouse.gov/wp-content/uploads/2017/12/NSS-Final-12-18-2017-0905-2.pdf.

U. S. Department of Defense, *2018 National Defense Strategy*, Jan. 19, 2018, https://news.usni.org/2018/01/19/2018-department-defense-national-defense-strategy.

Y.9

全球反腐：进展及趋势

彭成义*

摘　要： 腐败的代价是巨大的，它不仅将资源从穷人手中转移，损害政府的公信力，破坏法治，削弱制衡，而且还滋生暴力，威胁世界和平与稳定。在全球越来越连为一体的情况下，腐败的危害也越来越具有跨国的特征。因此全球反腐也就成为紧迫而不可回避的问题。在全球层面和区域层面，各反腐组织依然活跃，并且反腐的经验和工具也更加丰富和全面。不过，民粹主义在西方的兴起对于全球反腐构成了负面的影响，特别是在这些国家的反腐中发挥重要作用的非政府组织和独立媒体面临更多限制和挑战。鉴于这些形势的发展，全球反腐依然面临前所未有的机遇与挑战。

关键词： 反腐　透明国际　民粹主义　强人政治

腐败对社会的代价是巨大的。在其 2017 年的年度报告中，全球财务廉洁组织（Global Financial Integrity）估计仅 2014 年一年的全球非法资金流动规模就在 1.4 万亿美元到 2.5 万亿美元之间。世界经济论坛的估计则是当今腐败的代价相当于全球 GDP 的 5%，即 2.6 万亿美元。这些数字非常惊人，特别是当我们考虑到这个世界还存在极端贫困和不平等的时候，这些现象还因为腐败等因素影响而加剧扭曲。除了上述的全球宏观数据，区域的情况也没什么差别。根据国际乐施会（Oxfam International）的研究，逃税而导致的

---

* 彭成义，中国社会科学院世界经济与政治研究所助理研究员，主要研究领域为全球政治理论、国外政治思潮、中国反腐国际借鉴等。

非洲每年财政收入损失就高达140亿美元，而这些本可以用来挽救非洲400万儿童的生命，雇用更多的教师让每个非洲儿童都能上学。同样，2017年的全球腐败晴雨表（Global Corruption Barometer）显示，在亚太地区接受调查的22000人中，最贫穷的38%的人表示他们在获取公共服务过程中不得不行贿。透明国际组织所收集的42个国家的数据也显示，年轻人识字率低通常伴随较高程度的贿赂行为。

事实上，腐败并不仅仅是将资源从穷人手中转移，它还损害政府的公信力，破坏法治，削弱制衡，并滋生暴力和不安全。最近的研究表明，腐败及其导致的有罪不罚、不公正和不平等现象是滋生暴力极端主义的结构性因素之一，而后者在2015年一年中就造成近3万人死亡，以及900亿美元的损失。联合国开发计划署2016年的一项研究也指出，暴力极端主义，包括暴力冲突、政治动荡、恐怖主义、有组织犯罪、武器走私和谋杀等，与系统性歧视以及政治和经济边缘化等腐败现象之间存在正向关系。因此，不仅应该将腐败视为一种犯罪和对发展的障碍，而且还应将其视为对和平与稳定的直接威胁。也正是因为如此，联合国《2030年可持续发展议程》明确了腐败与和平、公正和包容社会之间的联系。该议程中最重要的承诺之一是“不让任何一个人掉队”，无论是在提供公共服务方面，还是在公共决策或是提供公平正义方面。很明显，如果不能解决各种形式的腐败问题，就不可能实现这一宏伟的目标。① 有鉴于此，关注全球的反腐不仅必要而且紧迫。

一　联合国与世界银行

（一）联合国：召开缔约国大会，加强小岛屿国家与体育反腐

在全球层面反腐影响最大的当属联合国。其颁布的《联合国反腐败公

① Patrick Keuleers. “Fighting Corruption for Global Peace, Development and Security,” United Nations Development Programme. Retrieved on Sep. 12th, 2018, http://www.undp.org/content/undp/en/home/blog/2017/fighting-corruption-for-global-peace--development-and-security.html.

约》（以下简称《公约》）是唯一具有法律约束力的全球反腐败文件。其于2003年在第58届联合国大会上获得通过，并于2005年正式生效，截止到2018年6月共有140个缔约国、186个签署国，其中最近两年加入的有：日本、纽埃岛、乍得、赤道几内亚、萨摩亚。该《公约》广泛的覆盖面及其不少条款的强制性使其成为全球应对腐败问题的一个有力工具。在其架构方面，缔约国会议（Conference of States Parties）是《公约》的主要决策机构，支持缔约国和签署国履行公约，并为联合国毒品和犯罪问题办公室制定和实施反腐败活动提供政策指导。所有已批准《公约》的国家都是缔约国会议的一部分，而签署国则是作为观察员身份参加缔约国会议，非签署国，包括政府间组织和非政府组织则可以申请以观察员身份参加会议。《公约》内容则主要集中在五个方面，包括预防措施、刑事定罪和执法、国际合作、资产追回、技术援助和信息交流等。目前对于缔约国将《公约》纳入国内法的评估主要是通过同行审议，即“履约审议机制”（Implementation Review Mechanism）来实现。为了支持缔约国充分执行《公约》，毒品和犯罪问题办公室在各方面提供技术援助，比如预防、教育、资产追回、刑事司法系统的廉洁等。

联合国层面展开的反腐工作除了缔约国大会下辖的三个工作组，即预防工作组、执行审议工作组、财产追回工作组，以及国际合作专家会议的例行活动外，最为值得关注的莫过于两年一次的缔约国大会。2017年11月6~10日在维也纳举行的第七届会议，通过了下列八项决议和一项决定，分别为：第7/1号决议，加强司法协助，促进国际合作和资产追回；第7/2号决议，依照《公约》，采用一种多学科综合办法，更有效地预防和打击一切形式的腐败，除其他外包括涉及巨额资产的腐败；第7/3号决议，促进提供技术援助支持有效实施《公约》；第7/4号决议，增进负责反腐败审议机制的相关多边组织之间的协同效应；第7/5号决议，促进预防腐败措施；第7/6号决议，跟进《马拉喀什预防腐败宣言》的后续行动；第7/7号决议，加强小岛屿发展中国家执行《公约》的工作；第7/8号决议，加强体育反腐；第7/1号决定，加强缔约国会议设立的附属机构

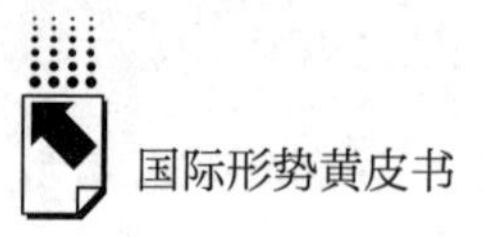

的工作。①

除此之外，在缔约国大会的全会及各工作组的会议之外，还举办了40多场特别活动。正如《公约》的内容覆盖面非常广泛一样，这些活动集中讨论的议题也非常广泛和丰富。其中有《公约》传统关注的面向，比如有两场专门讨论腐败的预防问题，有四场专门讨论资产追回问题，五场和缔约国履约及经验分享相关，其中包括中国反腐最新进展的展示等。而剩下的议题则涵盖了30多个方面，包括腐败与暴力极端主义的关联，腐败与野生动物犯罪，公民参与，司法腐败，联合国全球契约行动平台（UN Global Compact Action Platform）的角色，反腐与毒品走私和有组织犯罪，私企反腐角色，商业廉洁与公开合同（Open Contracting），体育腐败，监狱腐败，太平洋领域的第16项联合国可持续发展目标，与腐败相关的联合国可持续发展目标的监督执行，财务情报部门（Financial Intelligence Unit）的反腐角色，反腐合规与集体行动，腐败案件中法人的责任，缔约国大会在解决腐败大案中的角色，官员财产和利益公开，学界在促进商业廉洁中的角色，反腐机构的独立和效率，腐败的发现，议员反腐，国际反腐同行审议机制中的秘书处合作，国企廉洁建设，网络空间的经济犯罪与腐败，履约审议机制中的社会组织参与，城市反腐，公共行政腐败预防与廉洁建设，发展中国家的非法资金流动，腐败风险管理的组织和产业视角，腐败与国际法，公共采购腐败，西非反腐机构网络会议，全球民主现状与腐败等。

综上所述，联合国反腐工作具有广泛性和全面性，其中不乏一些前瞻性的热点议题，比如腐败与当前西方民主质量的关系、非法资金流动等。而从公开发布的缔约国会议决议来看，除了传统关注的重点议题外，小岛屿国家的反腐与体育领域的反腐都被提上了议事日程，料想在这方面接下来应该会有一些举措。当然履约监督仍然是重点和难点，在这一方面推进似乎仍显乏力。

① "Resolutions Adopted by the Conference of the States Parties to the United Nations Convention Against Corruption," UN Office of Drugs and Crimes, retrieved on Sep. 19th, 2018, https://www.unodc.org/documents/treaties/UNCAC/COSP/session7/V1800228e.pdf.

（二）世界银行：继续推进特色反腐，案件数量有所下降

世界银行是世界上开展反腐最早的国际组织之一，其反腐也有着比较鲜明的特色。在其视阈中，腐败被看作是到2030年实现全球消除极端贫困和促进发展中国家最贫穷40%人口实现共同繁荣双重目标的重大挑战，所以也是世界银行及其许多合作伙伴行动的优先事项。世界银行对于发展及穷人的关注，使其特别强调腐败对穷人及发展的不对称性的负面影响。比如在巴拉圭，穷人支付其收入的12.6%用于贿赂，几乎是高收入家庭支付6.4%的一倍，而塞拉利昂的数字则分别为13%和3.8%。[①] 所以世界银行经常强调每一块被盗的钱，不管是美元、欧元、比索、人民币、卢比或卢布都是在剥夺穷人生活中的平等机会。腐败除了对穷人获得正当服务，比如教育、医疗等构成阻碍外，也常常阻碍一国吸引直接投资，并通过非法资金流动等形式为毒品走私和人口贩运等提供资金支持，从而助长暴力极端主义。在世界银行开出的应对腐败的药方中，其特别强调多元参与的重要性，特别是由政治家、政府高级官员、私营部门以及公民、社区和民间社会组织共同组成的“利益攸关联盟”，以及使用先进技术来捕获、分析和共享信息，并加强国际合作。后者不难理解，因为现在很多大额跨境贿赂都涉及金融机构的洗钱行为，以及为此交易提供服务的律所和会计师事务所等。没有发达国家的合作，这种从发展中国家向发达国家的大额非法资金流动就无法得到有效的遏制。

相应地，世界银行的反腐举措主要包括两大方面。一是在区域和全球层面发挥领导力。比如领导制定国际透明度标准，包括“全球金融透明度倡议”“开放式合同标准”“财产披露标准”，以及支持“开放政府伙伴协议”的执行等。世界银行为其他一些国际反腐倡议的执行，比如“采掘业透明度倡议”“曝光你所贿”“渔业透明度”“反洗钱规则”等也提供了积极的

① “Combating Corruption,” World Bank, retrieved on Sep. 13th, 2018, http://www.worldbank.org/en/topic/governance/brief/anti-corruption，按照世行标准，穷人的标准为中低收入国家中每天生活费低于3.20美元，以及中高收入国家中每天生活费低于5.50美元。

支持。在其他一些国际反腐论坛或联盟中也经常见到世界银行活跃的身影，比如“国际腐败猎人联盟”“拉丁美洲和加勒比区域议会网络”“二十国集团反腐工作组”“财务问责工作组”“经合组织反腐败工作组”等。二是世界银行在其资助的项目中打击腐败现象。其方法结合了预测和躲避风险的积极政策，致力于帮助客户和利益相关者在国家和国际层面识别并打击腐败。世界银行也加强了其制裁措施，建立了诚信合规办公室，签署了具有里程碑意义的与其他四家开发银行合作的交叉制裁协议，开始使用和解来迅速处理承认存在不法行为的公司，并迄今签署了 96 份谈判解决协议。与此同时，世界银行同样很关注腐败的预防。从 2013 年开始，世界银行开始通过尽职调查和其他预警系统追踪资金流向以防止欺诈和腐败。[①]

世界银行负责反腐的部门是世界银行廉洁副行长办公室（Integrity Vice-Presidency，INT），并且每年发布反腐报告。在 2017 财年报告中，亮点包括以下方面的内容。[②] 第一是调查涉腐案子的情况。在该财年中，世界银行共收到 179 起有关世界银行项目涉腐的咨询或投诉，对其中 51 起展开了全面调查，同时结案的有 52 起，其中有 65% 被证实存在腐败问题。在案件数量方面较之于 2016 年有着明显的下降。第二是通过尽职调查及早期临时暂停机制保障世界银行项目资金的安全。这些努力挽回了 33 份合同中约 1.19 亿美元的资金。其中有四起案例启动了“早期临时终止”（Early Temporary Suspension）机制，从而快速地保护了资金。此外，世界银行还通过与一些存疑的国际公司进行沟通协商，使得他们自愿放弃竞标，从而挽救了 17 项招标项目中 2100 万美元的资金。第三是世界银行成功通过制裁和协议阻止了一些不当行为的发生。比如该财年世界银行对 60 个实体或个人进行了制裁，认可了来自其他开发银行的 84 起交叉制裁，并与 29 家协商者达成 26 项“谈判解决协议”（Negotiated Resolution Agreements）。第四，世界银行通

① “World Bank Group Fiscal Year 2017 Annual Update：Vice-integrity Presidency，” World Bank，retrieved on Sep. 13th，2018，http：//pubdocs. worldbank. org/en/703921507910218164/2017 - INT - Annual - Update - FINAL - spreads. pdf，p. 5.

② 根据报告解释，覆盖从前一年的 7 月 1 日到当年的 6 月 30 日。

过诚信合规项目与一些制裁对象恢复了联系。比如诚信合规办公室（Integrity Compliance Office）在2017年度解除了13项制裁禁令，并且截至2017财年末，该办公室仍在积极参与50家被制裁公司的合规项目建设。第五，世界银行也加强了自身诚信机构文化的建设。比如在2017财年，廉洁副行长办公室共追踪了54起与世界银行职员相关的欺诈和腐败指控，其中34起为该财年新增案子，6起被证实，2起被证明为不实指控得到撤销。①

二　透明国际清廉指数

在全球所有的反腐民间组织中，透明国际（Transparency International）无疑是影响力最大的之一。其于1993年在德国柏林创建，以推动全球反腐倡廉为己任，目前已在全球成立了100多家分会，虽然有些分会其实并没有开展什么活动。其最有影响的产品当属每年发布的“腐败感知指数”（Corruption Perception Index），又称为“清廉指数”。透明国际在将腐败问题推上国际议程，包括《联合国反腐败公约》和《经济合作与发展组织反贿赂公约》的形成与实施等方面都发挥了重要的作用。下面将主要回顾其2017年的清廉指数报告。②

2017年的清廉指数报告对全球180个国家的公共部门廉洁状况进行了评估和打分，得出的平均分与2016年持平，皆为43分。这意味着全世界有超过2/3的国家的60多亿人处于50分以下。其中得分最高的为新西兰，为89分，最低为索马里，仅有9分。从区域来看，如图1所示，美洲国家的得分平均为44分，其中加拿大得分最高，为82分，最低为委内瑞拉，只有18分。亚太地区包括亚洲的大部和大洋洲，平均分跟美洲一样，同为44分，其中最好的为新西兰，最

① “World Bank Group Fiscal Year 2017 Annual Update: Vice-integrity Presidency,” World Bank, retrieved on Sep. 13th, 2018, http://pubdocs.worldbank.org/en/703921507910218164/2017-INT-Annual-Update-FINAL-spreads.pdf, p. 6.

② *Corruption Perception Index 2017*, Transparency International. Retrieved on Sep. 14, 2018, https://www.transparency.org/news/feature/corruption_perceptions_index_2017.

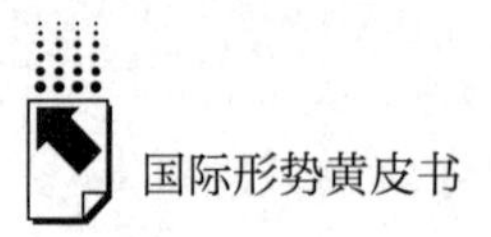

差的为阿富汗，仅有15分。中国较上一年增长了1分，达到41分，排名从2016年的并列第79名上升为2017年的并列第77名。这和印度的情况形成对比，2016年印度同为40分并列第79名，2017年则下降为39分并列第81名。这应该是中国在过去一年持续高压反腐并加强制度建设所取得的成就。

当然，西方反腐更加强调自下而上的市民社会和私营部门的积极参与，在这方面，也有值得中国学习和借鉴的地方。在欧盟和西欧地区，清廉指数的平均分与2016年相同，为66分，其中得分最高的为丹麦的88分，最低的为保加利亚的43分。在东欧和中亚地区，平均分为34分，也与2016年持平，其中格鲁吉亚最高为56分，最低为土库曼斯坦，为19分。在中东北非地区，清廉指数的平均分为38分，也与2016年持平，其中得分最高的是阿联酋，从2016年的66分上升为71分，最低的为叙利亚，仅为14分。撒哈拉以南非洲区域的平均分为32分，较2016年增长1分，其中得分最高的是博茨瓦纳的61分，也比2016年增加1分，最低的为索马里，得分从2016年的10分降为9分。透明国际2017年的清廉指数报告也特别指出因为民粹主义和强人政治在不少国家的出现，这些国家和地区的一些非政府组织和独立媒体受到打压，从而使得反腐形势面临更大挑战。

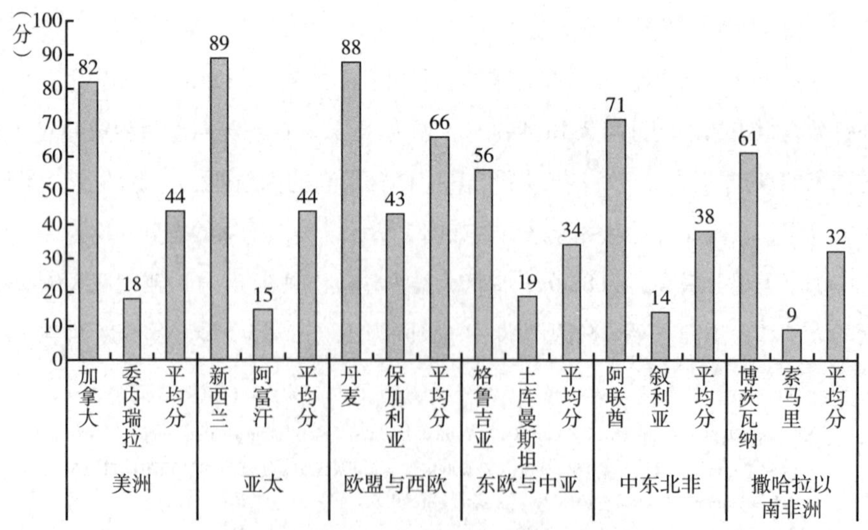

图1　2017年全球各区域清廉指数一览

三　区域与集团

（一）二十国集团（G20）

G20 是汇聚世界最主要经济体的国际合作机制，其逐渐在全球反腐领域展现领导力并发挥重要作用。其于 2010 年 6 月的多伦多峰会成立反腐败工作组，并在同年 11 月的首尔峰会上推出《反腐败行动计划》。相应地，在后续历年的峰会上，G20 发布了一系列的反腐指导文件，涵盖范围包括：司法互助、追逃追账、官员财产披露、打击境外行贿索贿、最终受益所有权透明、私企反腐、公共采购反腐、反腐败与经济增长、信息公开、法人反腐责任、组织化反腐、海关反腐、野生动物领域反腐等，并建立拒绝腐败人员入境的信息共享及执法合作网络，以及 G20 反腐败追逃追赃研究中心等。

2018 年的 G20 峰会在阿根廷主办，其中的反腐败工作组由阿根廷和法国共同主持了三次会议，第一次于 2018 年 2 月 28 日至 3 月 1 日在布宜诺斯艾利斯举行，第二次和第三次分别于 6 月 27 ~ 28 日和 10 月 8 ~ 9 日在巴黎举行。2018 年反腐败工作组会议重点解决以下问题：务实合作、最终受益权人、私营部门的诚信和透明、行贿、公共部门的诚信和透明、脆弱部门、国际组织等。作为 G20 主席国，阿根廷致力于继续执行《G20 2017 ~ 2018 年反腐行动计划》，推动反腐败工作组在打击腐败及提高公共和私营部门透明度方面的工作，而其中重中之重则放在国有企业的反腐倡廉以及利益冲突的管理方面。此外，与 G20 相伴的 B20 和 C20 也于 2018 年 6 月发布一份联合声明，呼吁 G20 国家制定国家层面的反腐败战略，包括具体的目标、时间表、评估等，也便于将历届 G20 峰会上达成的反腐承诺以及指导原则和工具落到实处。

（二）经合组织（OECD）：税收与体育反腐成为新焦点

经合组织在引领全球反腐方面也发挥着重要的作用。其 20 多年前制定的《国际商务交易活动反对行贿外国公职人员公约》，简称《经合组织反贿赂公

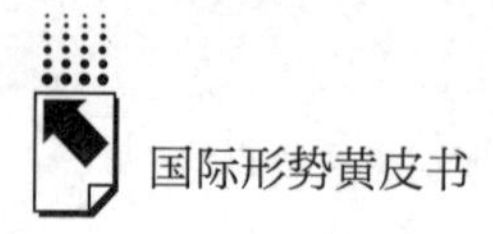

约》，是全球反腐历程中的一座里程碑，这被广泛认为是反腐真正走向国际化的开始。该公约规定了对签署国所属公司海外行贿行为制裁的法律标准。到目前为止全球有44国签署该公约，其中包括8个非经合组织成员国，即阿根廷、巴西、保加利亚、哥伦比亚、哥斯达黎加、秘鲁、俄罗斯和南非。

在过去的一年中经合组织所举办的活动和获得的成果也非常丰富。其于2018年3月召开的“全球反腐倡廉论坛”无疑是其重要的活动之一。这届论坛参会者有1800人，其中包括OECD秘书长、挪威首相、冰岛总理、阿根廷副总统、欧盟委员会副主席、泰国副总理、世界银行副行长等。这届论坛的主题是“廉洁星球：建立更公正的社会”，并将反腐上升到解决西方面临诸多挑战的意义高度，以期重振公众对市场经济、开放性、全球化及民主等的信任。相应地，开幕时的领导人小组讨论围绕“更公平的全球化所面临的挑战和趋势”展开，闭幕时则呼应了此主题就“为了更公平全球化的策略、行动和影响”进行了讨论。其间有三场讨论也属于全会，一场是围绕“国际组织在反腐中的角色和愿景”的特别讨论，另外两场则分别涉及公共采购和加强税收部门与反腐部门的合作。剩下的议题采取了平行论坛的形式，涉及议题包括：公共采购、开放政府、新闻调查、行为科学与反腐、体育廉洁、国企的反腐倡廉、政策制定的不对称影响、非法贸易与腐败、公共廉洁教育、脆弱政体的腐败风险管理、廉洁的新视角等。这次论坛也同时发布了《OECD反腐倡廉战略报告》。

此外，OECD在组织反腐活动方面也很活跃。2017年11月OECD举办了“第五届税收与犯罪论坛”。这次论坛汇集了来自世界各地涉及税务、海关、反腐败、反洗钱、警务和起诉等领域的200多位专家，讨论了税收犯罪所构成的威胁，打击该种犯罪的进展以及需要采取行动的优先次序等。论坛上也发布了两份报告，分别为《打击税收犯罪：十大全球原则》和《打击税务犯罪和其他金融犯罪的有效机构间合作（第三版）》。① 2017年12月举

① “Fifth OECD Forum on Tax and Crime,” OECD, retrieved on September 14, 2018, http://www.oecd.org/corruption/forum-on-tax-and-crime.htm.

办了“经合组织反贿赂公约二十周年圆桌会议”，回顾了《经合组织反贿赂公约》取得的成就和对发展中国家的影响，并讨论了当前《经合组织反贿赂公约》面临的挑战、未来的目标和方向等。[①] 2018 年6 月则举办了“负责任的商业行为全球论坛”，讨论了负责任商业行为面临的社会和经济挑战。同期举办的还有“体育反腐国际合作伙伴的第三次工作组会议”。“体育反腐国际合作伙伴”于2017 年 2 月在国际奥委会体育诚信国际论坛（IFSI）上启动，是一个多利益攸关方平台，其使命是将国际体育组织、政府、政府间组织和其他利益攸关方聚集在一起，加强并支持消除体育相关的腐败。[②]

（三）亚太经合组织（APEC）：继续落实《北京反腐宣言》

亚太经合组织于 2004 年成立“反腐败专家特遣队”（Anti-Corruption Experts' Task Force），后者于2011 年升级为“反腐败与透明度工作组”，致力于协调《圣地亚哥实施打击腐败和确保透明度承诺》、《亚太经合组织反腐行动计划》，以及《亚太经合组织透明度标准》的执行等，并于 2014 年通过了《北京反腐宣言》，正式成立并运行“亚太经合组织反腐执法合作网络”。

最近一年的活动则主要围绕工作组的例行工作展开。这包括“亚太经合组织反腐执法合作网络”于2018 年 8 月在巴布亚新几内亚莫尔兹比港举行的第五次会议。在会议上，相关方报告了《联合国反腐败公约》和《北京反腐宣言》，以及其他一些有关反腐和透明举措的实施进展情况。该小组还更新了其职权范围，并通过了2018 年工作方案。联合国发展计划署也在会上报告了该组织与 APEC 成员之间在反腐方面合作的情况以及未来与 APEC 反腐工作组合作的优先议题。此外，工作组也组织了两次研讨会。一

---

① “Roundtable on 20 Years of the Anti-Bribery Convention,” retrieved on September 14, 2018, http://www.oecd.org/corruption/roundtable-20-years-anti-bribery-convention-2017.htm.

② “Multi-stakeholder Sports Integrity Taskforces Established,” OECD, retrieved on September 14, 2018, http://www.oecd.org/corruption/multi-stakeholder-sports-integrity-taskforces-established.htm.

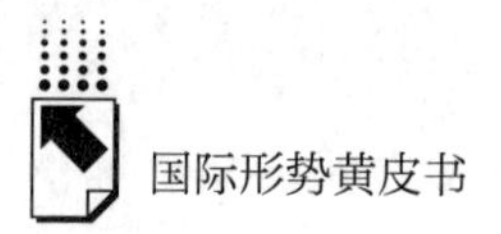

次是2018年2月在巴布亚新几内亚莫尔兹比港举行的关于“APEC经济体腐败预防机制最佳实践和经验的分享研讨会”，另一次则是2018年3月在泰国曼谷举行的“APEC反腐执法合作网络资产追回培训研讨会”。[①]

（四）欧洲委员会及欧盟[②]：反腐仍在路上

欧洲区域层面的反腐主要有两个机构在推动，一个是欧洲委员会（Council of Europe）。其早在1996年就发布了《反腐败行动纲领》，并于第二年通过了《关于反腐败斗争的20项指导原则》，1999年制定了《反腐败刑法公约》和《反腐败民法公约》，同时成立“欧洲委员会反腐败国家集团”（The Group of States Against Corruption，GRECO）。该组织成员国目前有49个，包括48个欧洲国家和美国，同时OECD与联合国毒品和犯罪办公室被授予观察员身份。另一个组织是欧盟。其于1997年制定了《打击欧洲共同体官员或欧盟成员国官员腐败公约》，并通过了旨在授权欧盟委员会制定全面的欧盟反腐政策的“斯德哥尔摩计划”。其后续发布的一系列文件致使欧盟委员会的反腐工作主要集中在以下方面：将反腐条款纳入欧盟横向及部门立法和政策；监测成员国反腐表现；通过资金、技术援助和经验分享支持在国家一级实施反腐败举措；改善反腐败政策的量化基础证据。不过在欧盟层面负责反腐的部门设置并不高，基本上是放在移民与内政部下面的组织犯罪和人口贩运处下面。

除了其例行工作外，过去一年左右这两个组织也开展了一些活动。比如2017年11月GRECO就与经合组织及联合国毒品和犯罪问题办公室在联合国反腐败公约缔约国大会期间举办了关于“公职人员利益和财产披露：哪些有效，哪些无效?”的研讨会。同期，GRECO也在布拉格召开了成员国第五轮评估研讨会，回顾并讨论了GRECO第四轮评估的主要趋势和经验教

① “Anti-Corruption and Transparency Working Group,” APEC, retrieved on September 14, 2018, https://www.apec.org/Groups/SOM - Steering - Committee - on - Economic - and - Technical - Cooperation/Working - Groups/Anti - Corruption - and - Transparency.

② 因为欧洲委员会及欧盟成员大多数重合，所以这里将两者合并到一起进行回顾。

训。该组织也于2018年10月在克罗地亚举办一场关于“加强透明和问责以确保诚信：团结反腐”的国际高级别会议。在欧盟方面，其也于2017年12月在布鲁塞尔举办了关于“腐败的经济影响”的经验分享研讨会，以及2018年6月在巴黎召开的关于“检察机关在打击高层腐败中的作用”的经验分享研讨会。

结 语

综上所述，我们可以看到在全球层面和区域层面，各反腐败国际组织依然在全力以赴地推进反腐倡廉的建设，并且不管是在内容的深度还是覆盖的广度方面都有所进展。比如各界对于法人责任、野生动物领域腐败、体育领域腐败、小岛国家的反腐等都有更多的关注和更深入的讨论。

不过全球普遍出现的民粹主义和强人政治的兴起对于全球反腐无疑构成冲击。这在美国和东欧及南欧表现最为明显。在这些民粹主义上升的国家，非政府组织和独立媒体在监督和批评决策者方面都普遍遇到了较之以前更大的挑战。比如在波兰，政府机构掌管了非政府组织重要资金的管理和分配。同样，在罗马尼亚，政府通过了要求非政府组织做出更多报告的法案。总之，在这些国家普遍出现了更多旨在遏制非政府组织的法律和法规，而活跃的非政府组织以及独立批判媒体在不少廉政观察家看来都是反腐倡廉必不可少的制度保障。

鉴于这些形势的发展，全球反腐形势依然机遇与挑战共存，打造廉洁世界的理想依然任重道远。一方面，世界对于反腐倡廉的呼声仍然很高，特别是全球化不可逆转的情况下。在不少新兴经济体国家，腐败作为阻碍经济更快更好更加包容发展的主要因素之一，更加迫切需要得到有效的应对，尤其是当贸易保护主义在不少西方国家有所抬头的大背景下。与此同时，全球反腐的经验和工具更加丰富与全面，各国际反腐组织仍然在为全球的反腐事业不懈努力。另一方面，西方民粹主义的兴起无疑会使全球反腐的形势更加严峻和复杂。首先是因为这些民粹主义国家可能面临内部反腐倒退的风险，其次是其参与和引领全球反腐的意愿也将受到影响，包括推动全球反腐协议的监督执行等。

参考文献

"Anti-Corruption and Transparency Working Group," APEC, retrieved on September 14, 2018, https://www.apec.org/Groups/SOM-Steering-Committee-on-Economic-and-Technical-Cooperation/Working-Groups/Anti-Corruption-and-Transparency.

Corruption Perception Index 2017, Transparency International, retrieved on Sep., 14, 2018, https://www.transparency.org/news/feature/corruption_perceptions_index_2017.

"Fifth OECD Forum on Tax and Crime," OECD, retrieved on September 14, 2018, http://www.oecd.org/corruption/forum-on-tax-and-crime.htm.

"Resolutions Adopted by the Conference of the States Parties to the United Nations Convention Against Corruption," UN Office of Drugs and Crimes, retrieved on Sep. 19th, 2018 at https://www.unodc.org/documents/treaties/UNCAC/COSP/session7/V1800228e.pdf.

"The World Bank Group Fiscal Year 2017 Annual Update: Integrity Vice Presidency," World Bank, retrieved on Sep. 19, 2018, http://pubdocs.worldbank.org/en/703921507910218164/2017-INT-Annual-Update-FINAL-spreads.pdf.

Y.10 全球移民与难民问题（2017～2018）

李东燕*

摘　要： 国际移民总数继续保持自1970年以来的增长趋势，美国是排名第一的移民目的国。从2017年至2018年上半年的数据看，全球被迫移徙人数和联合国难民署登记的难民人数再创新高，发展中国家仍是难民的主要接收国。2018年难民问题再次成为欧洲国家国内和国际政治的一大热点，民粹主义势力强劲。特朗普继续在国内严打非法移民，进一步削减难民接收名额。2018年7月联合国会员国就《移民问题全球契约》最终文本达成一致，但各国在移民和难民问题上仍有很多分歧，联合国难民署的难民安置需求与安置能力之间存在巨大差距。中国面临日益复杂的难民移民外交，国家移民管理局的组建体现了中国对这一领域问题的重视。

关键词： 移民　难民　联合国难民署　《移民问题全球契约》

国际移民组织（IOM）使用的统领性概念是“移徙”（migration）或“迁徙”，指一种跨国或国内的动态移徙。移徙的主体是“移民”（migrant）或“移徙者”，是指无论出于何种原因、目的，正在或已经移出国境或其境内久居地的人。移徙和移民又可分为不同类别，其中一类是因人为或自然环

* 李东燕，中国社会科学院世界经济与政治研究所研究员，主要研究领域为联合国、全球治理、国际安全。

境强制性因素而进行的“被迫移徙”（forced migration），难民、寻求庇护者、境内流离失所者等都属于被迫移徙者，是移民的一个特殊类别。难民的身份主要是根据 1951 年《关于难民地位的公约》及其他有关国际和国内文件来定义，寻求庇护者是指在其他国家寻求安全保护并等待根据有关国际法文件和国家文书就其难民地位做出决定的人。① 此外，还有正规移民（regular migration）、非正规移民（irregular migration）、非法移民（illegal migration）等其他用法。联合国难民署（UNHCR）所关注的正是被迫移徙者这一特殊的移民类别，其统领性概念是“被迫流离失所”（forced displacement）和“被迫流离失所人口”（forcibly displaced population）。② 这些概念之间的界限是模糊的，既有不同的含义，又有相互交叉、重叠的地方，在使用上也存在争议。

一 全球移民与难民形势

根据国际移民组织、联合国难民署等机构发布的相关报告，自 1970 年以来国际移民总数不断增长，但其占世界人口总数的比例变化不大。2017 ~ 2018 年，全球被迫移徙人口数量也呈上升趋势，并再创历史新高。加之发达国家民粹主义影响上升，难民和移民问题再度成为热点。

（一）全球移民趋势

根据国际移民组织《世界移民报告 2018》提供的数据和分析，全球国际移民总数呈现以下趋势。

第一，全球国际移民总数继续增长。自 1970 年以来，全球国际移民总数一直保持逐年增长的趋势。1970 年的世界移民总数为 8446 万，2000 年达

① 相关定义见国际移民组织：*Key Migration Terms*，http：//www. iom. int/key – migration – terms。

② 相关定义见联合国难民署：*Global Trends Forced Displacement in 2017*，http：//www. unhcr. org/statistic。

到1.73亿，到2015年上升为2.44亿（见表1）。国际移民组织2003年的预测曾认为，到2050年国际移民总数将达到2.3亿，但这一数字显然已被超过。该组织2010年修改后的预测结果是，到2050年全球国际移民的数量将达4.05亿。①

表1　1970～2015年世界移民数量

单位：人，%

年份	人数	占世界人口的百分比
1970	84460125	2.3
1980	101983149	2.3
1990	152563212	2.8
2000	172703309	2.8
2010	221714243	3.2
2015	243700236	3.3

资料来源：根据《世界移民报告2018》数据整理。

第二，欧洲和亚洲是接纳移民最多的两个地区。到2015年，欧洲和亚洲各接纳了7500万移民，占全球国际移民总数的62%。同期，北美国家接收的国际移民总数为5400万，占全球移民的22%。其他地区接纳国际移民的比例是：非洲9%、拉美4%、大洋洲3%。

第三，美国是排名第一的移民目的国。自1970年以来，美国一直是世界主要的移民目的国。至2015年，居住在美国的外国出生人口为4600万，排第二位的德国为1200万，希望移民美国的人数也远远超过德国。截至2015年，排名前十的移民目的国是美国、德国、俄罗斯、沙特、英国、阿联酋、加拿大、法国、澳大利亚和新西兰。

第四，亚洲是移民增长最快的地区。亚洲是2000年到2015年期间移民人口增加最为显著的地区，在2015年的全球国际移民总人口中，有将近一

① 国际移民组织：《世界移民报告2018》中文版，全球化智库（CCG）译，https://publications.iom.int/books/world－migration－report－2018－chinese。

半出生在亚洲。印度是排名第一的移民来源国，有超过1500万的国际移民来自印度。排名第二、第三的移民来源国是墨西哥和俄罗斯，随后是中国、孟加拉国、巴基斯坦三个亚洲移民来源大国。①

第五，移民的贡献和积极作用得到肯定。既往的联合国文件，以及2016年的《关于难民和移民问题的纽约宣言》、2018年达成的《移民问题全球契约》最后文本等，都充分肯定了移民的积极作用和贡献。移民迁徙不仅能为移民及其家庭带来好处，也能为移民来源国带来巨大好处，包括减少失业、减少贫困，以及促进技能、技术和知识的转移，带动移民来源国经济与社会的多元化等。对许多发展中国家来说，侨汇成为相对稳定和可靠的资本来源。在目前的全球范围，侨汇是官方发展援助总金额的三倍以上。此外，移民还可为东道国带来巨大的经济利益和其他效益，如劳动力的补充，以及对GDP的提升。

（二）全球难民形势

2017~2018年全球难民形势和动向表现出以下特点，即全球被迫移徙人数再创新高，难民主要来源国和接收国的排名变化不大，发展中国家仍然是难民和寻求庇护者的主要接收地。抵达欧洲和一些发达国家的难民人数在2018年继续下降，但难民问题再度成为许多国家国内政治和国际政治的一大热点。

第一，全球被迫移徙者数量继续上升。截至2017年底，全球被迫流离失所人口达6850万，其中包括2540万难民，4000万境内流离失所者，以及310万寻求庇护者。在2540万全球难民人口中，有在联合国难民署注册的1990万难民，以及在联合国近东巴勒斯坦难民救济和工程处（UNRWA）注册的540万巴勒斯坦难民。与2016年相比，难民总数增加了290万，在难民署注册的难民人数出现连续六年的增长，已接近2000万。②

---

① 除另有注释外，有关国际移民的数据均来自《世界移民报告2018》。

② 联合国难民署：*Global Trends Forced Displacement in 2017*，http：//www. unhcr. org/statistic。

第二，根据国际移民组织的数据，从地中海抵达欧洲的移民数量，继2017年出现下降之后，在2018年继续大幅下降。截至2018年6月27日，通过海路进入欧洲的移民为4.5万人次。同期相比，2017年为9.5万人次，2016年为23万人次。到2018年9月，通过海路抵达欧洲的移民为7.4万人次，2017年同期为12.9万人次。①

第三，难民的主要来源国和接收国排名变化不大。叙利亚继续为最大的难民输出国，发展中国家仍是主要的难民接收国。2017年在联合国难民署注册的难民中，有68%的难民来自叙利亚、阿富汗、南苏丹、缅甸、索马里和民主刚果等国家，这些国家已连续多年排在十大难民输出国之列。叙利亚继续为当前最大的难民来源国，来自叙利亚的难民达630万。土耳其则连续四年成为最大的难民接收国，其他主要接收国为巴基斯坦、乌干达、黎巴嫩、伊朗和德国，发展中国家接收了难民署注册难民的85%。在接收难民最多的10个国家中，除德国外均为发展中国家，由最不发达国家提供的难民庇护占全球总数的1/3。这种情况也说明，那种认为难民危机是富裕国家危机的观点是错误的，“这主要是大多数贫穷国家的一场危机”。②

第四，联合国难民署的难民重新安置需求与安置能力之间仍存在巨大差距。2016年难民署提交了16万人的安置计划，为20年来的最高纪录。原预计2017年有119万人需要重新安置，难民署计划提交近17万人的重新安置计划。但由于全球重新安置机会的减少，难民署只提交了7.5万人的重新安置计划，与2016年相比下降53%。③

二　全球难民与移民问题热点

2018年全球难民和移民问题的热度再次攀升，成为一些国家内部政治

① “Mediterranean Migrant Arrivals Reach 73, 696; Deaths Reach 1, 565,” 9 Nov. 2018, http://www.iom.int/news/mediterranean-migrant-arrivals-reach-73696-deaths-reach-1565.

② 联合国难民署：*Global Trends Forced Displacement in 2017*, http://www.unhcr.org/statistic。

③ 联合国难民署：*UNHCR Projected Global Resettlement Needs* 2019, http://www.unhcr.org/protection/resettlement/5b28a7df4/projected-global-resettlement-needs-2019.html。

斗争和外交关系的焦点。特别是对欧洲国家来说，2018 年的难民问题更多表现为国内不同政治力量的博弈。

（一）难民移民问题再次成为欧洲政治焦点

2018 年，虽然从海路进入欧洲的移徙人数比前两年大幅度减少，但从 2018 年初开始，难民问题就再度成为欧洲国家内政外交的一大热点。

1. 围绕难民移民问题，欧洲民粹主义势力抬头，国内政治矛盾加剧

年初，法国内政部部长向内阁提交了庇护与移民改革法案，在强调重视行使庇护权的同时，也强调要加强管控，因此引发社会争议。近些年来，意大利一直是受难民移民问题困扰的国家。2018 年，新一届意大利政府在难民移民问题上采取了更加强硬的态度，包括拒绝救援船在意大利靠岸，计划陆续遣返 50 万非法移民，对《都柏林协定》进行改革等。2018 年 4 月，匈牙利右翼民粹主义政党领袖连续第四次赢得总理职位，继续在欧洲高举强硬的“反移民”旗帜。2018 年匈牙利国会通过一项法案，对与移民相关的非政府组织实施严格限制，禁止对这类组织给予资助，凡帮助非法移民获得居留权的个人或团体将被判刑。① 继美国之后，匈牙利退出了《移民问题全球契约》。2017 年底上任的奥地利总理也采取了强硬的新移民政策，反对默克尔的难民政策和欧盟内的难民配额。

2018 年，默克尔的难民政策面临日益严重的挑战。德国内政部部长因不满默克尔的难民政策提出辞职，以控制难民为筹码向默克尔和欧盟施加压力，使德国执政联盟面临分裂。2018 年，德国因难民移民问题发生了多起街头抗议活动，既有右翼力量的反难民移民示威活动，也有反右翼势力、捍卫人权的示威活动。在瑞典、芬兰等国，左翼、右翼组织的街头抗议活动也有发生。

2. 欧盟峰会就难民问题达成一致，但分歧仍然明显

围绕难民问题，欧盟内部分歧明显，协调艰难。例如在难民救援船问题

---

① “Hungary Passes Anti-immigrant ‘Stop Soros’ Laws,” https：//www.theguardian.com/world/2018/jun/20/hungary－passes－anti－immigrant－stop－soros－laws.

上，法国、意大利等国相互指责。法国指责意大利拒绝救援船靠岸的做法不负责任，意大利则坚持不做欧洲的“难民营”。匈牙利总理、斯洛伐克总理也都公开表示支持意大利的立场。2018 年 6 月 24 日，欧盟各国领导人聚集布鲁塞尔，就解决难民问题举行了紧急峰会，因支持难民配额国家与拒绝难民配额国家之间的立场分歧，会议没有取得成果。意大利总理还提出了 10 点倡议，包括在北非国家建立难民审查中心，以核实难民是否需要庇护。但尚无北非国家愿意接受这一做法，波兰、匈牙利等国则宁愿接受欧盟制裁也要拒绝难民配额。2018 年 1 月在保加利亚举行的关于欧盟庇护制度改革的谈判，也因反对欧盟难民配额国家的立场而中断。

在 2018 年 6 月底举行的欧盟夏季峰会上，欧盟国家在难民问题上矛盾重重、争吵不休。经过艰苦的谈判，欧盟国家最终就难民移民问题的解决方案达成若干共识。主要包括：其一，各国同意在欧洲境外设立难民“地区登陆平台”，在自愿的基础上各国也可在境内设立“安全中心”，以排查非正规移民。其二，为土耳其安置难民提供资金援助。其三，加强边境管理，防止非法移民，打击人口贩运，特别是支持意大利、利比亚、摩洛哥等国家打击人口贩运活动。其四，与非洲国家建立新的伙伴关系框架，为非洲国家提供援助，促进非洲社会经济的转型，以解决移徙问题。其五，进一步改革和完善欧盟共同庇护制度。[①]

能够达成共识是欧盟国家努力的结果，但过程是艰难的，也还存在诸多薄弱环节和潜在的问题。协议并没有涉及存有争议的难民配额问题，缺乏具体的实施措施，在实施层面还面临很多不确定性和阻碍。

（二）特朗普的难民移民政策和举措

2018 年，特朗普在难民移民问题上的立场延续了他在 2017 年做出的若干决定，如减少难民接收数量，在美墨边境拦截非法移民，实行“零容忍”

---

① “Text of the European Union Migration Deal,” https：//edition. cnn. com/2018/06/29/europe/eu－migration－deal－text－intl/index. html.

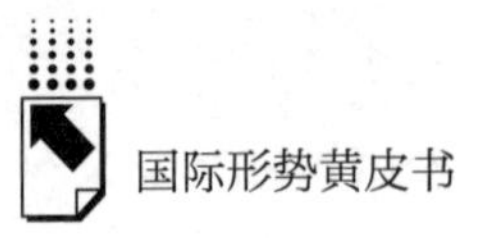

“骨肉分离”政策，退出《移民问题全球契约》等。

1. 美国面临的难民移民形势

自1970年以来，美国一直是世界第一大移民目的国，居住在美国的外国出生人数从1970年的不到1200万上升至2015年的4600万。排第二位的是德国，2015年德国的国外出生人口为1200万，远低于美国。美国也是过去几十年来世界最大的侨汇汇出国，2015年美国的侨汇汇出为613.8亿美元，排在其后的沙特阿拉伯为387.9亿美元。①

墨西哥是迄今为止拉丁美洲和加勒比海地区最大的移民来源国，也是全球第二大移民来源国。墨西哥出生的移民超过1250万，大多数居住在美国，美墨之间有一条世界最大的移民通道。美国也是中美洲国家移民的首选目的地，中美洲移民中有78%居住在美国。因此，应对来自墨西哥和中美洲的移民问题，是特朗普打击非法移民的重点。自2016年后，在美国接收的难民中，一个显著的变化是，来自委内瑞拉和中美洲国家的难民数量大幅上升。从2015财年到2016财年，委内瑞拉人向美国提交的庇护申请数量增长了168%。美国是接收联合国难民署安置难民人数最多的国家，2017年美国接纳的难民署安置难民人数为2.5万，排名第二的加拿大接收了9000人。②

2. 严控非法移民，削减难民接收数量

美国面临的一个问题是，偷渡进入美国的非法移民数量不断增加，2018年5月与上年同期相比增加160%。为此，特朗普政府进一步采取紧缩政策，加大边境的拦截力度，如在墨西哥边境修建围栏，采取“零容忍”和“骨肉分离”政策。特朗普的这种做法引起美国国内及邻国的反对，也遭到联合国机构的批评。在舆论压力下，“骨肉分离”政策被停止。但未成年非正常移民的安置问题仍未得到解决，而且又面临新的非正常移民浪潮的冲击。到2018年9月，美国在边境逮捕了9万多非法移民家庭，这一数字与

① 国际移民组织：《世界移民报告2018》中文版，全球化智库（CCG）译，https://publications.iom.int/books/world-migration-report-2018-chinese。

② 联合国难民署：*UNHCR Projected Global Resettlement Needs* 2019，http://www.unhcr.org/protection/resettlement/5b28a7df4/projected-global-resettlement-needs-2019.html。

2017 财年的总数持平，2016 财年的这一数字为 7.8 万。[①] 与此同时，特朗普政府继续减少接纳难民的数量。2017 年美国接收难民数量的限定已从 2016 财年的 8.5 万降至 5.4 万[②]，美国还将继续对此进行削减，将 2019 财年的难民接收数量限定为 3 万。如果实施，这一数字将创下 40 年来的历史最低。

3. 退出《移民问题全球契约》，减少国际难民援助

2017 年 12 月，美国宣布退出联合国《移民问题全球契约》的谈判进程，理由是"美国不能认真支持一项有可能破坏美国主权权利的进程，美国有权执行自己的移民法，并保护自己的边界"。美国驻联合国代表表示，美国将继续对世界移民和难民给予支持，但"我们的移民政策必须始终而且仅由美国人决定"。[③] 美国还在 2018 年 1 月宣布，停止对联合国近东巴勒斯坦难民救济和工程处的 6500 万美元援助。自 1949 年建立以来，美国一直是该机构最大的捐资国。特朗普"美国第一"的难民移民政策与欧洲国家的民粹主义势力遥相呼应，无疑会对难民和移民问题的国际多边合作产生消极影响，如增加了国际难民援助和安置的经费负担，使难民重新安置的机会减少，削弱了对《移民问题全球契约》的支持。

（三）其他地区面临的难民和移民问题

2018 年，亚洲、中美洲地区面临的难民移民问题也变得更加突出。尤其是一些国家的难民移民问题与国内党派斗争及域内域外国际关系密切联

---

① Illegal Immigrant Families Exploit 'Catch-and-release' Loopholes, Surge over Border at Record Levels, by Stephen Dinan, *The Washington Times*, Wednesday, September 12, 2018, https://www.washingtontimes.com/news/2018/sep/12/illegal-immigration-soars-families-spot-holes/.

② "Summary of Refugee Admissions as of 30-September-2017," Department of State Bureau of Population, Refugees, and Migration, Office of Admissions-Refugee Processing Center, http://www.wrapsnet.org/admissions-and-arrivals/.

③ "US Quits UN Global Compact on Migration, Says it'll Set its Own Policy," by Faith Karimi, CNN, https://edition.cnn.com/2017/12/03/politics/us-global-compact-migration/index.html.

系，出现扩大化的趋势。

1. 罗兴亚人问题的国际化程度扩大

2018 年，罗兴亚难民问题继续受到国际社会的高度关注，联合国、欧盟、非政府组织都加大了对缅甸政府的压力。2017 年 12 月，在联合国人权理事会缅甸问题特别会议上，联合国人权高专称，缅甸境内所发生的暴力行为可等同于种族灭绝行为。2018 年 1 月，联合国人权高专在其访问孟加拉国的采访报告中说，缅甸政府有系统侵犯罗兴亚人人权的行为，或达到了危害人类罪的程度。2018 年 3 月，联合国人权理事会第 37 届会议通过了一项关于《缅甸人权问题》的决议，中国、菲律宾、古巴、委内瑞拉等国投了反对票。缅甸政府认为，联合国方面的材料缺乏依据，联合国的决议是对缅甸主权的干涉。

2018 年 6 月，联合国难民署和开发计划署两机构与缅甸政府签署了一份谅解备忘录，备忘录允许两机构人员进入缅甸若开邦进行实地考察，以支持难民的自愿返乡。在 6 月 28 日举行的联合国人权理事会第 38 届会议上，人权理事会再次对缅甸政府进行了谴责。一些国家和国际组织提出，缅甸与联合国两机构的备忘录没有涉及罗西亚人返回后的政治权利问题。孟加拉国认为，与缅甸签署的两国难民遣返协议并未得到落实，并对缅甸政府提出了强烈的谴责。联合国人权理事会授权设立的“缅甸独立国际实况调查团”在其 8 月 27 日发布的报告中认定，缅甸军方涉嫌种族灭绝罪、危害人类罪和战争罪。报告建议安理会将缅甸局势提交给国际刑事法院或设立特设国际刑事法庭，并对相关人员进行制裁，对缅甸实施武器禁运。①

安理会于 2018 年 8 月 28 日举行了有关缅甸问题的公开会议，以讨论缅甸局势和可能的后续行动。欧盟则加强了对缅甸的武器禁运，并对缅甸政府

---

① 有关联合国缅甸问题报告见《缅甸独立国际实况调查团的报告》（A/HRC/39/64），联合国人权理事会，2018 年 8 月 27 日；《关于缅甸独立国际实况调查团的详细调查结果的报告》（A/HRC/39/CRP. 2），联合国人权理事会，2018 年 9 月 18 日，https：//www. ohchr. org/CH/HRBodies/HRC/MyanmarFFM/Pages/ReportoftheMyanmarFFM. aspx；《缅甸实况调查团：清算最严重的国际罪》，联合国人权高级专员办事处，2018 年 8 月 29 日，https：//www. ohchr. org/CH/NewsEvents/Pages/MyanmarReport. aspx。

军和警察部门的高级官员采取制裁行动。中国一直反对采取单方面的制裁措施，主张继续推进已签订的协议，包括由缅甸和孟加拉国双方达成的处理罗兴亚难民问题的协议。中国强调，“若开邦的历史、民族和宗教背景都非常复杂”，国际社会应继续为推动孟缅双方通过对话协商妥善解决若开邦问题发挥建设性作用，提供建设性帮助。单方面指责或施压无助于问题的解决。[①]

2. 中南美洲地区的难民移民问题升级

哥伦比亚曾是拉美和加勒比地区最大的难民来源国。2016 年底以来，随着哥伦比亚国内和平谈判的开始，以及委内瑞拉国内政治、经济形势的不稳定，委内瑞拉从一个主要的难民移民接收国转而成为该地区最大的难民移民来源国。2015 年，约有 70 万委内瑞拉人生活在国外，到 2017 年这一数字增加了 160 万。据联合国人道事务协调厅的数据，截至 2018 年 8 月中旬，外流的委内瑞拉人已达 230 万。2018 年 8 月，约有 54 万委内瑞拉人涌入厄瓜多尔，致使该国三个省进入紧急状态。[②] 涌入巴西、秘鲁等国的委内瑞拉难民移民也不断增加，导致这些国家边境地区的局势紧张。巴西政府不得不向边境增派部队以维持稳定，秘鲁政府也采取了边境管控措施。

2018 年 3 月，联合国难民署向各国发布了指导纲要，呼吁各国确保为委内瑞拉人提供需要的国际保护和人道主义援助。难民署指出，“鉴于委内瑞拉的局势，确保难民不会被驱逐或强行遣返回国是至关重要的”。[③] 2018 年 4 月，国际移民组织发布了一项中南美区域行动计划，以支持该地区国家应对委内瑞拉大规模的难民移民潮。同年 9 月，联合国难民署和国际移民组织宣布，任命危地马拉前副总统为委内瑞拉移民与难民区域联合特别代表，

---

① 《中国代表：若开邦问题应由缅孟通过双边渠道妥善处理》，新华网，2018 年 8 月 29 日，http：//www. xinhuanet. com/world/2018 – 08/29/c_ 1123348897. htm。

② 《联合国难民署高级专员与国际移民组织总干事呼吁更多来自国际社会的支持，以应对南美洲国家日益增多的委内瑞拉人涌入现象》，联合国难民署，2018 年 8 月 23 日，http：//www. unhcr. org/cn/11949 – % e8% 81% 94% e5% 9。

③ 《难民署发布新纲要　保护涌入邻国的委内瑞拉国民》，联合国新闻，https：//news. un. org/zh/story/2018/03/1004032。

以协调和支持该地区国家应对委内瑞拉难民移民问题。联合国人权高专办公室则一直关注委内瑞拉境内的人权形势，敦促该国“使用和平手段来表达自己的意见”，停止“不符合国际人权法的做法”。[①]

秘鲁、阿根廷、巴西、哥伦比亚等14个国家组成的利马集团，不承认委内瑞拉的大选结果，不断向马杜罗政府施压，认定委内瑞拉日益严重的人道主义危机、政治危机和难民危机会给周边国家带来影响。美洲国家组织秘书长称要将委内瑞拉上诉至联合国及有关国际组织，甚至进行军事干涉。[②]委内瑞拉政府方面则强调，委内瑞拉的人口迁徙问题属于正常的活动，“有人意图把正常的人口迁移变为一场人道主义危机，以证明国际社会干预委内瑞拉是正当的。”委内瑞拉官方还指出，外国机构提供的关于委内瑞拉的移民数据都来自其他国家，并没有提供委内瑞拉自己的数据，目的是故意抹黑委内瑞拉政府。[③]

委内瑞拉及中南美国家出现的难民移民问题，有着错综复杂的国内国际背景，既有委内瑞拉国内的政治因素，也有该地区域内域外国家的因素，当然也逃脱不了大国的影响，尤其是美国对这一地区的影响。

三　联合国与难民移民问题的治理：进展与困境

（一）推动《移民问题全球契约》的通过

根据2016年联合国关于难民移民问题的《纽约宣言》中的既定步骤，第72届联大的工作重点之一就是在2018年推动会员国就《移民问题全球契约》达成一致。这一进程于2017年4月启动，大会主席、秘书

① 《难民署和人权高专办对委内瑞拉局势发展继续表达关注》，联合国新闻，https：//news. un. org/zh/story/2017/07/27891。

② 《委内瑞拉副总统谴责美洲国家组织秘书长的军事干涉威胁》，新华网，http：//www. xinhuanet. com/world/2018－09/16/c_ 1123437647. htm。

③ 《委内瑞拉称该国移民情况属于正常范围　并非危机》，环球网，http：//world. huanqiu. com/exclusive/2018－09/12923459. html。

长及联合国难民署、国际移民组织等机构都积极投入这一工作。2018 年 1 月，联合国秘书长向联大提交了关于移民问题的报告，为《移民问题全球契约》草案提供了基础性意见。秘书长呼吁“各国政府应开启更多合法移民通道，而不是设置政策障碍”。① 经过讨论和政府间谈判，会员国于 2018 年 7 月就《安全、有序和正常移民的全球契约》（*Global Compact for Safe*, *Orderly and Regular Migration*，简称《移民问题全球契约》）最终文本达成一致。该项文件将于 2018 年 12 月在摩洛哥马拉喀什举行的移民问题政府间会议上通过。在 2018 年 9 月开幕的联合国大会第 73 届会议期间，举行了“通向马拉喀什之路”高级别活动，为 12 月举行的马拉喀什会议造势。

《移民问题全球契约》包括序言、指导原则、合作框架、目标和承诺、实施、后续行动及审核评估等部分。《移民问题全球契约》就实现“安全、有序和正常”的移徙提出 23 个目标，大致涵盖了四个方面的内容。其一，基于准确信息的政策，在移徙的各个阶段，收集、利用、提供准确的信息，以作为政策的基础，确保移民有合法的身份证明。第二，有效、安全、灵活的渠道以及公平的待遇，包括公平的机会、体面的劳工条件、基本的保护与援助等。第三，加强应对跨国偷渡、非法人口贩运，建立协调、安全的边境管理机制。第四，加强移民与社会的凝聚力，为移民和侨民参与可持续发展创造条件。② 联合国方面对这一文件最终文本的达成给予了高度评价，称《移民问题全球契约》为安全、有序、正常的移民提供了一个完整的框架，“有助于改善移民治理，解决与当今移民问题相关的挑战，并加强移民和移民问题对可持续发展的贡献”③。

《移民问题全球契约》是联合国推动下会员国达成的一项成果，体现了

---

① 《联合国秘书长强调移民是积极现象》，新华网，http：//www. xinhuanet. com/world/2018 - 01/12/c_ 1122250120. htm。

② Global Compact for Safe, Orderly and Regular Migration, Intergovernmentally Negotiated and Agreed Outcome, 13 July 2018, https：//refugeesmigrants. un. org/sites/default/files/180713_ agreed_ outcome_ global_ compact_ for_ migration. pdf.

③ “移民问题契约”，https：//refugeesmigrants. un. org/zh/migration - compact。

多数会员国试图更好地解决移民问题的意愿和努力，但这一文件的谈判进程和以后的实施仍然隐含着各种分歧和不确定性。例如在谈判过程中，非法移民问题就是一大分歧，会员国在如何定义和应对非法移民问题上仍然立场不一。一些国家坚持未经合法登记的移民必须遣返回国，而另一些国家、国际组织和非政府组织主张采取更包容的移民政策。此外，对契约的法律效力问题也有截然不同的理解。一种看法是对会员国只能通过一个没有法律效力的契约感到失望，但另一种看法则认为这一契约已妨碍了主权国家的自由。美国、匈牙利等国退出契约的理由正是出于后一种看法。匈牙利政府对“契约没有法律约束力”的真实性存有疑虑，匈牙利外长解释说，“不具约束力的联合国协议可能成为国际法的一部分，各国政府不得不就其实施制定具体的措施”。①

（二）联合国在移民和难民问题上的作用与困境

在成立之初，联合国便将难民和移民问题纳入其工作重点，包括对战后难民的救助和安置工作以及移民与战后经济发展问题。1946 年，联合国大会第一届会议就做出了有关难民问题的决议，将难民移民问题交由经社理事会主要负责。1948 年阿以冲突后，面对大规模的巴勒斯坦难民，联合国大会于 1949 年 12 月通过决议，建立了联合国近东巴勒斯坦难民救济和工程处，巴勒斯坦难民问题也成为历届联合国大会审议的问题。根据 1950 年大会决议建立的联合国难民事务高级专员办事处，在 1954 年和 1981 年两度荣获诺贝尔和平奖，这也是对联合国在难民事务上的作用和贡献的肯定。

冷战时期及冷战结束以来，联合国一直开展对冲突地区难民的救助和安置工作，并致力于推动难民移民问题解决的国际合作，构建起一个包括会员国、区域组织、非政府组织等不同行为体在内的最广泛的全球平台。联合国

① “Hungary Prepares to Pull out of U. N. Migration Pact: Minister,” July 14, 2018, https: //www. reuters. com/article/us - europe - migrants - hungary - un/hungary - prepares - to - pull - out - of - u - n - migration - pact - minister - idUSKBN1K32KD.

助推了一系列关于难民移民问题的国际文件，将难民移民问题推至全球议题的高度。例如“移民与经济发展”是联合国从建立之初就积极推动的一个议题，1948 年大会通过“经济发展与移民”决议，要求经社理事会就这一问题进行讨论。在 2015 年通过的《2030 年可持续发展议程》、《关于难民移民问题的纽约宣言》及《移民问题全球契约》等文件中，都包含了有关移民与经济及可持续发展相互促进的内容。

虽然在促进国际难民移民合作与治理方面联合国具有显而易见的组织优势和实践经验，但如前面提到，在国际难民移民治理方面，会员国之间仍然存在很多矛盾分歧。联合国与会员国、非政府组织等在一些问题上的利益和立场是不一样的，这也导致联合国与一些会员国关系的紧张。例如联合国难民署、开发计划署与缅甸政府签署协议后，一些会员国、非政府组织对秘书长和安理会成员的做法极为不满，批评安理会和秘书长在这一问题上敷衍了事，没有采取坚决的制裁行动。缅甸政府则一再表示，联合国对缅甸罗兴亚人人权问题的决议是对缅甸主权的干预。如前面提到，2018 年匈牙利通过一项被称为《阻止索罗斯》的法案，凡组织非法移民前往匈牙利，或为此类活动提供资金的人将受到处罚。联合国人权高专、人权理事会、难民署等机构纷纷表态，谴责匈牙利“正在煽动针对移民的歧视”，攻击民间社会，呼吁匈牙利废止这一法律。① 匈牙利政府在退出联合国《移民问题全球契约》时明确表示，该契约条款“与匈牙利的利益和维护欧洲安全的意图不一致”。② 此外，诸如以色列取消与联合国难民署达成的有关安置非洲难民的协议，美国取消对联合国巴勒斯坦难民救济机构的援助等，使联合国原本紧缺的难民安置机会和经费雪上加霜。

难民移民问题既是一个需要各国密切合作的问题，又是与各国经济、社

---

① 《难民署敦促匈牙利撤销影响难民和庇护寻求者的法律草案》，联合国新闻，2018 年 5 月 29 日，https：//news. un. org/zh/story/2018/05/1009761。

② “Hungary Prepares to Pull out of U. N. Migration Pact：Minister,” July 14，2018，https：//www. reuters. com/article/us－europe－migrants－hungary－un/hungary－prepares－to－pull－out－of－u－n－migration－pact－minister－idUSKBN1K32KD.

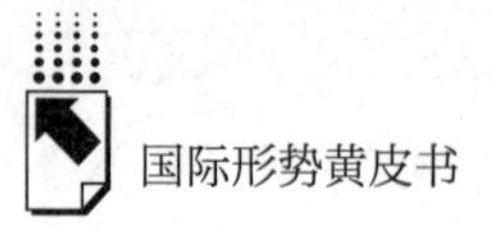

会、安全利益密切相关的问题，这使联合国在这一领域既有不可或缺的重要作用，同时又面临难以作为的困境。

四　中国与难民和移民问题

（一）难民和移民问题与中国的关联日益密切

第一，中国已成为世界主要国际移民大国之一。根据《世界移民报告2018》的数据，2015 年中国是全球第四大移民来源国，排在印度、墨西哥、俄罗斯之后，有超过 900 万的中国移民居住在其他国家和地区。2005 年以来，中国一直是全球数一数二的侨汇汇入国，且在 2015 年一跃为排在美国、沙特、瑞士之后的世界第四大侨汇汇出国（见表 2）。

表 2　2000～2015 年侨汇汇入与汇出排前列的国家

单位：亿美元

侨汇汇入金额排前列的国家							
2000 年		2005 年		2010 年		2015 年	
印度	128.4	中国	128.4	印度	534.8	印度	689.1
法国	86.1	墨西哥	86.1	中国	524.6	中国	639.4
墨西哥	75.2	印度	75.2	墨西哥	220.8	菲律宾	284.8
菲律宾	69.6	尼日利亚	69.6	菲律宾	205.6	墨西哥	262.3
韩国	48.6	法国	48.6	法国	199.0	法国	233.5
侨汇汇出金额排前列的国家							
2000 年		2005 年		2010 年		2015 年	
美国	343.0	美国	472.5	美国	507.8	美国	613.8
沙特	154.0	沙特	143.2	沙特	270.7	沙特	387.9
德国	90.4	德国	127.1	俄罗斯	214.5	瑞士	243.8
瑞士	75.9	瑞士	99.9	瑞士	168.8	中国	204.2
法国	37.7	英国	96.4	德国	146.8	俄罗斯	197.0

资料来源：国际移民组织，《世界移民报告 2018》中文版，全球化智库（CCG）译，https：//publications. iom. int/books/world - migration - report - 2018 - chinese。

第二，中国出入境总人数仍呈逐年上升之趋势。据国家移民管理局统计，2018 年上半年中国的出入境证件签发量和出入境总人次均同比上升（见表3）。

表 3　2018 年上半年中国出入境情况

出入境项目	2018 上半年	同比增长
出入境证件签发量	7856.4 万件次	18.2%
出入境总数	3.1 亿人次	7.7%
外国人签证数量	110 万件次	3.5%
外国人在华永久居留人数	2409 人	109.0%

资料来源：国家移民管理局网站，http：//www.mps.gov.cn/n2254996/n2254999/c6181114/content.html。

2018 年中国出境人数最多的 10 个国家和地区是：中国香港、中国澳门、泰国、日本、越南、韩国、美国、中国台湾、缅甸、新加坡。入境外国人（不含外国边民）来源最多的 10 个国家是：韩国、缅甸、日本、美国、俄罗斯、蒙古、菲律宾、马来西亚、越南、新加坡。①

第三，对难民和移民问题的重视程度明显提升。自 2015 年欧洲难民危机发生以来，中国国内对难民和移民问题的关注度不断提升。难民、移民问题成为学术研究和智库研究的一大热点问题，机构建设层面也有了新的发展。2018 年 4 月中国国家移民管理局挂牌成立，主要职责包括：协调、拟定并组织实施移民政策，负责出入境及边民的管理。有关外国人居留、难民、国籍、非法入境、非法移民遣返以及国际移民合作等事务，也都归属国家移民管理局管辖范围。② 国家移民管理局的组建体现了中国对难民移民问题的重视。

① 国家移民管理局：《2018 年上半年全国出入境证件签发量和人员出入境量同比稳步增长，出入境证件签发量达 7856.4 万件次 出入境人员总数达 3.1 亿人次》，2018 年 7 月 23 日，http：//www.mps.gov.cn/n2254996/n2254999/c6181114/content.html。

② 国家移民管理局："组织机构"，http：//www.mps.gov.cn/n2254996/n2254997/index.html。

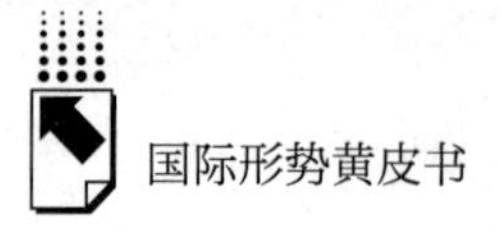

（二）中国参与难民和移民问题的国际合作与治理

从2018年难民移民局势看，中国面临更加错综复杂的国际难民移民形势。在难民移民问题上，如其他国家一样，中国既有参与国际多边合作的必要，又面临诸多挑战与困境。

自2015年欧洲难民危机以来，中国更多参与难民移民问题的国际合作与治理，对国际难民和移民问题的解决给予力所能及的支持。在2018年发布的《第73届联合国大会中方立场文件》中，中国表示“愿同各方一道，继续为国际难民保护事业贡献力量”，“愿同各国一道，继续推动改善移民领域全球治理”。[①] 2017～2018年，中国继续向国际难民提供援助。例如，中国陆续为津巴布韦的难民营提供粮食等物资援助，向阿富汗难民遣返部门提供培训名额，为喀布尔难民营提供生活和学习用品，向中非共和国提供紧急食品援助。2018年8月，中国向联合国近东巴勒斯坦难民救济和工程处追加捐款235万美元，表示愿与该机构一道为巴勒斯坦难民和经济社会发展提供帮助。

2018年中国面临的难民外交形势相对复杂。缅甸难民问题不断被提到联合国人权高专、人权理事会和安理会，一些国家推动联合国对缅甸采取制裁措施，中国则不赞成通过制裁措施来解决难民问题。在缅甸问题上，中国显然面临一个与联合国、缅甸、孟加拉国、欧盟等不同立场国家和集团相处的外交难题。2018年10月，中国在联合国难民会议上阐述了三点主张，包括坚持多边框架下的应对及发挥联合国的主渠道作用，坚持“标本兼治，综合施策”，以及秉持客观中立的原则，避免干涉内政。[②] 但从缅甸、委内瑞拉、匈牙利三国情况看，在难民移民问题上，联合国的多边解决框架会被置于主权、国家利益、国家安全的对立面。缅甸指责联合

① 《第73届联合国大会中方立场文件》，外交部，2018年8月30日，https：//www. fmprc. gov. cn/web/wjbxw_ 673019/t1588923. shtml。

② 《中国代表在联合国难民会议上阐述难民问题的三点主张》，https：//news. china. com/internationalgd/10000166/20181003/34072060. html。

国干涉其内政，匈牙利和美国认定联合国多边框架构成对其主权的限制和对国家安全的危害，中国在难民移民问题上也同样会面临这种两难困境。

五　前景与建议

从国际和地区形势看，难民和移民问题仍将是2019年国际社会关注的一个热点，一些国家和地区的难民移民形势有继续恶化的可能。

第一，难民及其他各种类型的移徙者数量仍会保持在一个较高的水平。叙利亚等主要难民来源地的安全形势尚未稳定，缅甸、委内瑞拉等国难民移民的外流问题还没有得到解决。在全球范围，出于各种原因的移徙仍将源源不断。再有，积压的大量寻求庇护者，以及有待甄别、重新安置和遣返的国际移徙人口，在短期内还无法得到吸收。

第二，联合国应对难民移民问题的负担加重，面临更大的单边主义挑战。难民署预计2018年需获得资金82亿美元，截至2018年10月，所获得的资金占所需资金的55%，比2017年的56.6%、2016年的58%均有下降。难民署认为，世界被迫流离失所人口在增加，但所需的资金捐助日益减少。[①] 再有，联合国面临的难民重新安置需求也在增加，而安置能力仍然明显不足，安置率出现大幅下降。根据难民署的预测报告，2019年预计需要安置的人数为143万，联合国计划提交10.2万人的安置申请，其安置能力为4.8万人。[②] 难民署呼吁会员国为难民的重新安置提供更多机会，《移民问题全球契约》也将第三国安置作为综合解决难民问题的重要途径之一。但民粹主义、单边主义的势头仍未减退，对联合国及多边国际合作构成挑战。

---

① 《联合国难民署：援助资金不足使全球难民处境更加艰难》，联合国新闻，https://news.un.org/zh/story/2018/10/1020132。

② 联合国难民署：*UNHCR Projected Global Resettlement Needs* 2019，http://www.unhcr.org/protection/resettlement/5b28a7df4/projected-global-resettlement-needs-2019.html。

第三，中国在国际难民移民领域既有发挥作用、改善局面的空间，也面临一些棘手的问题。中国周边国家的难民移民局势日益复杂，缅甸、孟加拉国、韩国、朝鲜等都有难民问题卷入。2018 年，从非洲、中东国家进入韩国济州岛申请庇护的人数较往年成倍增长，激起韩国国内的反难民情绪，韩国政府也不得不采取控制措施。委内瑞拉等中南美国家的难民移民形势严峻，这类问题会继续被提到联合国人权理事会、安理会等国际机构，成为与中国相关的外交问题。此外，《移民问题全球契约》通过后的相关问题也将是未来中国难民移民外交需要考虑的。

在人道主义援助、发展、和平与安全及司法这四个与国际难民和移民问题相关的领域，中国发挥作用的空间较大。

第一，人道主义援助。继续与联合国、国际组织、有关国家开展合作，为难民的紧急救助、遣返、安置提供相关的人道主义援助，尤其是为难民负担沉重的不发达国家提供支持。

第二，经济与发展领域。经济和发展问题与难民、移民问题均有关联，经济与移民、难民与妇女、难民与儿童等，都曾被列入联合国难民移民问题的相关议程。中国可加强在这些领域的国际合作，包括通过“一带一路”框架下的发展合作，促进难民移民问题的妥善解决。在智库方面，应加强移民与经济和发展问题的研究，为移民与经济、移民与可持续发展议题贡献中国的理念和经验。

第三，和平与安全领域。难民问题也是一个与安全相关的问题，既关系难民、移民流动中的人身安全及保护问题，也关系有关国家和地区的安全与稳定。因此，联合国维持和平、建设和平任务授权中也涉及与难民救助、遣返、安置相关的内容。中国可继续在这一领域发挥建设性的作用，例如可尝试与联合国及其他国际组织合作，建立中立的“难民人道主义支助使团”，协助冲突中和冲突后国家对境内流离失所者及难民进行救助、遣返、安置等方面的工作，或在大规模移徙发生时，与有关国家开展边境地区的治安管理及紧急人道主义救助。

第四，司法领域。在中国与一些国家和区域组织的合作中，已经包括了相关的内容。比如在中国与非洲国家、东盟国家、欧洲国家签署的合作文件中，都涉及在海关、移民、打击人口贩运等方面的内容，新组建的国家移民管理局也与联合国等国际组织开展了交流。在司法领域，中国就难民移民问题开展国际合作的空间仍然很大。

参考文献

《第 73 届联合国大会中方立场文件》，外交部，2018 年 8 月 30 日，https：//www.fmprc. gov. cn/web/wjbxw_ 673019/t1588923. shtml。

《关于缅甸独立国际实况调查团的详细调查结果的报告》（A/HRC/39/CRP. 2），联合国人权理事会，2018 年 9 月 18 日，https：//www. ohchr. org/CH/HRBodies/HRC/MyanmarFFM/Pages。

国际移民组织：《世界移民报告 2018》中文版，全球化智库（CCG）译，https：//publications. iom. int/books/world – migration – report – 2018 – chinese。

国家移民管理局：《2018 年上半年全国出入境证件签发量和人员出入境量同比稳步增长　出入境证件签发量达 7856. 4 万件次　出入境人员总数达 3. 1 亿人次》，2018 年 7 月 23 日，http：//www. mps. gov. cn/n2254996/n2254999/c6181114/content. html。

联合国难民署：*Global Trends Forced Displacement in* 2017，http：//www. unhcr. org/statistic。

联合国难民署：*UNHCR Projected Global Resettlement Needs* 2019，http：//www. unhcr. org/protection/resettlement/5b28a7df4/projected – global – resettlement – needs – 2019. html。

《缅甸独立国际实况调查团的报告》（A/HRC/39/64），联合国人权理事会，2018 年 8 月 27 日，https：//www. ohchr. org/CH/HRBodies/HRC/MyanmarFFM/Pages。

王辉耀、苗绿主编《国际人才蓝皮书：中国国际移民报告（2018）》，社会科学文献出版社，2018。

Global Compact for Safe，Orderly and Regular Migration，Intergovernmentally Negotiated and Agreed Outcome，13 July 2018，https：//refugeesmigrants. un. org/sites/default/.

"Text of the European Union Migration Deal，" https：//edition. cnn. com/2018/06/29/europe/eu – migration – deal – text – intl/index. html.

Y.11
全球能源政治（2017 ~2018）

薛 力*

摘 要： 2017 ~2018 年度，世界能源政治呈现的主要特点是：受产油国的限产政策、全球经济复苏、特朗普“烽火外交”等多重因素的影响，国际油价大幅上涨。在欧洲，俄罗斯是一大赢家。在亚洲，能源热点依然在西亚。在美洲，马杜罗赢得了新一届总统大选，但面临的内政外交挑战依然严峻。在非洲，乱局依然，一些冲突国家虽然签署了和平协议，但效果有待观察。在核电方面，表现为“温和发展、亚洲为主、大国坚持使用核电”。未来一年，上述热点大部分将继续，小部分可望好转，而油价的波动范围为65 ~85 美元/桶。

关键词： 能源形势 产油国 油价 核电

国际油价在 2017 年进入新一轮上升周期，西得克萨斯轻质油（WTI）期货价从 2017 年 6 月 23 日的 43. 01 美元/桶起步，接连越过 50 美元、60 美元与 70 美元三个大关，2018 年 7 月 3 日冲到 74. 14 美元，随后稍稍回落，但仍维持在 66. 81 美元以上。[①] 这似乎印证了 BP 公司首席执行官戴德立 6

---

* 薛力，中国社会科学院世界经济与政治研究所研究员，国际战略研究室主任，主要研究领域为国际战略、中国外交、能源政治，近期关注的重点是南海问题及“一带一路”倡议。

① Cushing, OK Crude Oil Future Contract 1 （Dollars per Barrel）, https: //www. eia. gov/dnav/pet/hist/RCLC1D. htm.

月的说辞：油价近期的强劲增长势头很难持续。[①]

这一轮油价上涨的主要原因有：①产油国的限产政策。2016 年底开始的石油限产，俄罗斯等 11 个非欧佩克产油国与欧佩克国家采取协同行动，而且在 2017 年底决定将限产时间延长到 2018 年底。这一措施对国际油价的提升作用已经被公认。[②] ②全球经济复苏。2017 年全球主要经济体均实现了经济增长，这是 2008 年金融危机以来的首次。全球一次能源消费量则增长了 2.2%，[③] 其中石油消费增长 1.8%，折合 170 万桶/天。[④] 这一趋势很可能继续。国际货币基金组织认为 2018 年与 2019 年全球经济增长率会更高。全球经济增长导致全球石油消费与油价的上涨乃常识。以至于 2018 年 6 月参与限产的国家决定增加 100 万桶/日的产量，也没能阻止油价上涨的势头。[⑤] ③特朗普到处点火的“烽火外交”增加了国际关系的不确定性，特别是美国与伊朗、墨西哥、委内瑞拉、俄罗斯等国的紧张关系，导致市场担忧这些产油国的产量或者出口量将下降，从而推升油价。

一　欧洲：欧盟经济复苏，俄罗斯能源外交得大于失

2017 年欧盟与欧元区经济增长率为 2.5%，[⑥] 超过了美国的 2.3%。经济增长带来欧洲油气消费增加：石油消费增长 1.9%，天然气消费增长 5.5%，[⑦] 煤炭消费量增长 0.7%。[⑧] 作为油气净进口地区，欧盟从最大天然

---

① 英国石油公司：《BP 世界能源统计年鉴 2018》，首席执行官致辞，第 1 页，https://www.bp.com/zh_cn/china/reports。

② 赵怡蓁：《石油输出国组织决定：将原油限产延长一年》，环球网，http://finance.huanqiu.com/gjcx/2017-12/11416093.html。

③ 英国石油公司：《BP 世界能源统计年鉴 2018》，第 3 页。

④ 英国石油公司：《BP 世界能源统计年鉴 2018》，第 15 页。

⑤《欧佩克就小幅增产石油达成协议国际油价却迎大涨》，新浪网，http://mil.news.sina.com.cn/2018-06-25/doc-iheirxyf3350282.shtml。

⑥《2017 年欧洲经济增速超过美国》，http://www.mofcom.gov.cn/article/i/jyjl/m/201802/20180202711193.shtml。

⑦ 英国石油公司：《BP 世界能源统计年鉴 2018》，第 29 页。

⑧ 英国石油公司：《BP 世界能源统计年鉴 2018》，第 39 页。

气进口来源国俄罗斯进口的管道天然气数量，从2016年的1661亿立方米增加到2017年的1893亿立方米，[①] 但原油进口量从2016年的1.77亿吨减少到2017年的1.70亿吨，而从美国进口的石油则从400万吨增加到1000万吨。[②] 这显示欧盟一方面想减少对俄罗斯的油气依赖，另一方面俄罗斯的管道天然气具有竞争优势，欧盟难以大幅度增加液化天然气的使用量。虽然欧盟已经把卡塔尔、尼日利亚、阿尔及利亚等列为主要液化天然气来源国，但液化天然气只占欧盟进口天然气的14%。[③] 美国原油与液化天然气价格较高，对欧洲吸引力不足。因此，在可以预见的未来，欧盟难以大幅度降低对俄罗斯石油与天然气的需求。

2017年俄罗斯经济摆脱衰退，增长率为1.5%。由于受到限产协议的限制，石油产量下降了0.1%，但不受配额限制的天然气产量增长了8.2%，创2007年以来的新高。[④] 就油气出口市场而言，俄罗斯很清楚欧盟的不可替代性。因此，一方面致力于修建绕开乌克兰的北溪-2号天然气管线，并利用特朗普导致的美欧矛盾来推进管线修建进程；另一方面，2018年8月，俄罗斯与欧盟解决了长达7年的反垄断纠纷，并避免了罚款。[⑤] 俄罗斯天然气工业股份有限公司（Gasprom）做出了一些让步，如取消对中东欧国家的限制条款，把天然气与油价脱钩，允许用户向别国转售天然气。[⑥] 从稳定市场、分化欧美的角度看，这些让步是值得的。

当然，对俄罗斯来说，也存在能源出口进一步多元化的问题，政治

---

① 英国石油公司：《BP世界能源统计年鉴2018》，第34页；英国石油公司：《BP世界能源统计年鉴2017》，第34页。

② 英国石油公司：《BP世界能源统计年鉴2018》，第24页；英国石油公司：《BP世界能源统计年鉴2017》，第24页。

③ 《欧委会：2017年欧盟液化天然气进口量增加12%》，俄罗斯卫星通讯社，http://sputniknews.cn/economics/201803281025019067/。

④ 英国石油公司：《BP世界能源统计年鉴2018》，第14页、第28页。

⑤ 《欧盟俄气"和解"收场反垄断调查未开巨额罚单》，中国石油新闻中心，http://news.cnpc.com.cn/system/2018/05/28/001691957.shtml。

⑥ 《欧盟俄气"和解"收场反垄断调查未开巨额罚单》，中国石油新闻中心，http://news.cnpc.com.cn/system/2018/05/28/001691957.shtml。

关系良好、能源需求迅速增加的中国是首选对象。双方过去几年的相关合作明显增加，过去一年的主要进展是：位于北极圈的亚马尔液化天然气项目正式投产，这是全球最大的北极液化天然气项目，集勘探、开发、液化、运输、销售于一体。但俄罗斯也清楚东方油气市场短期内难以媲美欧洲市场，以出口中国的管道天然气为例，2017 年为 317 亿立方米，与出口欧洲的 1893 亿立方米相距甚远。2017 年中国天然气的消费量为 2067 亿立方米，还不到欧洲的一半。[①] 即使未来消费量超过了欧洲，中国也会讲求油气来源的多元化，未必会把一半以上的进口天然气份额交给俄罗斯。

作为欧洲能源政治的一大热点，乌克兰经济 2017 年实现了 2.1% 的增长，从 2017 年 6 月 11 日开始，乌克兰人短期赴欧盟可享受免签证待遇。乌克兰东部冲突虽没停止，但没有发生大规模战事。但在 2017 年底，美国同意提供反坦克导弹等武器以强化乌克兰政府军的战斗力，这表明交战双方都违反了新明斯克协议。依据协议，双方都不得使用空袭、坦克与重型武器。在能源方面，乌克兰继续坚持从欧盟进口天然气，尽管这个价格高于从俄罗斯进口的管道天然气。乌克兰还考虑从北欧进口管道天然气，同时反对俄罗斯修建北溪－2 号天然气管线。[②]

波兰是中东欧大国，2017 年经济增长率达 4.6%，石油与天然气消费量分别增长 8.7% 与 5.1%，[③] 波兰的管道天然气绝大部分来自俄罗斯，但由于历史恩怨等因素，波兰已经表示 2022 年合同到期后将不再从俄罗斯进口。为此，除了美国与卡塔尔的液化天然气外，波兰还计划通过管道从挪威进口天然气。[④]

---

① 英国石油公司：《BP 世界能源统计年鉴 2018》，第 31 页。

② 《为争一口气乌克兰要从北欧进口天然气》，新华网，http：//www.xinhuanet.com/world/2017－06/14/c_129631747.htm。

③ 英国石油公司：《BP 世界能源统计年鉴 2018》，第 15 页、第 29 页。

④ 《为争一口气乌克兰要从北欧进口天然气》，新华网，http：//www.xinhuanet.com/world/2017－06/14/c_129631747.htm。

二 亚洲：热点依然在西亚

亚洲能源产销整体上表现为“东入西出”，中国、日本、韩国、印度都是能源消费与进口大国，而西亚是世界上主要的油气供应地区之一。政治局势则表现为“西亚乱、其余稳”的特点。就能源政治而言，热点也多出现在西亚。随着“伊斯兰国”（ISIS）势力的溃败，叙利亚的石油产量企稳。也门的石油产量2017年实现了21.8%的增长，而且在安全形势没有好转的情况下，扭转了2008年以来持续下降的势头。[①] 伊拉克石油产量继续保持2008年以来逐年增加的势头，可能会超过伊朗，伊朗则无疑是一个能源政治的热点国家。

叙利亚的“伊斯兰国”主要据点在2017年11月已经被全部拔除。[②] 现在，叙利亚的主要势力是俄罗斯与伊朗支持的阿萨德政府与欧美支持的反政府武装。叙利亚政府已经控制全国70%以上的地区，并致力于击溃反政府武装。但欧美则以加大对反政府武装的支持来回应。[③] 目前的形势对叙利亚政府有利，因此，叙利亚有望从2018年起提升油气产量。

2017年以来，也门各派冲突加剧。2017年5月，被总统哈迪解职的亚丁省省长祖贝迪联系30个部落与军队领导人组成南过渡委员会并向政府军进攻。在阿联酋支持下，这一派于2018年1月底占领了临时首都亚丁。2017年12月前总统萨利赫在首都萨那郊外被胡塞武装打死。这样的形势下，也门2017年能实现产油量大幅度增长，甚为难得。这一势头2018年可能会继续，一大原因是，多国联军与政府军协同作战，在2018年6月占领荷台达机场，并尝试控制荷台达港。这是也门大部分食品进出口口岸。

---

① 英国石油公司：《BP世界能源统计年鉴2018》，第14页。

② 朱敏：《专家：“伊斯兰国”主要据点被剿灭但该组织未被消灭》，央广网，http://china.cnr.cn/yaowen/20171123/t20171123_524036241.shtml。

③ 李潇等：《叙利亚最后决战即将打响》，《环球时报》2018年9月1日，第8版。

现在的伊拉克，在政府治理、社会治安方面依然存在一些问题。[①] 但也必须承认，自 2004 年以来，伊拉克的经济发展较快，人均 GDP 从 2004 年的 1391 美元增加到 2017 年的 5165 美元。[②] 2017 年伊拉克的油气产量继续提升，其中原油产量是 2007 年的两倍多，达到 452 万桶/日。依照目前的势头，超过伊朗的产量 498 万桶/日并非难事。[③] 考虑到特朗普政府制裁措施对伊朗的影响，伊拉克石油产量或在 2018 年就超过伊朗。

伊朗的天然气产量 2008 年以来持续增长，[④] 石油产量则延续 2015 年以来的升势，达到 498 万桶/日。但是，特朗普以“伊朗依然在发展导弹”为由，于 2018 年 5 月宣布退出《伊核问题全面协议》，并威胁对 11 月 4 日之后继续从伊朗进口石油的国家与公司进行制裁。这意味着伊朗的外交形势发生了重大变化。虽然伊核问题涉及的其他五个国家反对美国的做法，但大部分国际石油公司在美国都有大量的生意，为了避免被制裁，还是决定撤出伊朗，如 2017 年才重返伊朗的道达尔在 2018 年 9 月宣布撤出伊朗项目。[⑤] 伊朗对美国做法的回应是，表示要重启铀浓缩，[⑥] 并从俄罗斯取回第一批寄存的浓缩铀。[⑦]《伊核问题全面协议》是否能续存，很大程度上将取决于（美国以外）“伊核五国”的应对。五国为伊朗制定专门的贸易结算机制以绕开美国的制裁，这正是五国为此而做出的尝试。[⑧] 如果能实现，将证明美国无力一意孤行实行单边主义。

---

① 《伊拉克安全局势恶化各方呼吁保持克制》，中国军网，http：//www. 81. cn/jfjbmap/content/2018－09/10/content_ 215524. htm。

② GDP per Capita （current US $） | Data，https：//data. worldbank. org/indicator/NY. GDP. PCAP. CD? locations = IQ.

③ 英国石油公司：《BP 世界能源统计年鉴 2018》，第 14 页、第 28 页。

④ 英国石油公司：《BP 世界能源统计年鉴 2018》，第 28 页。

⑤ 《道达尔扛不住撤出伊朗！中石油接盘世界最大气田?》，http：//gold. cngold. com. cn/20180822d1715n293837888. html。

⑥ 《伊朗宣布重启铀浓缩：强硬派开始占上风对外施压》，网易新闻，http：//news. 163. com/18/0606/01/DJJ33SU200018AOP. html。

⑦ 程彤：《专家：伊朗取回浓缩铀或触发中东危机全面爆发》，环球网，http：//mil. huanqiu. com/world/2018－08/12742682. html。

⑧ 《欧盟拟联手中俄为伊朗设立结算机制》，FT 中文网，http：//www. ftchinese. com/story/001079569。

三　美洲：特朗普“捣乱”，多国品“苦果”

特朗普的外交原则是“算细账、谋实惠”，这本来无可厚非，但操作上“多领域、多地区同时推进并大力施压”的“烽火外交”做法，促使许多国家从政治、经济等方面对美国采取反制措施，典型表现在贸易领域。这给全球经济格局带来了冲击。

就美洲而言，特朗普的外交政策导致美国与南北两个邻国的矛盾上升，但经过谈判，美国与墨西哥在2018年8月27日就北美自贸协定达成共识，美国与加拿大9月30日签署了新的自由贸易区协定。至此，美加墨自贸区（USMCA）替代北美自贸区（NAFTA）几成定局。特朗普上任以来与两个邻国的争端未明显影响能源贸易领域，且美国与加拿大的油气产量都在增加，但墨西哥的油气产量在持续下降，[①] 且新总统上任可能对能源改革进程产生影响。作为南美第一大国的巴西，政治局势趋于稳定，油气产量增长。委内瑞拉则继续其“总统忙碌、通货膨胀、民众挨饿”的国家形象。与其他南北美洲国家相比，这三个国家的能源政治更有展示的必要。

（一）墨西哥：能源改革进入深水区，新总统重心转移

与美国、加拿大石油产量持续稳定增长相反，墨西哥的石油产量2017年继续下行，降幅达9.4%，222.4万桶的日产量已经不足加拿大产量（483.1万桶）的一半。天然气产量也连年下降。[②] 这说明从2014年开始的能源改革成效，依然没在油气产量上得到体现。能源改革的核心是：通过修改宪法、制定配套法律、调整相应的政府机构设置，在石油、天然气、电力生产领域引入私营资本与国际资本，打破墨西哥国家石油公司、墨西哥电力公司的垄断与低效。值得一提的是，在油气勘探方面，2017年7月几家公

---

① 英国石油公司：《BP世界能源统计年鉴2018》，第14页、第28页。

② 英国石油公司：《BP世界能源统计年鉴2018》，第28页。

司在墨西哥湾南部浅滩发现了大型油田。[①]

利比亚、伊拉克等国家在战后大幅度提升产量也不需要四年时间，而墨西哥的能源改革历经四年依然没有在产量上显示成效，这似乎昭示：制度改革比战后重建更为困难。问题是，改革需要损害许多人的利益，包括工人团体。因此，来自右翼的培尼亚总统未能完成的改革，2018 年 7 月 1 日上任的左翼总统奥夫拉多尔不大可能以更大的力度推进。他很可能把重心放在应对“特朗普挑战”，如修建边境墙、重新谈判北美自由贸易协定、限制墨西哥移民，以及内部挑战，如反毒、改善社会治安等方面。本次大选有 133 位候选人被杀，揭示毒品与社会治安这两个墨西哥社会的顽疾亟须加大治理力度，左派总统奥夫拉多尔也有责任采取相应措施。因此，能源改革进程很可能后延。

（二）委内瑞拉：高通胀中马杜罗开始第二任期

2017 年委内瑞拉经济增长率（以平均购买力平价计算的真实 GDP）为 -8.0%，[②] 石油产量 BP 统计数据为下降 11.6%，[③]，而欧佩克数据则为下降 14.2%。[④] 2018 年 4 月委内瑞拉的通货膨胀率达到 13779%。[⑤] 5 月 20 日马杜罗赢得大选，[⑥] 24 日宣誓就职，开始为期六年的第二任期。这些数据结合在一起，说明了一些有趣的事情：经济形势并非影响投票的决定因素，经济负增长、高通胀情况下投票选民仍然选择马杜罗。马杜罗并不像欧美国家批评的那样脆弱，上一次大选他以 1.59 个百分点的优势险胜对手，[⑦] 这一

---

① 《墨西哥湾浅海发现大量原油可开采储量大增》，中国石油新闻中心，http：//news.cnpc.com.cn/system/2017/07/13/001653577.shtml。

② OPEC，*Annual Statistical Bulletin 2017*，table2.3.

③ 英国石油公司：《BP 世界能源统计年鉴 2018》，第 14 页。

④ OPEC，*Annual Statistical Bulletin 2017*，table3.6.

⑤ 《膨胀率 13779%！委内瑞拉成全球年通货膨胀率最高国家》，新浪网，http：//finance.sina.com.cn/world/gjcj/2018-05-08/doc-ihacuuvv1766666.shtml。

⑥ 《简讯：马杜罗成功连任委内瑞拉总统》，新华网，http：//www.xinhuanet.com/world/2018-05/21/c_1122863128.htm。

⑦ 《马杜罗赢得大选　委内瑞拉将延续“查韦斯之路”》，环球网，http：//world.huanqiu.com/regions/2013-04/3833369.html。

次则是大胜。委内瑞拉的经济形势确实不妙，这引发了人们对“什么叫经济崩溃”的思考。恶性通货膨胀未必会导致政府下台，这一点已经被津巴布韦证明，现在也被委内瑞拉再次证明。马杜罗仍然在采取措施，8 月 17 日宣布将大幅度提高工资，把数字加密货币“石油币”作为官方货币。[①]

由于有军队、宪法法院、国家选举委员会、情报机构与相当部分民众的支持，加上油价上涨带来的财政收入增加，马杜罗短期内失去权力的可能性不大。但他面临的压力依然不小，除了通货膨胀、社会治安不佳、石油产量下降、与美国关系冲突等老问题外，来自周边国家的压力也在增加，如由阿根廷、巴西、加拿大、智利等美洲 14 国组成的“利马集团”不承认大选结果，[②] 6 月初美洲国家组织通过决议拒绝承认选举结果。[③]

比较有意思的一点是：委内瑞拉与美国之间虽然口水战非常激烈，有时候还互相采取一些制裁措施，但美国一直是委内瑞拉石油的主要出口国之一，美国从来没有下决心停止从委内瑞拉进口石油，哪怕是美国石油公司被查韦斯国有化之后。作为世界最大产油国，美国有能力补上从委内瑞拉进口的每天 70 万桶原油。[④] 所谓“担心引发人道主义灾难”也说服力不足。

（三）巴西：政局趋稳、油气增产

经过两年的负增长后，巴西经济 2017 年实现了 1% 的增长。[⑤] 同时，石油产量也在增长，[⑥] 连续第二年为拉美最大产油国，天然气产量则增长了

---

① 《委内瑞拉总统马杜罗：把最低工资上调至少 3000%》，凤凰网，http://finance.ifeng.com/a/20180819/16458308_0.shtml。

② 《不认委内瑞拉选举结果　美洲 14 国要召回大使》，搜狐网，http://www.sohu.com/a/232546183_116237。

③ 《美洲国家组织拒绝承认委内瑞拉大选结果》，《欧洲时报》，http://www.oushinet.com/international/guojinews/20180607/293190.html。

④ 《美国制裁马杜罗　马杜罗：这反映了美国的绝望》，凤凰资讯，http://news.ifeng.com/a/20170801/51543137_0.shtml。

⑤ 张启畅：《多家机构数据显示去年巴西经济获得增长》，新浪新闻，http://news.sina.com.cn/w/2018-02-28/doc-ifyrzinh0360293.shtml。

⑥ 英国石油公司：《BP 世界能源统计年鉴 2018》，第 14 页。

12.4%。[①] 现任总统特梅尔2017年8月初在众议院躲过弹劾后，巴西政局相对趋稳。影响10月大选的一大因素是前总统卢拉。2017年法院判处他犯有贪腐与洗钱罪，2018年4月5日巴西最高法院同意对卢拉实施监禁，7日他自愿入狱服刑，但坚持自己无罪。劳工党则坚持把他注册为总统候选人。由于他在民调中的支持率高于其他候选人，因此一旦参选很可能获胜。但高等选举法院8月31日做出裁决，如果被判贪腐罪名成立，卢拉就不能参加10月总统大选。而他的律师则表示要上诉到最高法院。[②] 事实上，劳工党最后推出的总统候选人为圣保罗市前市长费尔南多·阿达，并在10月大选中败给了有“巴西特朗普”之称的社会自由党候选人雅伊尔·博尔索纳罗，巴西政治实现了“右转”。[③]

大规模的反腐调查严重影响了巴西国家石油公司的经营活动，大型炼油项目康培杰（Comperj）被迫停工，一些下游项目的出售无法进行。在改善公司经营业绩上受到投资人认可的首席执行官帕伦特在卡车司机罢工压力下于2018年6月初辞职，此举导致公司股价暴跌20%。[④] 巴西油气产量的增长主要来自深海油田，而来自国际石油公司特别是中国公司的投资，则成为巴西石油公司摆脱颓势的有力推手：中石油与中海油两家于2013年参与开发利布拉深海油田项目，中石油2014年全资收购了巴西能源秘鲁公司并参与多项巴西石油管线建设。里贝拉区块2017年11月投产，这是全球规模最大的海上油田之一，拥有高达120亿桶的可开采原油储量，中石油和中海油占两成权益。[⑤]

---

① 英国石油公司：《BP世界能源统计年鉴2018》，第28页。

② 《巴西高等选举法院裁定卢拉不能参加今年大选》，中新网，http：//www.chinanews.com/gj/2018/09－01/8616119.shtml。

③ 《巴西总统选举结果揭晓　博尔索纳罗当选新总统》，中新网，https：www.Chinanews.com/tp/hd2011/2018/10－29/848376.shtml。

④ 《巴西石油CEO辞职燃油定价政策引争议》，新华网，http：//www.xinhuanet.com/2018－06/04/c_1122930995.htm。

⑤ 陆如泉：《巴西海上油田招标：石油界“最后的盛宴”?》，《中国能源报》2017年11月13日，第4版。

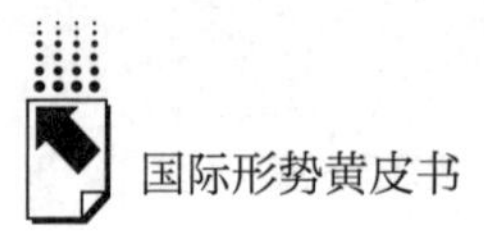

四 非洲：经济脆弱复苏，安全谨慎乐观

2017 年非洲经济实现了脆弱复苏，石油产量也扭转了 2013 年以来的下降趋势，实现了 5.0% 的增长。本报告以利比亚、尼日利亚和南苏丹三国为例。非洲第一产油国尼日利亚石油增量超过了第二、第三产油国安哥拉、阿尔及利亚减少的产量之和。引人注目的是利比亚石油产量增长 103%，跃升为非洲第四大产油国，南苏丹的石油产量继续小幅下降。但是，2017 年以来尼日利亚与利比亚的治安形势依然不容乐观，且多与能源问题有关，南苏丹则在多方协调下签署了和平协定。

（一）利比亚：石油产量与安全形势“背离”

2015 年与 2016 年利比亚经济增长率分别为 -10.1% 和 -8.1%，而 2017 年则实现了 26.68% 的增长，增速高居全球第一。[①] 这受益于两个因素：油价上涨与石油产量的提升。2017 年石油产量大幅增长 103%，达到 86.5 万桶/日。[②] 2018 年 2 月则一度达到 110 万桶/日。原因在于，世俗派代表哈夫塔尔将军把石油出口终端移到了他所控制的东部港口。他控制的东部四个油田占全国石油产量的 60%，这些油田都拥有自己的港口。他领导的国民军还在 5 月攻下了“伊斯兰国”控制的东部最后一个据点德尔纳。

但是，过去一年多来，利比亚的安全形势依然不佳。2017 年暴力事件造成 433 人死亡，近 40 万人流离失所。2018 年 1 月中旬，首都的黎波里米提加国际机场遭到袭击并造成 21 人死亡、69 人受伤。1 月下旬东部城市班加西发生两起汽车炸弹爆炸事件，造成至少 43 人伤亡。[③] 5 月初，利比亚最

---

① 《2017 年世界各国 GDP 年度增长率》，快易数据，http://www.kuaiyilicai.com/stats/global/yearly/g_gdp_growth/2017.html。

② 英国石油公司：《BP 世界能源统计年鉴 2018》，第 14 页。

③ 韩晓明：《利比亚安全局势持续恶化》，人民网，http://world.people.com.cn/n1/2018/0125/c1002-29785222.html。

高选举委员会遭“伊斯兰国”袭击造成14人死亡、20多人受伤。[①] 在石油生产方面，2018年2月，日产量9万桶的厄尔菲尔（El－Feel）油田因为抗议活动而关闭。一些研究者认为哈夫塔尔夸大了自己对东部的控制力。

利比亚将在2019年春季举行议会与总统选举。[②] 最好的结果是：民族团结政府推出哈夫塔尔出面竞选总统，从而为国民军统一全国创造条件。但民族团结政府内的宗教势力及其支持者（米苏拉塔民兵、土耳其、卡塔尔）不会同意这么做，因为他是极端世俗派，又得到俄罗斯、埃及、阿联酋的支持。美欧一方面承认民族团结政府，一方面又对哈夫塔尔给予一定的支持。但他高龄且健康状态欠佳，这使得各方不敢在他身上下大注。

不过，在各个派别“拥兵自重”的情况下，2019年选举的意义依然有限。新政府与宗教民兵之间的矛盾、哈夫塔尔与政府之间若即若离的关系都将继续。形势全面好转的兆头还没有出现。

（二）尼日利亚：经济好转，“北煞”依然

尼日利亚2017年经济增长率为0.8%，[③] GDP重回非洲第一。这主要得益于国际油价上涨、油气产量增加。2017年尼日利亚石油产量增长4.5%，[④] 天然气产量增长11%。[⑤] 油气业贡献了GDP的25%。此外，农业也实现了稳定增长，[⑥] 农业领域近两年创造了600万个就业机会。[⑦]

但是，在安全形势方面，北部没有明显好转，中部又出现农牧冲突，南

① 《利比亚最高选举委员会遭“伊斯兰国”袭击致14人丧生》，新华网，http：//www.xinhuanet.com/photo/2018－05/02/c_1122774181.htm。

② 《利比亚有望明年春季举行议会和总统选举》，新华网，http：//www.xinhuanet.com/world/2018－11/16/c_12995122.htm。

③ 《世界银行表示2017年尼日利亚失业率和贫困率有所上升》，中国驻尼日利亚大使馆经济商务参赞处，http：//nigeria.mofcom.gov.cn/article/e/f/201805/20180502740000.shtml。

④ 英国石油公司：《BP世界能源统计年鉴2018》，第14页。

⑤ 英国石油公司：《BP世界能源统计年鉴2018》，第28页。

⑥ 《世界银行表示2017年尼日利亚失业率和贫困率有所上升》，中国驻尼日利亚大使馆经济商务参赞处，http：//nigeria.mofcom.gov.cn/article/e/f/201805/20180502740000.shtml。

⑦ 《尼日利亚2019年总统大选，影响因素全解析》，尼日利亚华人网，http：//www.cclycs.com/z405597.html。

部则相对稳定。

影响北部安全形势的是“博科圣地”。2018 年 2 月 19 日，“博科圣地”袭击了约贝州的一个女子科技学院，导致 110 多学生失踪。在政府努力下，3 月 21 日恐怖分子释放了 76 名被绑架的学生。但 6 月 18 日“博科圣地”在博尔诺州又制造两次恐怖袭击，共造成至少 34 人死亡、18 人受伤。[①] 布哈里政府吸取了上届政府因为反恐不力而输掉大选的教训，在反恐方面交替使用软硬两手。2018 年 5 月初，通过四国联合行动解救了 1000 多名人质。[②] 7 月打死多名恐怖分子。另外也通过谈判使得 2014 年被绑架的 200 多名学生中的大部分被释放，2 月被绑架的女学生有 76 人被释放。[③] 但要根除活动于四个国家边界地区的“博科圣地”，仍然比较困难。

富拉尼牧民与中部农民之间的矛盾是老问题，但 2018 年 1 月发生了大量人员死亡事件。富拉尼牧民在贝努埃州与当地农民为争夺水资源和草场而打死了至少 50 名农民。[④] 反对派指责政府布哈里总统对自己的同族过于软弱，这对他构成了巨大的压力。

南部地区形势相对平静。尼日尔三角洲复仇者组织（Niger Delta Avengers Group，NDA）对油气设施的袭击，是尼日利亚 2016 年石油产量下降的主要原因。但这一组织在 2016 年 8 月底宣布停止敌对行动。[⑤] 一般认为，这一组织与政府进行了谈判并达成了协议，因此南部三角洲此后没有再发生油田设施被袭击事件。政府、石油公司、非政府组织与当地社区合作，

---

① 《尼日利亚东北部遭连环袭击至少 34 人死亡》，新浪新闻，http：//news. sina. com. cn/w/2018 - 06 - 18/doc - iheauxvy8451355. shtml。

② 《尼日利亚军方称从“博科圣地”解救出千名人质 | 尼日利亚》，新浪新闻，http：//news. sina. com. cn/w/2018 - 05 - 08/doc - ihacuuvu8758353. shtml。

③ 张保平：《失踪一个月后　76 名被绑架尼日利亚女学生获博科圣地释放》，搜狐网，http：//www. sohu. com/a/226054902_ 313745。

④ 《尼日利亚安全形势持续恶化》，人民网，http：//world. people. com. cn/n1/2018/0228/c1002 - 29838061. html。

⑤ 《路透：尼日尔三角洲复仇者联盟发布声明称，已停止在尼日尔三角洲的敌对活动》，新浪网，http：//finance. sina. com. cn/money/forex/datafx/2016 - 08 - 30/doc - ifxvitex9242136. shtml。

着手改变当地人“没有从油气开发中收益，却要承担环境污染后果”的现象。但是，随着2019年2月大选的临近，有消息称NDA将恢复袭击行动。①

（三）南苏丹：内战终于到头了？

从2013年7月开始的南苏丹两派间冲突，从规模与造成的影响看，已经是典型的内战，特别是2016年7月之后：半年内，1200万人口中的300万流离失所，160万逃入邻国。而到了2018年6月，则有近760万人需要人道主义援助，180万人在境内流离失所，另有约250万人逃往邻国。②

国际社会认定南苏丹领导人对于这场人为冲突负有责任，一直要求各方停止军事行动，进行和平谈判。③ 在联合国与东非政府间发展组织（伊加特）的斡旋下，基尔与马沙尔于2015年8月签署《解决南苏丹冲突协议》，同意组建民族团结过渡政府。但结果是2016年以来的大规模内战。2017年12月双方在亚的斯亚贝巴达成的停火协议维持了不到24小时。这促使国际社会加大了斡旋力度，伊加特除了自身努力外，还促成苏丹政府参与斡旋。苏丹对南苏丹的影响是多方面的，一个例子是，反对基尔的“苏丹人民解放运动反对派”基地就在苏丹首都喀土穆。因此，苏丹政府可以在斡旋中发挥特殊作用。此外，联合国安理会也施加了新的压力：6月初通过决议警告南苏丹冲突双方尽快停火、达成政治和解协议，否则将对南苏丹实施武器禁运并制裁个人，决议还要求联合国秘书长古特雷斯月底前向安理会报告落实情况。④

---

① 《尼日利亚大选临近，尼日尔三角洲的激进组织蠢蠢欲动》，搜狐网，http://www.sohu.com/a/241236404_100185134。

② 李逸达：《南苏丹冲突双方在喀土穆签署停火协议　和平再现曙光》，人民网，http://world.people.com.cn/n1/2018/0627/c1002-30091745.html。

③ 王建刚：《联合国助理秘书长呼吁南苏丹各方领导人结束冲突》，新华网，http://news.xinhuanet.com/mil/2017-08/25/c_129689353.htm。

④ 郭倩：《“掀开新的一页”！南苏丹冲突双方签停火协议》，光明网，http://mil.gmw.cn/2018-06/29/content_29541770.htm。

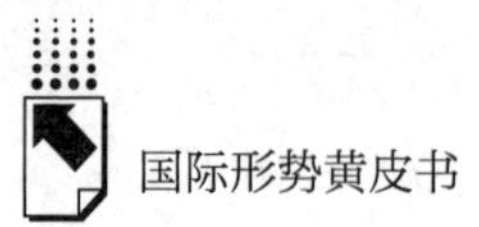

结果是，冲突双方同意结束这场“不合理的战争”，[①] 并于6月27日在喀土穆签署停火协议，虽然30日双方又交火，但在伊加特、苏丹政府以及其他方面的努力下，8月5日双方还是在喀土穆签署了和平协议，就权力分享与过渡政府组建达成协议。

这个协议对于经济崩溃的南苏丹是个福音。该协议的关键在于落实。对此只能谨慎乐观。过去的经验表明，双方缺乏的不是协议，而是信任与执行协议的意愿。这两个问题依然没有解决。

五　全球核电：几家乐观几家忧

从核电厂开工建设的数量看，2010年是个高峰年，有超过15个核电厂开工，而2016年、2017年与2018年均不足5个。[②] 核电的未来如何？有的人认为综合而论核电依然有自己的比较优势，不会很快被淘汰，安理会五个常任理事国都没有放弃核电的意思，韩国、日本、印度等国家也是如此，还有一些新兴经济体正努力进入核电国家行列，特别是在亚洲。有的人则认为核电优势已经被削弱，可能被淘汰，因为太阳能与风能的成本在大幅度下降，德国、意大利等国已经下决心放弃核电。[③] 两派的立场都有道理，但核电在发电中的比重确实下降了。所以，整体而言，核电业的情况可概括为“几家乐观几家忧”，关键在于政府对核电的立场：是发展核电，还是限制乃至淘汰核电。

亚洲依然是核电发展最快的地区，中国是全球在建核电站反应堆数量最多的国家。截止到2017年12月31日，全球在建反应堆为59个，其中中国18个，印度7个，阿联酋与韩国各4个，日本2个。但中国的核电站仅提

① 李逸达：《南苏丹冲突双方在喀土穆签署停火协议　和平再现曙光》，人民网，http：//world. people. com. cn/n1/2018/0627/c1002 - 30091745. html。

② IAEA，PRIS - Home，https：//pris. iaea. org/pris/.

③ 《核电竞争优势哪里寻?》，FT中文网，http：//www. ftchinese. com/story/001079311。

供电量的3.9%，远低于韩国的27.1%、美国的20%与英国的19.3%。[①]

韩国对核电的立场有所转变，不再像过去那样坚持发展核电，而开始强调天然气、生物质、风电、太阳能等能源的使用。但依然属于在建核反应堆数量较多的国家。

日本政治已经恢复了自民党一党独大的状态，而自民党的核能政策是：保留核电使用。其主要原因是：核电价格比较便宜、核电公司的利益、日本出口核电站技术的需要、对核废料的潜在需求。自福岛核泄漏事故以来，虽然民调显示公众主流在反核能上立场坚定，但日本政府依然重启了57个核反应堆中的9个，[②] 比一年前多了4个，这符合我们2017年的预测。[③] 核电站提供了3.6%的电量。值得注意的是，日本还在建设2个反应堆。[④]

作为经济快速发展的新兴经济体，印度的22个核反应堆提供了3.2%的电力，2017年有7个反应堆在建设中，其数量仅次于中国而与俄罗斯等同。[⑤]

结　语

过去一年多，能源政治中的突出现象是，受产油国的限产政策、全球经济复苏、特朗普“烽火外交”等多重因素的影响，国际油价从2017年6月以来涨幅均在70%以上。

地区热点方面，经济增长使得欧盟对俄罗斯天然气的依赖不减反增，液化气、美国天然气难以替代俄罗斯天然气。俄罗斯经济摆脱衰退实现1.5%的增长，与欧盟解决了长达7年的反垄断纠纷，并避免了罚款，利用欧美矛盾推进修建绕开乌克兰的北溪-2号天然气管线。与中国能源合作取得重大

---

① IAEA, *Nuclear Power Reactors in the World*, 2018 edition, pp. 10-11.

② 罗宾·哈丁：《与FT共进午餐：小泉纯一郎》，FT中文网，http://www.ftchinese.com/story/001079073。

③ 薛力：《全球能源政治（2016~2017）》，张宇燕主编《全球政治与安全报告（2017）》，社会科学文献出版社，2018，第140页。

④ IAEA, *Nuclear Power Reactors in the World*, 2018 edition, p. 10.

⑤ IAEA, *Nuclear Power Reactors in the World*, 2018 edition, p. 10.

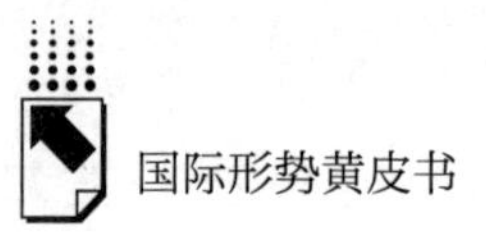

进展：全球最大的北极圈亚马尔液化天然气项目正式投产。相比之下，波兰决定 2022 年合同到期后不再从俄罗斯进口天然气就成了小事。乌克兰东部冲突虽没停止，但也没有发生大规模战事。

亚洲能源政治的热点依然在西亚，主要是叙利亚、也门、伊拉克与伊朗。叙利亚进入俄罗斯、伊朗与阿萨德政府为一方和欧美支持的反政府武装为另一方的博弈中，也门则是各有支持的三个派别之间的冲突。伊拉克政局相对稳定，油气增产推进了经济发展。因为特朗普政府退出《伊核问题全面协议》，伊朗的油气生产已经开始受影响，未来这种影响将加剧。

美洲地区，特朗普的外交政策已经成为导致众多国际热点问题的病根，与加拿大、墨西哥、委内瑞拉的关系都受到影响。就能源政治而言，巴西情况比较好，政局相对稳定且油气产量上升，但大选期间可能发生大规模示威行动；墨西哥能源改革依然没有产生显著效果，新总统上台也难以改变这种局面；马杜罗虽然如愿赢得大选，但石油产量下降、恶性通货膨胀、与美国关系紧张等问题将继续缠绕他。

非洲地区，2017 年经济实现了脆弱复苏，石油产量也扭降为升。几个能源政治热点国家中，利比亚乱局依然，但石油产量上升；尼日利亚经济好转，三角洲地区形势相对稳定，但北部“博科圣地”依然活动频繁；南苏丹冲突双方签署了新的和平协议，就权力分享与过渡政府组建达成协议，但效果是否优于既往的类似协定，还有待观察。

核电方面，“温和发展、亚洲为主；大国坚持核电、新兴经济体跟进”的局面在继续。

展望未来，国际货币基金组织等机构预计 2019 年全球经济进一步向好。但是，中国、美国、印度等大国不希望油价继续升高并对产油国施压。因此，全球油价将在目前的位置上下波动，波动范围为 65～85 美元/桶。主要的能源政治热点方面，伊核问题可能激化，马杜罗面临的压力将进一步加大，南苏丹形势或会好转，叙利亚形势也会变得更有利于阿萨德政府，但利比亚、也门、乌克兰东部的形势将大致维持目前的状况。核电将延续过去几年的势头，以亚洲为主继续温和发展。

参考文献

凤凰网，http：//www. ifeng. com/。

环球网，http：//www. huanqiu. com/。

人民网，http：//www. people. com. cn/。

新华网，http：//www. xinhuanet. com/。

央视网：http：//news. cctv. com/。

中国石油新闻中心网，http：//news. cnpc. com. cn/。

中国新闻网，http：//www. chinanews. com/。

IAEA，*Nuclear Power Reactors in the World*，2018 edition，http：//www. world – nuclear. org/information – library/nuclear – fuel – cycle/nuclear – power – reactors/nuclear – power – reactors. aspx.

英国石油公司：《BP世界能源统计年鉴2018》，https：//www. bp. com/zh_ cn/china/reports。

薛力：《全球能源政治（2016～2017）》，张宇燕主编《全球政治与安全报告（2017）》，社会科学文献出版社，2018。

专题·热点

Special Topics and Focal Points

Y.12

“一带一路”倡议五周年：进展与挑战

赵 海*

摘 要： “一带一路”倡议走过五个年头，取得了举世瞩目的成就。“一带一路”已经成为中国扩大开放合作、改进全球治理体系、推动构建人类命运共同体的中国方案。五年来，“一带一路”建设不断发展，例如增加了冰上、旅游和数字丝绸之路等空间和产业新维度，衍生出香港助力“一带一路”建设安排、中非北京行动计划和第三方市场合作等合作对接模式。通过创新发展银行、外汇、保险、债券市场和相关机制，“一带一路”建设获得了坚实的金融保障。同时，“一带一路”也面临新的外部挑战，包括大国地缘政治经济博弈，民粹主义反全球化冲击和恐怖、极端与分裂“三股势力”的威

* 赵海，中国社会科学院世界经济与政治研究所助理研究员，主要研究领域为大国战略、中国外交。

胁。但共建"一带一路"是沿线国家人民的共同需求，坚持"一带一路"促进共同发展、实现共同繁荣的合作共赢之路具有特殊的时代意义和现实意义。

关键词： "一带一路"倡议　"一带一路"金融保障　地缘政治经济

"一带一路"倡议提出至今，已历时五年。在此期间，"一带一路"建设从愿景到行动，取得了举世瞩目的成就。随着构建人类命运共同体发展成为党和国家外交核心理念，"一带一路"被定位为发展这一共同体的"重要实践平台"。五年来，"一带一路"经历了两个重要事件节点。一是2015年3月，国家发改委、外交部和商务部制定并联合发布了《推动共建丝绸之路经济带和21世纪海上丝绸之路的愿景与行动》，正式推出"一带一路"建设的蓝图。二是2017年5月，第一届"一带一路"国际合作高峰论坛在北京举行，峰会的《联合公报》梳理汇总了279项成果清单，至今255项已完成或转为常态工作，24项工作正在有序进行。①

五年来，共建"一带一路"已形成更为广泛的国际共识，已有超过130个国家和国际组织与中国签署了合作文件。中国与"一带一路"沿线国家的投资和经贸合作水平显著提升，"其中货物贸易额累计超过5万亿美元，对沿线国家的投资超过800亿美元，已建设82个境外经贸合作区，为当地创造了24.4万个就业岗位，中欧班列累计开行超过1万列"。②"一带一路"的迅猛发展表明，它的理念、原则和合作方式不仅符合广大发展中国家加快工业化、城镇化，进而实现经济独立和民族振兴的愿望，也为我国扩大国际

① 《"一带一路"国际合作高峰论坛成果清单取得积极进展》，《金融时报》2018年5月17日，http://www.financialnews.com.cn/lt/201805/t20180517_138253.html。

② 《何立峰主任在天津夏季达沃斯论坛"建设'一带一路'创新之路分论坛"发表演讲》，国家发改委，2018年9月20日，http://www.ndrc.gov.cn/gzdt/201809/t20180920_898876.html。

经贸合作圈，加快国内经济转型升级和高质量发展铺开了一条独具中国特色的道路。

一 “一带一路”发展的新维度

随着要求加入“一带一路”倡议的国家不断增加，原来以古丝绸之路为背景，以欧亚大陆为基础，以六大经济走廊为框架的空间结构已不能满足需求。“一带一路”正从地图上的点和线转变为面向全球的开放平台，不仅美洲、大洋洲和非洲一些国家积极接入，北极圈国家也通过“冰上丝绸之路”与中国开拓新的互联互通路线。同时，“一带一路”的多层次发展也为“五通”做了很好的诠释，特别是通过“数字丝绸之路”的铺开，促进了陆海空实体联通和经济合作效率提升，打开了跨区域合作的新维度。

（一）“冰上丝绸之路”

全球变暖使北极航道有望成为国际贸易的重要运输干线，亚欧之间的海运距离可缩短40%以上，因此各国加快了有关北极开发方面的规则制定和商业规划。中国参与北极事务的领域也不断扩展，将“一带一路”延伸到北冰洋，缩短连接欧亚大陆两端的海运距离并带动周边国家发展被提上了日程。2013 年，中远海运集团所属“永盛”轮作为中国货轮首次通过北极航道。五年来，中远海运集团向北极东北航道派出船舶 10 艘、执行 14 个航次的任务，2016 年经由北极东北航道航行的船舶已达 297 艘，比 2015 年增长35%，往来东北航道的船舶未来将更加繁忙。[①]

在此背景下，国家发改委和国家海洋局于 2017 年 6 月发布《“一带一路”建设海上合作设想》，提出“推动建立全方位、多层次、宽领域的蓝色伙伴关系，保护和可持续利用海洋和海洋资源，共同增进海洋福祉，共筑和繁荣 21 世纪海上丝绸之路”，倡议共建“经北冰洋连接欧洲的蓝色经

---

① 《“冰上丝绸之路”吸引世界目光》，《人民日报》2018 年 1 月 28 日。

济通道”。[①] 鉴于北极航道和北极资源开发对中国能源和经济发展的潜在影响，2018 年 1 月国务院发布了《中国的北极政策》白皮书，提出共建“冰上丝绸之路”，参与“北极航道基础设施建设，稳步推进北极航道的商业化利用和常态化运行，包括矿产、渔业资源和旅游资源开发”[②]。

中俄两国的北极开发合作为“冰上丝绸之路”打下了良好的基础。两国交通部门不断完善北极开发合作的政策和法律基础，启动北极航道沿线的交通基础设施建设，两国企业积极开展北极地区的油气勘探开发合作。此外，中国极地研究中心和冰岛研究中心联合设立的极光观测台 2018 年投入使用。未来中冰两国将在北极基建领域开展更多合作，如研究在冰岛北部海湾建设深水港项目，在冰岛水域联合勘探石油以及利用地热等。芬兰也对“冰上丝绸之路”反应积极，希望将本国连接北极地区和欧亚大陆国家的“北极走廊”计划与“冰丝”对接，从而使芬兰在“泛欧交通运输网”中成为枢纽国家。

（二）“旅游丝绸之路”

“一带一路”跨越了东西方的四大文明，连接了全球主要旅游客源地与目的地，目前“一带一路”沿线国家的国际旅游规模占到全球旅游的 70% 左右。仅中国与丝路沿线国家双向旅游交流的规模就超过 2500 万人次。据国家旅游局预计，“十三五”时期，中国将为“一带一路”沿线国家“输送 1.5 亿人次中国游客、2000 亿美元中国游客旅游消费，同时吸引沿线国家 8500 万人次游客来华旅游，拉动旅游消费约 1100 亿美元”。[③]

2017 年中国境内旅游规模已经超过了 50 亿人次。在此基础上发展“丝路游”为国内旅游业带来了新的机遇。沿陆上丝绸之路向西延伸的

① 《“一带一路”建设海上合作设想》，国家发改委，2017 年 6 月 20 日，http://www.soa.gov.cn/xw/hyyw_90/201706/t20170620_56591.html。

② 《中国的北极政策》，国新网，2018 年 1 月 26 日，http://www.scio.gov.cn/zfbps/32832/Document/1618203/1618203.htm。

③ 李金早：《“一带一路”沿线国际旅游规模占全球旅游七成》，中国新闻网，2018 年 5 月 28 日，http://www.chinanews.com/cj/2018/05-28/8524578.shtml。

陕、甘、宁、新疆和沿海上丝绸之路向南延伸的云、桂、闽、海南等省份，依靠区位优势、挖掘旅游资源，使旅游产业成为经济发展的一大亮点。

“一带一路”沿线各国签署合作备忘录，简化人民往来的签证手续，极大促进了出入境旅游。目前，中国已与46个“一带一路”沿线国家和地区缔结各类互免签证协定，19个沿线国家和地区给予中国公民落地签便利，进一步促进沿线国家的旅游交流。在携程旅游发布的2017“一带一路国家人气排行榜”上，中国游客最多的十大国家分别为：泰国、越南、新加坡、马来西亚、印度尼西亚、俄罗斯、柬埔寨、菲律宾、阿联酋、马尔代夫，其中除了马、菲、阿三国，中国均已成为第一大客源国。①

未来“旅游丝绸之路”还面临不少挑战，主要体现在旅游安全、文化冲突和价格竞争三方面。一些“一带一路”沿线国家旅游基础设施落后，境内安全问题犹存，当中国游客数量大幅增长时，容易产生安全事故，法律和文化层面的纠纷有时也会上升到国家层面。因此需要引导旅游设施投资，加强人员流动和服务管理，强化境外领事保护，鼓励旅游产业多元化、细分化发展。

（三）“数字丝绸之路”

习近平主席在2017年5月“一带一路”国际合作高峰论坛开幕式上提出“要坚持创新驱动发展，加强在数字经济、人工智能、纳米技术、量子计算机等前沿领域合作，推动大数据、云计算、智慧城市建设，连接成21世纪的‘数字丝绸之路’”；在2018年4月召开的全国网络安全和信息化工作会议上，他再次强调要借“一带一路”推进同沿线国家共建“21世纪数字丝绸之路”。② 与发展中国家在网络基础设施、网络安全和电子商务领域

① 《2017年预计2500万国内游客赴“一带一路”沿线国家旅游》，人民网，2017年5月12日，http：//society. people. com. cn/n1/2017/0512/c1008－29272050. html。

② 《习近平出席全国网络安全和信息化工作会议并发表重要讲话》，新华社，2018年4月21日，http：//www. gov. cn/xinwen/2018－04/21/content_ 5284783. htm。

加强合作有助于克服“一带一路”所面临的贸易便利性、文化和民族隔阂、金融与信息通畅性困难。中国数字经济企业可以为“数字丝绸之路”建设提供急需的动力、经验与规则。[①] 但发展数字丝绸之路亟待顶层设计，需要在理论和实务上进行多方面的探索，包括制度、技术、物质、商业和安全等层面。[②]

互联网企业众多的浙江在这些层面的探索中走在前面。2017 年底，中国、老挝、沙特、塞尔维亚、泰国、土耳其、阿联酋等七国在浙江乌镇第四届世界互联网大会上发起了《“一带一路”数字经济国际合作倡议》。倡议国除了希望建设高速互联网基础设施、促进电子商务合作、支持互联网创业创新外，还提及加强数字化技能培训、促进信息技术工业的投资，以及通过国际标准化合作降低跨国电子商务准入壁垒等。[③] 2018 年 9 月，浙江省又主办了“数字经济暨数字丝绸之路国际会议”，成立了国际产业联盟，发布了数字经济研究报告，展示了我国与“一带一路”沿线国家数字丝绸之路建设成果。

在促进“贸易畅通”方面，数字丝绸之路高效推动了商品和物流领域的合作。据统计，中国跨境电商与东欧、西亚、东盟国家联通最为紧密，我国跨境电商指数将俄罗斯、以色列、泰国、乌克兰、波兰、捷克、摩尔多瓦、土耳其、白罗斯和新加坡排在前十位。[④] 中国已有超过 6000 家互联网公司进入海外市场，1 万多款产品走向海外，用户遍布全球 200 多个国家，“数字丝绸之路”已成为“一带一路”不可或缺的组成部分。

---

① 储殷、李巍：《数字丝绸之路怎么走》，人民论坛网，2018 年 5 月 15 日，http：//www. rmlt. com. cn/2018/0515/518951. shtml。

② 向坤：《从数字经济视角看数字丝绸之路建设的内涵、结构和发展路径》，《西部论坛》2017 年第 6 期，第 11 页。

③ 《七国共同发起倡议开启“数字丝绸之路”合作新篇章》，新华网，2017 年 12 月 3 日，http：//www. xinhuanet. com/world/2017 – 12/03/c_ 1122050732. htm。

④ 阿里研究院：《eWTP 助力“一带一路”建设——阿里巴巴经济体的实践》，2017 年 4 月 21 日，http：//i. aliresearch. com/img/20170421/20170421181400. pdf。

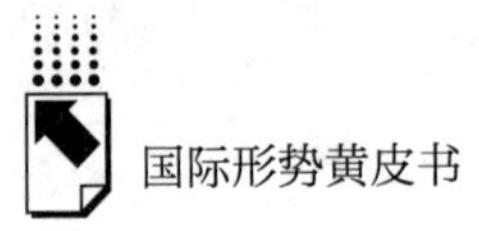

二 “一带一路”建设的金融保障机制

资金融通是“一带一路”持续延伸和增长的血脉与助推剂。沿线基础设施建设的资金需求和跨境并购活动为金融业发展提供了重要契机，但也对金融机构开展跨境业务的能力提出了挑战。五年来，中国和沿线国家深化金融合作，推进投融资体系和信用体系建设，稳步推动人民币国际化，扩大沿线国家双边本币互换的规模，并共同建设亚投行和金砖国家开发银行。沿线国家政府、具备较高信用等级的企业和金融机构已陆续获准在中国境内发行人民币债券。“一带一路”项目的投资来源不仅有丝路基金和多国主权基金，还有商业性股权投资基金和各种社会资金。近一年来，虽然中国企业对外投资有所收紧，但对“一带一路”沿线国家的投资保持总体平稳。

（一）银行业资金支持

在过去三年里，银行业服务“一带一路”建设效果显著。中资银行业机构“共参与项目近2700个，累计授信近4000亿美元，发放贷款超过2000亿美元，贷款余额约2000亿美元，已有10家中资银行在26个沿线国家设立了68个一级机构”。[①] 国家开发银行、进出口银行等政策性银行和各商业银行支持“一带一路”建设的力度稳步提升。

国家开发银行在“一带一路”沿线国家加大了对交通和电力等基础设施的投资力度。截至2017年底，国开行在“一带一路”沿线国家承诺贷款超过2500亿美元，贷款余额累计超1100亿美元，是重大项目建设的主要信贷提供机构。截至2018年一季度末，进出口银行支持“一带一路”建设贷款余额超过8300亿元，占全行表内贷款余额的28%。中国进出口银行主要发起设立或出资参与了中国－东盟投资合作基金、中国－中东欧投资合作基金、中国－欧亚经济合作基金、丝路基金和中非产能合作基金等“一带一

① 《“一带一路”为金融业发展带来哪些机遇》，《光明日报》2018年1月23日。

路”相关投资基金。[①]

国际化程度最高的商业银行中国银行，截至2018年6月末，已参与“一带一路”重大项目600多个，实现授信超过1100亿美元。中行在“一带一路”沿线国家加速布局，已覆盖超过20个“一带一路”沿线国家。2017年，中行先后在塞尔维亚、安哥拉、爱尔兰、巴基斯坦和卡塔尔新设机构；2018年，又在科伦坡和智利设立分行，在墨西哥设立有限公司。中行为“一带一路”提供多元化金融产品及服务，其中“一带一路”主题债券已超百亿美元，涉及中行12家分支机构并以美元、人民币等7种货币计价。[②]

亚洲基础设施投资银行作为首个中国发起设立的政府间多边金融机构，也在很大程度上配合了“一带一路”倡议的实施，给予其较大的开发性金融支持。目前亚投行成员数由成立之初的57个增加到86个。亚投行参与投资的基础设施建设项目数已达26个，涉及十多个国家，贷款总额超过45亿美元，覆盖交通、能源和可持续发展等项目。

（二）人民币国际化

“一带一路”建设为人民币国际化提供了重要的战略机遇。中国与“一带一路”沿线国家的跨境贸易人民币的实际收付仅占双边贸易额的13.9%，低于总体25%的水平，而境外主体持有和使用人民币的意愿呈上升趋势，继续发展空间很大。在“一带一路”倡议的实施过程中，人民币国际化正向形成两个闭环努力：对中国存在贸易逆差的国家，中国通过人民币输出，形成贸易顺差、资本逆差的闭环；对大宗商品输出国，中国用人民币进口大宗商品，形成一个贸易逆差、资本流入的闭环，从而促进人民币国际化和“一带一路”共同推进、稳步发展。[③] 人民币通过“一带一路”国际化有利

① 《进出口银行设五支合作基金，“一带一路”贷款余额超8300亿》，腾讯新闻《一线》，2018年6月14日，https://finance.qq.com/a/20180614/031504.htm。

② 《中行向“一带一路”国家累计投放约1159亿美元》，《金融时报》2018年8月21日。

③ 管涛：《在一带一路上推进人民币计价结算水到渠成》，第一财经，2017年8月24日，https://www.yicai.com/news/5335343.html。

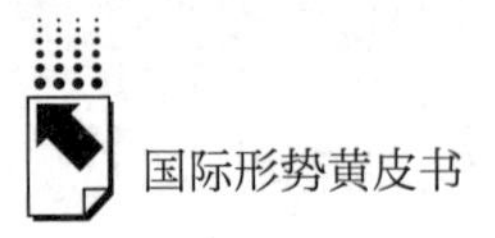

于提高中国的国际影响力，建立稳固的、多极化的国际货币体系。

在具体实施层面，国内以重庆为例，截至 2017 年末，重庆与 40 多个“一带一路”沿线国家进行了跨境人民币收付工作，业务累计实现结算量 1045.4 亿元，占该市同期跨境人民币结算总量的 14.9%。其中 2017 年实现结算量 186.3 亿元，同比增长 3.3%，在全市跨境人民币结算量中的占比同比提高 7.8 个百分点。2017 年，重庆市企业与“一带一路”国家货物贸易人民币结算量为 65.9 亿元，同比增长 51.9%，与塔吉克斯坦、斯洛伐克、罗马尼亚等国家企业在国际贸易中新采用了人民币结算。[①]

国际上以巴基斯坦为例，早在 2011 年 12 月，中国人民银行与巴基斯坦国家银行就签署了规模为 100 亿元的双边本币互换协议，双方在 2014 年 12 月又续签了该协议。巴基斯坦国家银行于 2018 年 1 月批准了巴中两国企业在双边贸易和投资活动中使用人民币并制定了相关法规细则。使用人民币结算能帮助巴方缓解美元储备持续走低的压力。巴基斯坦央行公布新措施之后一周，中国人民银行在其发布的《关于进一步完善人民币跨境业务政策促进贸易投资便利化的通知》中提出“凡依法可使用外汇结算的跨境交易，企业都可以使用人民币结算，支持银行按照现有人民币跨境业务政策创新金融产品，满足市场主体真实、合规的人民币跨境业务需求”。《通知》的实施提升了金融机构服务实体经济、服务“一带一路”建设的能力。[②]

未来中国将在搭建多层级现货、期货市场体系，做好大宗商品交易平台，发展离岸人民币中心，开发人民币对沿线国家货币的避险工具，推动信用体系的建设，支持国内金融机构提高跨境经营能力等方面加快工作，持续推进人民币基于“一带一路”的国际化进程。

（三）保险资金与债券市场

政策性信用保险在支持“一带一路”建设、动态监测沿线国家风险、

---

① 《重庆与“一带一路”沿线国家跨境人民币结算量突破千亿元》，《重庆日报》2018 年 3 月 1 日，http://cq.cqnews.net/html/2018-03/05/content_43927512.htm。

② 《央行：支持企业使用人民币进行跨境交易结算》，《经济日报》2018 年 1 月 5 日。

提供评级体系和重大风险应急处置机制及有效防范系统性风险方面发挥着独特的作用。2017 年中国信保年度承保金额达到 5246 亿美元，同比增长 11%。其中，中长期出口信用保险实现承保金额 239 亿美元，同比增长 7%；海外投资保险实现承保金额 489 亿美元，同比增长 15%；短期出口信用保险实现承保金额 4128 亿美元，同比增长 10%。① 中国信保五年来累计承保沿线国家出口和投资 6226 亿美元，承保了各类“走出去”项目近 2000 个，累积向企业和银行支付赔款 22.4 亿美元，为“一带一路”建设提供了有力保障。② 2017 年，中国保险业为支持“一带一路”建设提供的投资规模总计为 8568.26 亿元。③

扩大债券市场对外开放程度，形成“一带一路”多元化融资格局既是形势发展的需要、可持续发展的要求，也是人民币国际化的重要一环。过去一年沿线国家政府、企业和中国企业均成功以人民币在国内市场发行债券，为“一带一路”建设的资金需求开辟了新的通道。2017 年 7 月，匈牙利在中国银行间债券市场成功发行 3 年期 10 亿人民币债券。该债券是首支募集资金明确用于“一带一路”合作的主权熊猫债。2018 年初，国家开发银行在香港以私募方式成功发行首笔“一带一路”专项债券，总额 3.5 亿美元，期限 5 年。④

现代物流设施提供商普洛斯旗下的普洛斯中国于 2018 年 1 月取得了 AAA 级信用企业评级，获得证监会批复可公开发行首批“一带一路”熊猫公司债券。该公司在深交所成功发行规模分别为人民币 5 亿元、12 亿元，期限分别为 3 年、9 年，票面利率分别为 5.15%、5.65% 的债券，“募集资金分别用于收购斯里兰卡汉班托塔港股权及欧洲沿线物流基础设施资产”。⑤

---

① 《政策性信用保险承保金额突破 5000 亿美元》，《人民日报》2018 年 1 月 5 日。

② 《中国信保已累计为“一带一路”项目承保 6226 亿美元》，一带一路网，2018 年 7 月 13 日，https://www.yidaiyilu.gov.cn/xwzx/roll/60097.htm。

③ 《保险业“脱虚向实”成效显现　去年为实体经济直接融资超七万亿元》，《人民日报》2018 年 1 月 23 日。

④ 《借力“一带一路”香港再添新翼》，《人民日报》（海外版）2018 年 1 月 9 日。

⑤ 《首批“一带一路”公募熊猫债在深交所成功发行》，新华网，2018 年 2 月 8 日，http://www.xinhuanet.com/fortune/2018-02/08/c_1122384367.htm。

3月，上市公司恒逸石化股份有限公司“一带一路”公司债券成功发行，募集资金全部用于文莱的PMB石油化工项目。这是深交所正式发布《关于开展“一带一路”债券业务试点的通知》后首单由境内上市公司公开发行的“一带一路”公司债券。①

三 “一带一路”推进的新对接模式

（一）发挥香港的特殊作用

早在2016年7月，香港特别行政区政府就成立了由行政长官主持的“一带一路”督导委员会，负责制定香港参与“一带一路”的策略和政策，并设立“一带一路”办公室，负责具体工作。自2017年林郑月娥当选香港特别行政区行政长官以来，香港加快推进其参与“一带一路”倡议的进程，并结合粤港澳大湾区建设带来的机遇，发挥自身在国际贸易和金融方面的专业优势，致力担当“促成者”和“推广者”的角色。2018年1月，香港贸发局正式成立“一带一路”委员会，下设5个专责工作小组，巩固香港作为“一带一路”商业及资讯枢纽的角色。特别行政区政府从四个方面加大了对“一带一路”的支持力度：一是利用特区政府与中央相关部委的联席会议制度，就“一带一路”建设中的重大问题和合作事项进行沟通协商。二是通过在“一带一路”重要节点增设经贸办，加强香港特区政府与中资、港资企业的对接工作。三是提供项目支援工作，尽力为企业提供所需的资讯和支援服务。四是鼓励和支持香港企业、商会、社团等进一步加强与“一带一路”沿线国家、地区的交流合作。②

国家发改委和香港特别行政区政府于2018年3月，签署了《关于支持香港全面参与和助力“一带一路”建设的安排》。《安排》确认了金融与投

---

① 《首单境内上市公司“一带一路”公司债发行》，《证券时报》2018年3月5日。

② 《把握“一带一路”机遇　林郑月娥指特区政府重点做四方面工作》，中国新闻网，2018年2月3日，http://www.chinanews.com/ga/2018/02-03/8440450.shtml。

资、基础设施与航运服务、经贸交流与合作、民心相通、推动粤港澳大湾区建设、加强对接合作与争议解决服务六大重点领域，同时建立了由国家发改委、国务院港澳办等相关部门和香港特区代表组成联席会议制度，围绕香港参与和助力“一带一路”建设中的重大问题和合作事项进行沟通协商。

（二）顺应沿线国家人民要求

“一带一路”不是中国一家的“独角戏”，在建设过程中需要与沿线国家交流、对接、协作，通过政策沟通和民心相通不断完善早期规划。很多参与“一带一路”建设的国家国内政治复杂多变、腐败多发，治理能力难以满足民众需求。2018 年在马来西亚和巴基斯坦的两次重要选举都引发了较大的政治变动，但通过相互谅解和友好协商，中方选择了顺应沿线国家人民要求，提高“一带一路”社会效应的方式解决分歧。

2018 年 5 月，92 岁的马哈蒂尔带领反对党阵营赢得大选，60 年来首次将执政党赶下台。随后，新政府开始调查前总理纳吉布腐败和滥用职权问题，同时下令“东海岸铁路计划”和两项油气管道计划停工。8 月马哈蒂尔访华后由中国贷款支持的 200 多亿美元基础设施建设项目被正式取消。中方对马来西亚担忧国债过高、希望减少预算赤字的理由表示理解，并表示可以接受。马哈蒂尔多次表示支持“一带一路”倡议，认为中马是共建“一带一路”的天然伙伴。在最新的中马两国政府联合声明中，马方也明确表示欢迎、支持并将继续积极参与“一带一路”。马哈蒂尔还任命了马来西亚执政联盟成员民主行动党主席、马中商务理事会主席陈国伟出任马来西亚总理对华特使以推动下一步的中马“一带一路”合作。①

2018 年 7 月底，巴基斯坦大选尘埃落定，正义运动党战胜了穆斯林联盟和人民党两大传统政党，伊姆兰 · 汗成为新任总理。伊姆兰 · 汗上任后不久便成立了由 9 名内阁成员组成的中巴经济走廊委员会，对所有走廊项目进

① 《马来西亚首相特使、马中商务理事会马方主席陈国伟访华》，《南洋商报》2018 年 8 月 30 日。

行定期审查，加强部际协调，研究落实走廊长期规划的具体实施措施，重点关注投资和工业发展领域。中巴两国外长于9月初会晤并达成十项共识，中方承诺根据巴方下一步经济社会发展重点和民众需求，协商确定走廊未来发展路径和合作方向，重点加快产业合作和民生项目建设，并逐步向巴西部地区延伸。中国将通过派遣采购团等方式扩大进口，为巴农产品输华提供更大便利，缩小巴对华贸易逆差，中方还支持巴发展本国制造业，提高自主发展能力。①

（三）中非合作论坛与非盟“2063议程”

“一带一路”倡议作为开放的合作平台，既注重与沿线国家的双边对接，如俄罗斯“欧亚经济联盟”、哈萨克斯坦“光明之路”、印度尼西亚“全球海洋支点”、土耳其“中间走廊”等；也坚持与多边合作机制加强对接，如与亚太经合组织、东盟“10+1”、上合组织、大湄公河次区域经济合作等。2018年的重头戏是深化“一带一路”倡议与非洲联盟，特别是非洲“2063年议程”的对接。

为加快实现非洲工业化和农业现代化，非洲联盟2015年通过的《2063年议程》把破解基础设施建设滞后和人才不足作为优先突破口。同年，习近平主席在中非合作论坛约翰内斯堡峰会上提出中国对非“十大合作计划”呼应非洲的诉求，为“一带一路”倡议携手《2063年议程》奠定了基础。2018年9月中非合作论坛北京峰会期间，中国重申支持非洲国家参与共建“一带一路”，加强在各领域与非洲发展对接，并将依托《关于构建更加紧密的中非命运共同体的北京宣言》和《中非合作论坛北京行动计划（2019～2021年）》打造中非高质量共同发展之路。

按照《北京行动计划》，中国将同非洲共同实施产业促进、设施联通、贸易便利、绿色发展、能力建设、健康卫生、人文交流、和平安全“八大

① 《王毅谈中巴外长达成十项重要共识》，新华社，2018年9月8日，http：//www.gov.cn/guowuyuan/2018-09/08/content_5320432.htm。

行动”，其中每一项都与《2063年议程》相呼应，紧密对接。中国与非盟已建立非洲跨国跨区域基础设施建设合作联合工作组，并在此基础上决定加强协调对接，共同编制《中非基础设施合作规划》，统筹推进非洲跨国跨区域合作项目。9月5日中非合作论坛结束后，中国国家开发银行等17家成员行便签署了《中非金融合作银联体成立协议》，标志着中非间首个多边金融合作机制的诞生。中非银联体非方创始成员行包括南非联合银行、摩洛哥阿提加利瓦法银行、莫桑比克商业投资银行、埃及银行、中部非洲国家开发银行、埃塞俄比亚开发银行、泛非经济银行、肯尼亚公平银行、尼日利亚第一银行等具有区域代表性和影响力的非洲金融机构。中非银联体不仅可以加强投融资便利化，服务“一带一路”建设，还可以共同防控风险，维护金融稳定。①

（四）第三方市场合作

第三方市场合作是中国首创的国际合作新模式，将中国的优势产能、发达国家的先进技术和广大发展中国家的发展需求有效对接，以达到多赢的局面。在“一带一路”倡议实践平台上，第三方市场经济合作前景广阔，在国际上获得了积极响应。中国已与10多个发达经济体达成第三方市场合作共识，在亚非一些重大项目上取长补短，取得了务实成果。

中欧第三方市场合作最先起步。2015年6月，中国政府同法国政府正式发表《中法关于第三方市场合作的联合声明》，首次提出了这一概念。此后三年间，第三方市场合作已发展成共建“一带一路”的重要内容，树立了多个国际合作典范。例如，中广核公司和法国电力公司在英国欣克利角核电项目上开展合作，中欧班列的维护工作由中国铁路总公司和德国铁路公司合作完成，中国三峡集团与德国福伊特集团合作改造巴西圣保罗州伊利亚电站机组，中国机械工业建设集团与韩国现代建设株式会社签署厄瓜多尔太平

① 《中非金融合作银联体今天成立》，中国金融新闻网，2018年9月7日，http://www.financialnews.com.cn/photo/201809/t20180907_145625.html。

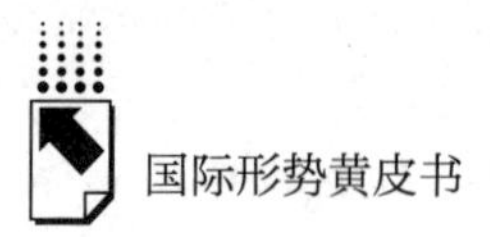

洋炼油厂项目 JV 协议，中信集团联合日本伊藤忠商社、韩国三星集团与泰国正大集团就共同投资泰国东部经济走廊项目达成共识等。①

日本积极携手中国进行第三方市场合作是 2018 年的最新进展。5 月，李克强总理访日期间与日本首相安倍晋三商定设立合作机制。日本政府在《基建系统出口战略》修订版中首次加入了推进日中合作的内容，目的在于推进中日民间企业在第三国开展基础设施建设合作。9 月 25 日，中日第三方市场合作工作机制第一次会议于在北京举行，双方有关政府部门、金融机构和经济团体代表与会，共同推进两国企业在第三国开展基建项目具体化。②

四　“一带一路”面临的外部挑战

“一带一路”倡议已经成为新时期全球化更新和全球治理变革的引领者，在世界上有着热情的响应者和支持者，但同时不乏怀疑者甚至破坏者。由于“一带一路”覆盖地域广大，必然涉及复杂而巨大的地理环境、政治经济制度、民族宗教和历史习俗差别。这些差异性本身既是发展的资源与机遇，又是误解、隔阂和冲突的根源。

（一）大国博弈与地缘政治

过去一年，美国政府对“一带一路”的政策日益凸显大国博弈和地缘政治思维。2017 年 10 月，美国国防部部长马蒂斯与印度官员会晤后不久，在美国参议院听证会上说，“在全球化的世界中，有很多带很多路，不应有一个国家主导‘一带一路’，而且‘一带一路’穿过有争议领土，显示出其脆弱性。”2018 年 6 月，马蒂斯在海军战争学院演讲时再次提到“多带多路”，认为中国的“一带一路”建设是为了“以明朝为模板，要求别的国家变成朝贡国，向

① 《第三方市场合作　协力筑梦一带一路》，《人民日报》2018 年 1 月 4 日。

② 《中日第三方市场合作工作机制第一次会议将在北京举行》，商务部新闻办，2018 年 9 月 21 日，http：//www. mofcom. gov. cn/article/bldxx/zhongyaohd/201809/20180902789310. shtml。

北京叩首”，并“利用掠夺式经济给别国套上大量债务”。[①]“多带多路”论在印度、澳大利亚等国有一定的市场，它意图将其他国家倡议的经济走廊和投融资来源，比如日本和印度提出的“亚非增长走廊”，与“一带一路”对立起来。

美国2017年12月发布的《国家安全战略》报告和2018年初发布的《国防战略报告》中，描述了一个“大国竞争”的新时代，认为中国已经开始“在地区和全球范围内重新施加影响力”，并“挑战美国的地缘政治优势，试图改变国际秩序以为其所用”。[②] 2018年9月底，美国智库新美国安全中心发布了一份名为《如何应对中国的“一带一路”战略》报告，认为中国想借助“一带一路”打造一个不同于现行体系的国际秩序，而这将在地缘政治、商业和治理和发展等多方面给世界带来风险。报告建议美国推出一个强调“自由、公开和可持续发展”的美国愿景，展开公共外交攻势，抗衡中国“一带一路”的宣传，调动资源做出全面回应。[③]

10月4日，美国副总统彭斯在演讲中指责中国利用“债务外交”扩大影响力，因为中国向亚、非、欧以及拉丁美洲的政府提供数千亿美元的基础设施贷款，但这些贷款“条款隐晦”并且中国是“主要受益者”。彭斯还称美国正在精简国际发展和融资计划，并准备签署《建设法案》（BUILD Act），将美国海外投资机构融资上限提高到600亿美元，为印太地区国家提供“公正透明的选择，以替代中国债务陷阱外交”。美国将加大推动印太战略的力度，来对冲中国通过“一带一路”建设不断获得的国际和地缘政治经济影响力。[④]

---

① James N. Mattis, “Remarks by Secretary Mattis at the U. S. Naval War College Commencement, Newport, Rhode Island,” June 15, 2018, https://dod. defense. gov/News/Transcripts/Transcript – View/Article/1551954/remarks – by – secretary – mattis – at – the – us – naval – war – college – commencement – newport – rh/.

② Rory Medcalf, “Many Belts, Many Roads at the Shangri-La Dialogue,” June 1, 2018, https://www. policyforum. net/many – belts – many – roads – shangri – la – dialogue/.

③ Daniel Kliman and Abigail Grace, “Power Play: Addressing China's Belt and Road Strategy,” September 20, 2018, https://www. cnas. org/publications/reports/power – play.

④《副总统迈克彭斯就本届政府对中国的政策发表讲话》，美国副总统办公室，2018年10月4日，https://china. usembassy – china. org. cn/zh/remarks – by – vice – president – pence – on – the – administrations – policy – toward – china – 2 – zh。

（二）民粹主义与经济民族主义

随着英国脱欧、特朗普当选美国总统，“曾经领导过两次全球化的英国和美国成为脱欧和逆全球化的领头羊；曾经主导过全球经济治理变革的国际组织在重塑全球化和全球治理过程中举步维艰；曾经推动过自由贸易和区域经济一体化的发达经济体正在转向保护主义。”① 虽然全球化的主要受益者是西方发达国家，但国民财富的大幅增加并未在其内部获得均衡的分配。社会不平等日益加剧是许多西方民众在民粹主义的煽动下将人口流动和自由贸易视为自身政治经济问题的主要根源。因此，由中国倡议和推动的“一带一路”必须面对反全球化的民粹主义和经济民族主义逆流。②

在政策层面上，美欧发达国家和一些发展中国家加大了“反倾销、反补贴”制裁的数量和力度，提高了国内非关税壁垒，提升了谈判双边和多边贸易协定的要价，给贸易和投资便利化带来很多障碍。目前，中国已与25个国家和地区达成17个自贸协定，正在与27个国家进行12个自贸协定的谈判或者升级谈判，但相比起“一带一路”建设的进展，自贸协议的对象范围有待拓宽、标准有待进一步提高，而这又有赖于中国自身扩大开放和增加进口。只有普惠、包容和可持续的发展才能给“一带一路”沿线各国人民带来公平的机会和均衡收益，才能遏制民粹主义和经济民族主义的蔓延。③

在制度层面，中国尝试建立符合新世纪国际规则的“一带一路”国际商事纠纷解决机制。这包括依托现有司法仲裁和调解机构搭建纠纷解决体系，吸收、借鉴和整合国内外法律服务资源提供高效法律服务，以及建立从诉讼、调解到仲裁的多元化纠纷解决机制等。2018年1月底，《关于建立“一带一路”国际商事争端解决机制和机构的意见》由中央全面深化改革领导小组审议通过并于6月正式印发执行。《意见》要求最高人民法院在深圳

① 约翰·奈斯比特：《“一带一路”建设正重塑全球化》，《经济日报》2017年7月31日。

② 张伟杰：《“一带一路”：新型全球化的探索与实践》，《当代世界》总第436期。

③ 《中国深度融入世界经济　自贸“朋友圈”稳步扩容》，《人民日报》2018年10月7日。

市设立“第一国际商事法庭”，在西安市设立“第二国际商事法庭”，“受理当事人之间的跨境商事纠纷案件。最高人民法院民事审判第四庭负责协调并指导两个国际商事法庭工作”。[①] 7月3日，江苏省贸促会商法中心成功调解一起发生在江苏省某公司与伊朗某公司间已历时四年的农药质量纠纷。这是江苏省成功调解的首起“一带一路”国际商事纠纷，实现了第一次启用专业调解员名册，第一次邀请案外人作为调解见证人出席会议，第一次与外国驻华领事馆联合调解和第一次尝试启动“仲调对接”机制。[②]

（三）“三股势力”

随着“一带一路”建设深入发展，越来越多的项目涉及恐怖势力、极端势力和分裂势力这“三股势力”活跃的国家和地区，不仅增加基础设施和重大项目建设的成本、挫伤投资者的信心，还对中国海外人员和财产安全造成直接威胁。因此，强化安全风险评估和双多边安保合作，加强“一带一路”建设安全保障的要求日益凸显。

首先，“一带一路”建设本身会抑制和打击“三股势力”。“三股势力”反对中国加强与中亚、欧洲等地的经济合作并伺机破坏“一带一路”建设中的基础设施联通和民心沟通。更紧密的经贸联系和更加开放的社会能促进地区和平稳定与改善贫困落后的面貌，这有助于消除中国周边“三股势力”的土壤。通过共建“一带一路”，沿线国家还可以通过增强自身经济和社会管理能力提高应对“三股势力”的水平。[③]

其次，促进“一带一路”与上合组织对接有助于维护地区安全。过去一年，上合组织加强了联合反恐军事演习和双边多边反恐协调合作。2018

---

① 《最高人民法院负责人就〈关于建立“一带一路”国际商事争端解决机制和机构的意见〉答记者问》，最高人民法院，2018年6月28日，http://www.court.gov.cn/zixun-xiangqing-104392.html。

② 《江苏省成功调解首起“一带一路”国际商事纠纷》，一带一路网，2018年7月16日，https://www.yidaiyilu.gov.cn/xwzx/dfdt/60186.htm。

③ 陈积敏：《“一带一路”建设的地缘政治风险及战略应对》，《中国经贸导刊》2017年第21期，第9~12页。

年8月，“和平使命—2018”上海合作组织成员国联合反恐军事演习在俄罗斯巴尔库尔训练场展开，上合组织8个成员国首次全体参加了演习。上海合作组织成员还就打击国际恐怖主义、极端主义以及走私毒品和贩卖人口等犯罪行为达成一致，并决定加强合作，促进信息共享。尽管上合组织不断取得积极进展，但在执行上仍有落实不到位的情况，如信息交换有“保留”，对恐怖组织和极端分子认定存在分歧，涉恐人员信息数据库尚未健全等。①

最后，建设全方位、多元化的“一带一路”安全保障体系是未来应对“三股势力”的发展方向。中国海外利益维护的安全产品结构单一，提供主体主要是政府，因而形成目前“重处置、轻预防”、发展中国家水平的产业供给与近似发达国家水平的海外安全需求间严重失衡的问题。传统的领事保护手段难以满足海外安保的刚性需求，一些私营安保公司借机发展壮大。②过去几年，中国海外私营安保随着“一带一路”建设从无到有，逐步形成了政府主导、市场企业参与、社会民间促进的立体格局。但在顶层设计、运营管理、市场规范和国际规则等方面，中国海外安保还面临许多发展障碍。

结　语

随着共建“一带一路”进入第二个五年，“一带一路”建设将从总体布局和顶层设计走向机制完善、规划对接和项目推进，从高速度拓展走向高质量落实，将“大写意”给世界带来的冲击转变为“工笔画”给中外各国人民带来的实际利益。面对复杂多变的国际局势和逆全球化的民粹潮流，国际上对“一带一路”的评价出现了褒贬不一的现象，对大型项目的经济影响进行了政治化解读，造成了国内外舆论的摇摆和困惑。正因为如此，坚持

① 李自国：《“一带一路”面临的风险与安全机制“缺憾”》，《东北亚研究》2017年第2期，http://www.ciis.org.cn/chinese/2017-09/08/content_40005193.htm。

② 刘波：《“一带一路”安全保障体系构建中的私营安保公司研究》，《国际关系研究》2018年第5期。

“一带一路”促进共同发展、实现共同繁荣的合作共赢之路才显得更加具有时代意义和现实意义。

参考文献

李向阳：《“一带一路”：区域主义还是多边主义?》，《世界经济与政治》2018 年第 3 期。

门洪华：《“一带一路”规则制定权的战略思考》，《世界经济与政治》2018 年第 7 期。

王志民、陈远航：《中俄打造“冰上丝绸之路”的机遇与挑战》，《东北亚论坛》2018 年第 2 期。

崔健、刘伟岩：《“一带一路”框架下中日与第三方市场贸易关系的比较分析》，《现代日本经济》2018 年第 5 期。

包运成：《“一带一路”贸易便利化争端解决机制问题及对策》，《改革与战略》2018 年第 8 期。

韦宗友：《美国对“一带一路”倡议的认知与中美竞合》，《美国问题研究》2018 年第 1 期。

朱伟婧、张仕荣：《促进上合组织与“一带一路”更好对接》，《学习时报》2018 年 6 月 11 日，http://www.studytimes.cn/zydx/DDSJ/GUOJZZ/2018-06-10/13049.html。

刘卫东、宋周莺等：《“一带一路”建设研究进展》，《地理学报》2018 年第 4 期。

薛力：《“一带一路”与中国对东南亚外交》，《世界知识》2017 年第 21 期。

Daniel Kliman and Abigail Grace, “Power Play: Addressing China's Belt and Road Strategy,” September 20, 2018, https://www.cnas.org/publications/reports/power-play.

Jonathan Hillman, “China's Belt and Road Initiative: Five Years Later,” January 25, 2018, https://www.csis.org/analysis/chinas-belt-and-road-initiative-five-years-later-0.

Michael Kovrig, “The Twist and Turns along China's Belt and Road,” Crisis Group Commentary, October 2, 2017, https://www.crisisgroup.org/asia/north-east-asia/china/twists-and-turns-along-chinas-belt-and-road.

Jeff Smith, “China's Belt and Road Initiative: Strategic Implications and International Opposition,” The Heritage Foundation Backgrounder, No. 3331, August 9, 2018, https://www.heritage.org/asia/report/chinas-belt-and-road-initiative-strategic-implications-and-international-opposition.

Y.13

海外利益保护的国家间比较

肖 河*

摘 要： 海外利益保护的核心问题是应对全球化背景下国籍国和东道国在保护权力、能力和动力上的不平衡，在全球范围内合理调配安全资源。根据对主权国家体系的态度，各国的海外利益保护措施大致可以分为外交保护型、立法强制型、东道国主导型和安全聚合型四类，它们在强制性和主体多元化上存在差异。根据这一分类框架，当前世界各国的海外利益保护大致可以分为主导强国和次强国家两类，其中前者能够综合利用所有的利益保护手段，而后者一般则存在明显短板。比较发现，中国的海外利益保护呈现低强制性和多元化程度不足的特征，而在这两个领域做出适当调整也是中国海外利益保护的发展方向。

关键词： 海外利益保护 外交保护 领事保护 全球安全聚合

一 海外利益保护的比较研究框架

2018年9月25日，美国总统特朗普在联合国大会发表演说。与以往一样，他在这次演说大肆宣扬了“美国第一”的理念。演说中，特朗普故作

* 肖河，中国社会科学院世界经济与政治研究所副研究员，主要研究方向为美国外交、战略竞争和大国关系。

惊人地宣称："美国将永远选择独立与合作，而不是全球治理、控制与统治……美国将尊重在座国家的习惯、信仰和传统……要求的唯一回报只是对美国主权的同等尊重。"① 特朗普的发言意味着美国还将进一步调整其在全球范围内发展和维护自身利益的方式——从合法性较强、长期收益较高的多边途径转向于短期效率较高的单边和双边途径。这一变化也从侧面表明，即使是对美国这样的超级大国而言，在全球化时代充分保护自身的利益特别是海外利益也非易事。美国仍然在不同的方式之间踌躇摇摆，而当前时代的海外利益保护仍然是一个没有现成答案的难题。

（一）权力、能力与动力的不匹配

海外利益保护之所以成为一个问题，就在于保护该类"特殊"利益的权力、能力和动力在国际社会的当前发展阶段难以获得平衡，始终存在效用、合作与合法性困境。② 一方面，那些拥有庞大海外利益的国家大多具有加以保护的动力，同时虽然它们在国家能力上存在不小差异，但是大多也具备加以保护的基本资源和能力。由于现有国际法体系确立了属地管辖权的优先地位，这些国家缺少合法的权力来实施这种领土管辖权以外的保护。这一合法性问题使得大国、强国、富国的海外保护行为可能"事倍功半"，甚至是"火上浇油"。另一方面，对于作为他国海外利益的地理载体的东道国而言，它们有足够的合法权力来实施对他国公民和法人利益的保护，但是其在能力和动力上存在疑问。在极端情况下，对于这种需要耗费行政和财政资源的保护，东道国可能既无能力，也无意愿。通常情况下，国籍国会怀疑东道国是否会对自身利益"区别对待"；反之，东道国也会怀疑国籍国的保护海外利益的措施侵犯了自身的属地管辖权，甚至是"干预内政"。换而言之，

---

① "Remarks by President Trump to the 73rd Session of the United Nations," September 25, 2018, https://www.whitehouse.gov/briefings-statements/remarks-president-trump-73rd-session-united-nations-general-assembly-new-york-ny/.

② 刘莲莲：《国家海外利益保护机制论析》，《世界经济与政治》2017 年第 10 期，第 126 ~ 153 页。

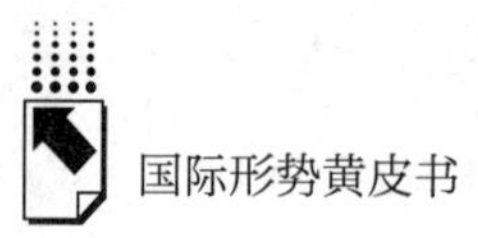

海外利益保护所要解决的核心问题就是如何在全球化日益发展的形势下，更加有效地在国际法上平衡属地管辖权与属人管辖权，使得各国的海外利益保护需求与能力能够得到更加优化的配置。①

属地管辖权与属人管辖权之间的矛盾内在于威斯特伐利亚体系之中，因为作为该体系核心的主权原则在国际法中确定了前者的优先性。与此同时，威斯特伐利亚或者说主权国家体系又是一个更多强调“程序性”而非“实质性”内容的国际秩序，主要规范了国家间的平等法律地位和对等交往程序，对于国家的国内外行为所应受到的约束和所应遵循的规则着墨不多。伴随着全球化的深化和全球治理的出现，威斯特伐利亚体系缺乏规则“方向感”的弊端愈发明显。② 依此而言，更好的海外利益保护要突破威斯特伐利亚体系的内生困境。对此，从实际来看解决或者缓解这一困境有四条可能路径。

第一，是在不改变威斯特伐利亚体系的前提下，利用所有国家主权均“不受限制”的特点，通过主权之间的对抗性互动来加以保护。③ 外交保护是这一类途径的代表，其实质是国家将对本国公民和法人的侵害“拟制”为对国家本身的侵害，并以此为由追究侵害国的责任。这一途径在本质上遵循的是自助和权力政治原则，现代以来外交保护的合法性逐渐式微，同时作为理论内核的国家代行公民和法人权利的做法也不符合国际法“人本化”

---

① 这里将海外利益定义为一国公民和法人合约性的海外权益（而非在本质上可能相互抵触的安全和战略利益），因而在不同国家间具有一致性和共通性，这也是在该领域可以优化各国资源配置的基础。参见苏长和《论中国海外利益》，《世界经济与政治》2009 年第 8 期，第 13 页。

② 上述关于威斯特伐利亚体系特征的论述参见亨利·基辛格《世界秩序》，胡利平、林华、曹爱菊译，中信出版社，2015。

③ 例如，尊重主权原则并没有取消国家的战争权，相反这种限制还与主权的绝对性原则相抵触。不过，当前国际秩序是第二次世界大战后“改良版”的威斯特伐利亚秩序，对国家行为施加了少数限制。参见 Johanna Jacques，“From Nomos to Hegung：Sovereignty and the Laws of War in Schmitt's International Order，” *The Modern Law Review*，2015，Vol. 78，No. 3，pp. 411 –430。

的发展趋势。[①] 不过，虽然外交保护总体上是一种“旧式”逻辑，但是其蕴含的主权间“报复”原则依然在现实海外利益保护中发挥着关键作用。

第二，是在不改变威斯特伐利亚体系的基础上，增加海外保护的资源投入，即在效率和合法性条件大致不变的环境上，通过增加投入来提高保护效果。领事保护是这一类途径的代表，其完全承认东道国在海外利益保护中的优先地位，但是主张国籍国在具体的保护过程中可以介入并发挥辅助作用，以增强东道国政府的保护能力。[②] 从逻辑上看，通过改善与东道国的关系（这通常意味着在诸多政策领域满足后者的要求）来促使其加强对本国利益的保护也属于这一途径。

第三，是部分改造威斯特伐利亚体系，增添更多的实质性内容，约束和规范国家对待他国海外利益的方式，将原本属于东道国自由裁量的相关内容转变为普遍规则下的具有法律约束性的权利义务关系。塑造国际环境、引领国际体系是这一类途径的代表。[③] 这种塑造既可以通过广泛的多边谈判和建立全球性国际机制来实现，也可以通过有限的双边或者少边渠道甚至是单方面的国内立法来实现。

第四，是在自由主义国际秩序的实质规范（例如市场经济规则）深刻塑造了当前国际经济和政治环境的前提下，通过国家内部的“分权”，将原本由国家垄断的公共安全供给体系转化为多元参与且国家仅是分配、协调和监督节点的安全供给网络。“分权”后的安全供给网络能够更有效率地在私人和地方层面与他国的同类行为体对接，形成新的全球安全聚合（global security assemblage）。[④] 这一新的跨国关系通过“降维”（将原本国家间的政

---

① 刘笋：《国际法的人本化趋势与国际投资法的革新》，《法学研究》2011年第4期，第196~198页。

② 刘莲莲：《论国家海外利益保护机制的国际合法性：意义与路径》，《太平洋学报》2018年第6期，第17页。

③ 汪段泳：《海外利益实现与保护的国家差异——一项文献综述》，《国际观察》2009年第2期。

④ Rita Abrahamsen and Michael C. Williams, “Security Beyond the State: Global Security Assemblages in International Politics,” *International Political Sociology*, No. 3, 2009, pp. 1 -17.

治互动转变为非政府行为体之间的互动）回避了主权国家体系中的合法性问题，实现了资源的更优配置。跨国私营安保公司、保险公司、国际法律公司和各类民间团体均是这一路径的主要载体。

（二）海外利益保护的模式比较

比较不同国家的海外利益保护，大体有两个观察维度。其一是保护手段的性质，这涉及与其他国家的互动方式，是外向型属性；其二是与手段密切关联的国内制度设计，这涉及国内各部门的地位影响，是内向型属性。值得强调的是，国家并非海外利益保护的唯一主体。从海外利益出现起，具体承载这一利益的公民和法人以风险规避为主要内容的自我保障就是最为普遍的保护手段。在全球化迅速发展的当今世界，跨国企业和商业机构也具有和承担了更多的“自我保护”的能力和职责。在投资企业层面，这既包括消极的风险控制，也包括积极的履行社会责任和供应链管理；在其他商业机构层面，则是提供跨国环境评估、安保、金融和保险服务。[①] 这些措施本身并非国家行为，更多地体现了各国在海外利益保护之中的共性。但是，对非政府行为体海外利益的态度以及相关的国内管制政策体现了各国在国家层面的偏好。因此，非国家行为体如何通过全球安全网络保护自身虽然不是国家海外利益保护模式的直接比较内容，但是其背后的政策导向应当是题中之义。

在现实中，国家一般会综合采用所有四种海外利益保护途径，但是由于利益保护需求、国家能力和国内制度偏好上的差异，不同国家会更偏重某一类或某几类措施，这种构成上的差异就形成了国家海外利益保护的不同“模式”。根据海外利益保护措施的强制性和行动主体来加以分类，大概有四类构成不同模式的基本类型，它们分别是外交保护、立法强制、东道国主导和安全聚合型。其特征如图 1 所示。

---

① 李众敏：《中国海外利益保护战略刍论》，《世界经济与政治》2012 年第 8 期，第 99 页。

高强制性 行政主导 外交保护型	高强制性 立法主导 立法强制型
低强制性 行政主导 东道国主导型	低强制性 社会主导 安全聚合型

图 1　国家海外利益保护措施的类型

外交保护型是最“经典”的一类海外利益保护措施，其更多遵循的是“主权对抗”的逻辑途径，通常具有较高的强制性。这类措施的执行大多取决行政部门的自由裁量，19 世纪以来的各类“炮舰外交”就是其中的代表。东道国主导型则与此相反，其主要通过领事保护、外交交涉等强制性较低的措施加以保护，它们的效果如何还是取决于东道国的意愿和能力。立法强制型则是以国内法（包括国内立法机构批准的国际条约）代替行政机构的自由裁量、具有高度强制性的海外利益保护措施，其相较于外交保护型措施更加“刚性”，各种“长臂管辖”或者“治外法权”通常是此类措施的内容。安全聚合型则是通过强制性更低的国际法框架内的商业和社会活动来保护海外利益，是一类软性、多元、本地化的保护措施。

现实中，由于海外利益这一概念本身的复杂性和载体的多元性，这四种海外利益保护类型并不是相互排斥的，国家在不同的利益领域可能偏好不同的保护模式。不过，通常只有国力在中等以上的国家，才具备采取高强制性措施的可能性。总体来看，国家的综合能力越强，其海外利益保护模式也就越多元化。在这一分类比较框架基础上，下一部分将通过对两类主要国家的介绍，来展示不同国家在海外利益保护上的政策偏好和类型组合。

二　主要国家海外利益保护的模式案例

根据在现有国际体系和秩序中的影响力大小，这一部分将展示两类主要国家（至少具有一定地区影响力的次强国家）的海外利益保护模式。一类是当前国际秩序的“内圈”主导国家，即美国和英、法等欧洲大国；另一类则是包括日本、印度在内的其他次强国家。之所以将日本这样的发达资本主义国家和印度这样的新兴经济体国家归为一类，是因为它们在海外利益保护上仍然与欧美强国存在重大差异，主要是在海外利益保护措施的强制程度上相形见绌。这一差异与国家间的综合实力差距有密切关系。

（一）海外利益保护的主导强国模式

美国是当今国际体系中的霸权国家，也是国际秩序的主要塑造者。美国在海外利益保护中采取了相当数量的高强制性措施，其广泛使用立法强制型措施，同时也不排除在极端情况下采取包括行使武力在内的外交保护型措施。以 1948 年马歇尔计划的出台为分水岭，原本主要属于行政部门，特别是总统和国务院的保护海外美国公民及其财产的权力逐步流向国会。特别是涉及财产保护的部分，基本上被写入各类由国会提出或批准的立法和条约。① 其实质是用美国的政治、经济和军事实力来支撑美国的国内法，迫使其他国家不得不按照美国的国内法律来约束自身涉及美国海外利益的行为。这些做法当然具有不同程度的霸权主义色彩，但是相对于由行政部门主导的外交保护，其透明度和机制化程度更高，能够在国际社会中形成较为稳定的预期。当前，美国的相关法律条文众多、体系庞杂，其中最为重要的包括对受援国附加了多种义务的《对外援助法案》，以及针对其他国家没收美国公民海外资产的各类贸易法案和修正案。②

美国海外利益保护的高强制性特征带来了两方面的影响。一方面其具有明确、高效的优势，能够切实抑制其他国家针对美国海外资产的负面行为；另一方面会引起合法性争议，甚至促使其他大国采取反制性的立法措施。③

---

① “Protection of American Rights of Person and Property Abroad,” https：//law. onecle. com/constitution/article – 2/45 – protection – of – american – rights – abroad. html.

② 甄炳禧：《新形势下如何保护国家海外利益：西方国家保护海外利益的经验及对中国的启示》，《国际问题研究》2009 年第 6 期，第 50 页。

③ 英国在 1980 年就专门针对美国国内立法中的“治外法权”问题颁布了《保护贸易利益法案》，对可能受到影响的英国本土企业予以立法支持，参见 *Protection of Trading Interests Act* 1980，http：//www. legislation. gov. uk/ukpga/1980/11。

因此，美国广泛采用立法强制型的海外利益保护措施是以其在国际体系中独有的实力优势地位为支撑的，其他国家难以效仿。与用立法迫使其他国家接受自身体系的美国类似，欧盟在海外利益保护中也试图推动东道国与自身在治理环境上的同质化，但是不同的是，欧盟是通过更具弹性的共同的欧盟扩大和睦邻政策来实现这一目标。欧盟以入盟谈判和援助补贴为主要政策抓手，通过严格的考核来改变政策申请国和受援国的国内治理规则。[①] 这种塑造模式也具有相当程度的强制性和干预性，但是与美国相比其针对的对象更为有限，对国际环境的塑造作用较小，同时政策的自由度也相对较大。总之，作为国际秩序的引领者，美国和欧盟始终在利用多种方式为侧重程序性的主权国家体系增加实质性规则，塑造有利于自身海外利益的国际经济和治理环境。

除了立法强制型措施之外，美国和欧盟自20世纪80年代的里根和撒切尔革命起就开始大力发展安全聚合型措施，在继续倚重传统非政府行为体的同时，还在海外安全供给上大量“外包”，充分利用政治成本更低、合法性更强的网络型安全供给。其中，出于新自由主义的经济意识形态和广泛的实际运用，安全外包已经成为美国安全和防务体系中不可分割的一部分，实际上分享了美国的国家权威和合法性。[②] 这一“安全私有化”进程既有政府政策的推动，也有立法规范的跟进。欧盟在“安全外包”上的立场与美国较为相似，正在积极推动国际私营军事和安保公司的规制化。整体上看，美国和欧盟非强制性的安全聚合型保护与强制性的立法强制保护互为补充，更好地覆盖了海外利益领域。相对而言，美国对东道国主导型的保护措施重视不够。例如，在最为常规和普遍的领事保护上，美国对于该类保护的互惠性重视不足。作为《维也纳领事关系公约》的缔约国，美国一直未能充分履行公约规定的通告义务，这也显著影响了其他国家在涉美事件中履行领事保护

① 国家行政学院国际事务与中国外交研究中心：《欧盟海外利益及其保护》，《行政管理与改革》2015年第3期，第83页。

② Martha L. Phelps, “Doppelgangers of the State: Private Security and Transferable Legitimacy,” *Politics & Policy*, Vol. 42, No. 6, 2014, pp. 838 – 839.

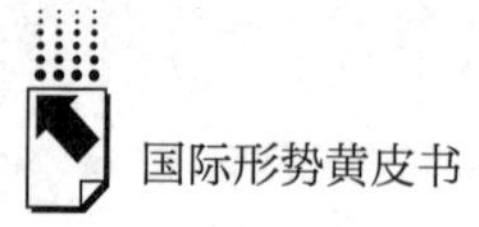

义务的质量。①

最后，外交保护乃至于军事性的对外干预也一直是美国和英、法这样的欧洲大国在海外利益保护中的选项。尽管三国在使用这一政策工具时更加谨慎，但是它们并没有在法理上放弃使用这些。西方学界甚至据此提出了将军事干预合法化的“正义战争”标准，有条件地将行使武力转化为有效、合法的政策工具。② 除美国外，法国是当前最频繁和最大规模使用武力干预的国家。法国军事力量广泛分布于西非地区，21 世纪以来在乍得、中非和科特迪瓦的法国军队承担着直接保护法国公民、支持亲法政府、维护区域稳定的职责。这也引发了国内外的强烈争议。③

在特朗普执政后，美国的海外利益保护模式发生了一些变化，这主要体现在对国际环境的塑造上。以往，美国主要通过联合国、WTO 等广泛的多边机制来整体性地塑造有利于本国利益的国际规则环境。但是随着全球化的发展，这种模式被越来越多的美国人视为“缓不应急”“资不抵债”，亟须通过更有效率的选择性的少边主义甚至是单边主义的方式来推进对美国更为有利的“新版”国际规则。早在奥巴马时代，TPP 就带有这一色彩，不过该协定在总体上仍然希望争取更多国家的前期支持，营造出一种“多边主义”的氛围。但是特朗普政府并不在乎是否具有多边主义色彩、是否具备足够的国际合法性，其希望采取更加直接的方式。从目前看来，尽管这种方式使得美国与很多国家发生了更为激烈的冲突，但是也收获了部分成果。例如，特朗普已经先后通过强硬的双边谈判迫使墨西哥和加拿大就重修 NAFTA 做出让步，形成了对美国更有利的贸易协定。这恐怕将鼓励美国进一步地按照“特朗普主义”来塑造国际环境。

① “U. S Citizens and International Law,” https://www.americansabroad.org/us－citizens－and－international－law/.

② “开战正义”（jus ad bellum）原则主要包括目的正义、使用武力是最后手段、武力的行使与目的相匹配以及得到合法授权这四要素。参见 Scott Fitzsimmons，“Just War Theory and Private Security Companies,” *International Affairs*, Vol. 91, No. 5, 2015, p. 1070。

③ Andrew Hansen, “The French Military in Africa,” https://www.cfr.org/backgrounder/french－military－africa.

（二）海外利益保护的次强国家模式

次强国家保护自身海外利益的模式大致可以分为两类。第一类在海外利益保护上的立场较为“温和”，强制性较弱，它们的行为方式更接近中小国家。

第一，由于国家力量相对有限，它们较少甚至很少采取外交保护或者立法强制型措施，更多的是通过约束本国海外行为体的方式来控制风险。其中不少国家规定，公民个人应当为海外救助行动支付费用，这也是为了增强个体和法人的海外风险意识。① 有些国家和社会甚至会高度强调公民在海外有责任为国家“减少麻烦”。② 第二，这些国家高度重视塑造有利于自身海外利益发展的国际环境，但是与美国或者欧盟能够通过单边或者双边措施来实现这一目标不同，它们更多依靠参与和影响区域和全球性多边机制来得偿所愿。例如，对于这些国家而言，像《汉城协定》和《华盛顿协定》这样的多边投资机制就更具重要意义，比缔结双边投资协定更加高效。第三，这些国家更为重视非强制性的外交措施，营造良好的对外关系，因此外交部门在政府中往往拥有更高的地位和更多的权限，在海外利益保护中发挥着比其他部门更为重要的作用。③ 第四，这些国家同样认识到了全球安全聚合的发展趋势，但是与美国高度重视和广泛利用国际私营军事和安保产业不同，它们更多的是通过加强社会间联系的“软性”手段来维护海外利益。例如，相对于美国、英国等高度发达的“安全外包”国家，同为发达国家的日本就并不热衷于发展自身的国际私营安保产业，而是高度重视通过公民组织加强与东道国社会的联系。这种做法不仅资源投入较少，而且效果更加突出。④

---

① 杨洋：《中国领事保护中存在的问题及对策》，《国际政治研究》2013 年第 2 期，第 19 页。

② 冀浩然：《人质事件下日本社会“自我责任论”与“首相责任论”论战》，https：//www.guancha.cn/JiHaoRan/2015_ 01_ 27_ 307630.shtml。

③ 例如加拿大总理就长期兼任外交部部长，一度从外交部门中分离出去的国际发展署及其相关权限也最终回归，由外交部发展为外交事务与贸易发展部。参见钱皓《加拿大外交部与国家海外利益保护》，《国际观察》2015 年第 6 期，第 106～108 页。

④ Mathieu Duchâtel，Oliver Bräuner and Zhou Hang， “Protecting China's Overseas Interest：The Slow Shift Away from Non-interference，” *SIPRI Policy Paper* No. 41， Stockholm International Peace Research Institute，2014，p. 38.

第二类国家保护海外利益的方式则更具“攻击性”，印度是其中的代表。与其他次强国家相似，印度高度重视利用公民组织来加强与他国社会间的联系，重视国际多边组织的作用。但是区别在于印度同样敢于使用外交保护型措施，甚至是直接派出武装力量干预其他国家内政，保证当地的政治发展不会危及自身的海外利益。[①] 印度海外利益保护的这一特征在应对中国提出的“一带一路”倡议时表现得极为突出，其经常通过带有强权政治色彩的外交行动向斯里兰卡、尼泊尔和孟加拉国施压，防止它们“倒向”中国。除此之外，印度还和欧美大国一样，广泛利用民主援助来塑造有利于自身的国际环境。例如，印度是联合国民主基金会继美国之后的第二大出资国。与印度“咄咄逼人”的干预性、强制性的海外利益保护模式相匹配，印度还在外交部之外专门设立了海外印度人事务部，后者可以独立处理相关的海外利益保护问题。[②] 值得注意的是，由于善于利用自由民主的意识形态和公民组织，印度的海外干预通常不会引起广泛非议。其中原因除了西方大国的默许和支持以外，也体现了不少发展中国家，特别是非洲国家在卢旺达种族屠杀后在干预问题上的态度变化。[③] 这一趋势在利比亚和叙利亚危机爆发后，还进一步扩散到北非和中东的不少国家。沙特阿拉伯、土耳其这样的地区大国在保护自身的海外利益时也在不同程度上具有相似特征。

三　比较视野下的中国海外利益保护

利用第一部分提出的分类框架，对比第二部分的模式展示，可以更清楚地看到当前中国海外利益保护的特征，这也从侧面提示了中国海外利益保护的可能发展方向。

---

① 张楠：《崛起过程中的海外利益维护》，《宁夏社会科学》2014 年第 6 期，第 13 页。

② 刘宗义：《印度海外利益保护及其对中国的启示》，《现代国际关系》2012 年第 3 期，第 16～23 页。

③ 关于发展中国家在国际干预问题的立场及其发展，参见陈拯《说辞政治与“保护的责任”的兴起》，《世界经济与政治》2018 年第 6 期，第 14 页。

（一）中国海外利益保护的比较特征

首先，无论是行政部门主导的外交保护型措施还是立法部门主导的立法强制型措施，中国都很少采用。这导致除了利比亚撤侨等极少数情况之外，中国的海外利益保护大多是通过低强制性的与东道国的外交交涉实现的，高度依赖与东道国的双边关系和对方的意愿与能力。[①] 特别值得强调的是，尽管中国的对外援助和投资金额庞大，但是并不存在欧盟式的严格评估体系，因此中国的经济力量在塑造有利于自身的国际环境方面作用有限。有鉴于此，近年来中国也在考虑制定带有一定立法强制型色彩的对外援助法，特别是要建立援外监督评估体系，但是目前尚无显著进展。[②] 在海外利益保护的逻辑上，中国主要还是通过经贸往来和直接援助等国际经济联系来强化东道国主导型的保护措施，其作用是间接的、低强制性的，这在确保较强合法性的同时也增加了海外利益保护中的不确定性。因此，也有观点指出，中国的对外政治经济政策并未有效塑造区域环境、保护自身的海外利益，包括“一带一路”倡议在内的诸多合作虽然规模迅速扩大，但是更多反映了东道国的利益需求，没有显著增强中国的控制和保护能力。[③] 低强制性是中国海外利益保护的最主要特征。

其次，对于安全聚合型的海外利益保护措施，中国开始逐步认识到其优势和重要性，但是这种认识与其他主要国家又存在一定差异。一般而言，遵循市场经济原则的商业行为体和遵循非营利原则的公民组织是全球安全聚合网络中的两类主要非政府主体。大部分国家在保护自身海外利益的过程中都会“两者并重”，让它们在各自领域发挥突出作用。比较而言，中国在利用这两类主体时都存在短板。一方面，中国企业、政府和学术界开始认识到国

① 唐昊：《关于中国海外利益保护的战略思考》，《现代国际关系》2011 年第 6 期。

② 薛澜、翁凌飞：《西方对外援助机构的比较与借鉴——改革中国的对外援助模式》，《经济社会体制比较》2018 年第 1 期，第 107 ~113 页。

③ Jonathan Hillman, “China's Belt and Road is Full of Holes,” Center for Strategy and International Studies, 2018, https://www.csis.org/analysis/chinas-belt-and-road-full-holes.

际私营安保公司等商业行为体在海外利益保护中的重要作用，其效率高、政治成本低、合法性强的优点日益得到认可。[①] 但是这种重视更多的是出自浅层的现实需要而非深层的理念转变，并没有真正实现朝向“安全聚合”网络的转型，这也导致相应产业和行为体的发展并不迅速。另一方面，中国非营利性公民组织的国际化程度更低，与其他国家的同类组织相比明显相形见绌。中国的公民组织一般都有深厚的政府背景，与国际通行模式差异较大，也缺少国际交往和对话的经验与能力，很难与国际和东道国的非政府组织有效对接、合作或者相互制衡。[②] 与相应的市场行为体相比，中国公民组织的国际化面临更多认识和体制上的挑战。利益保护主体的多元化程度有限是中国海外利益保护的另一重要特征。

这两个特征共同决定了中国的海外利益保护主要是由政府主导的，其他非政府行为体发挥的作用还较为有限。在政府中，主要是由行政部门的自由裁量来进行保护。而且，相应资源和外交投入大多需要经过东道国政府的“接收”和“转化”才能转化为终端安全供给。这部分导致了中国对海外公民和资产的保护高度依赖领事保护的局面，使得外交部的领保部门“小马拉不动大车”，有限的领保资源和不断增长的海外利益保护需求之间缺口不断拉大，领事保护的“可持续性”问题日益突出。[③] 对此，很多观点指出在增加资源投入和多元供给渠道之外，还需要通过立法等手段减轻政府的海外利益保护责任、降低公民的海外安保预期，以此增强中国领事保护的可持续性。[④] 就目前看来，虽然中国正在探索多元化的海外利益保护模式，突破对外交交涉和领事保护的依赖，但是尚未显示总体特征的变化。

---

① 赵可金、李少杰：《探索中国海外安全治理市场化》，《世界经济与政治》2015 年第 10 期，第 136 ~ 137 页。

② 周鑫宇：《全球治理视角下中国民间外交的新动向》，《当代世界》2018 年第 5 期，第 32 ~ 35 页。

③ 黎海波：《中国领事保护可持续发展探析》，《现代国际关系》2016 年第 6 期，第 9 ~ 14 页。

④ 夏莉萍：《中国领事保护需求与外交投入的矛盾及解决方式》，《国际政治研究》2016 年第 4 期，第 10 ~ 25 页。

（二）中国海外利益保护的可能发展方向

强制性低、多元化不足是中国海外利益保护的两大特征。前者使得中国海外利益保护措施的合法性较强，不容易引发双边摩擦和冲突，但是缺点是保障力度不足，资源投入和安全供给之间的关系也较为间接；后者则是中国海外利益保护的明显短板，使得中国难以在不同的情境下选择恰当的保护方式，经常要以政府应对非政府行为体，打“不对称战争”。其中非营利性公民组织的发展和国际化不足更是短板中的短板。

展望未来，虽然逆全球化和民粹主义思潮还会在全球掀起波澜，但是这更多是对日益深入的全球化进程的反应，难以逆转全球化和全球治理的趋势。在这一背景下，世界范围内的属地管辖权与属人管辖权的交织和冲突还将深化，全球安全聚合还将进一步扩大，世界各国关于海外利益保护中合法性问题的认识还将持续转变。就目前看来，只要符合一定条件，无论是外交保护还是国内立法，国际社会对这些更具强制性的海外利益保护措施的接受程度都在提高。

要想提高中国海外利益保护的能力，除了增强中国各类政府、非政府主体的海外行动能力之外，更主要的是要提高保护模式本身的效率。为此，一种思路是在更大程度上实现安全供给的“分权”，将原本属于国家的安全保护职能下放给市场和其他的社会行为体，将国家主权之间的互动“降维”为社会之间的互动，遵循的是较少合法性争议的通行国际规范。这样既可以增强海外利益保护的自主性、灵活性与合法性，又可以确保成本和收益之间的权责对等，提高整体效率。另一种思路则是在与东道国的政治经济互动中争取更多主动，通过达成有约束力的双边条约、建立国内立法的方式来保障资源和外交投入的产出，化被动为主动。尽管在这一过程中肯定会出现一定程度的争议，但是这种转变符合国际社会的整体发展潮流，长期来看反而会增强中国海外利益保护的国际合法性。

参考文献

亨利·基辛格：《世界秩序》，胡利平、林华、曹爱菊译，中信出版社，2015。

国家行政学院国际事务与中国外交研究中心：《欧盟海外利益及其保护》，《行政管理与改革》2015 年第 3 期。

陈拯：《说辞政治与“保护的责任”的兴起》，《世界经济与政治》2018 年第 6 期。

黎海波：《中国领事保护可持续发展探析》，《现代国际关系》2016 年第 6 期。

李众敏：《中国海外利益保护战略刍论》，《世界经济与政治》2012 年第 8 期。

刘莲莲：《国家海外利益保护机制论析》，《世界经济与政治》2017 年第 10 期。

刘莲莲：《论国家海外利益保护机制的国际合法性：意义与路径》，《太平洋学报》2018 年第 6 期。

刘笋：《国际法的人本化趋势与国际投资法的革新》，《法学研究》2011 年第 4 期。

刘宗义：《印度海外利益保护及其对中国的启示》，《现代国际关系》2012 年第 3 期。

钱皓：《加拿大外交部与国家海外利益保护》，《国际观察》2015 年第 6 期。

苏长和：《论中国海外利益》，《世界经济与政治》2009 年第 8 期。

唐昊：《关于中国海外利益保护的战略思考》，《现代国际关系》2011 年第 6 期。

汪段泳：《海外利益实现与保护的国家差异——一项文献综述》，《国际观察》2009 年第 2 期。

夏莉萍：《中国领事保护需求与外交投入的矛盾及解决方式》，《国际政治研究》2016 年第 4 期。

薛澜、翁凌飞：《西方对外援助机构的比较与借鉴——改革中国的对外援助模式》，《经济社会体制比较》2018 年第 1 期。

杨洋：《中国领事保护中存在的问题及对策》，《国际政治研究》2013 年第 2 期。

张楠：《崛起过程中的海外利益维护》，《宁夏社会科学》2014 年第 6 期。

赵可金、李少杰：《探索中国海外安全治理市场化》，《世界经济与政治》2015 年第 10 期。

甄炳禧：《新形势下如何保护国家海外利益：西方国家保护海外利益的经验及对中国的启示》，《国际问题研究》2009 年第 6 期。

周鑫宇：《全球治理视角下中国民间外交的新动向》，《当代世界》2018 年第 5 期。

Johanna Jacques，“From Nomos to Hegung：Sovereignty and the Laws of War in Schmitt's International Order，” *The Modern Law Review*，2015，Vol. 78，No. 3.

Martha L. Phelps，“Doppelgangers of the State：Private Security and Transferable Legitimacy，” *Politics & Policy*，Vol. 42，No. 6，2014.

Rita Abrahamsen and Michael C. Williams, "Security Beyond the State: Global Security Assemblages in International Politics," *International Political Sociology*, No. 3, 2009.

Scott Fitzsimmons, "Just War Theory and Private Security Companies," *International Affairs*, Vol. 91, No. 5, 2015.

Y.14 2018年中东形势评估与前景预判

张　元*

摘　要： 2018年中东地区热点不断。美国特朗普政府先是将美驻以使馆搬迁至耶路撒冷，引发巴以关系紧张，而后又单方面退出伊核协议，使得中东无核化进程严重受阻。叙利亚和也门国内依旧战火纷飞，且战事各方矛盾更为错综复杂。伊拉克国民议会选举和土耳其总统大选结束，未来两国面临诸多挑战。总的来说，中东形势发展呈现三个特征：一是伊朗坐大使地区力量均衡发生变化，中东国家间矛盾加剧，特别是沙伊冲突和以伊冲突表现明显；二是域外大国角逐愈演愈烈，美俄两国的竞争有发展成集团对垒的趋势；三是中东地区政治碎片化现象突出，宗教极端主义和恐怖主义等非传统安全威胁与日俱增。

关键词： 中东形势　沙伊冲突　美俄博弈　非传统安全威胁

一　中东地区的新热点与新动向

2018年，中东仍然是全球瞩目的焦点地区。老问题尚未得到有效解决，新问题则接踵而至，使得中东政治格局和安全形势更趋复杂。特别是近年

---

* 张元，中国社会科学院世界经济与政治研究所助理研究员，主要研究领域为国际政治经济学、国际冲突、民族主义与分离主义问题等。

来，中东焦点走向呈现“东升西降”之势，相较于北非区域，西亚地区的问题更为突出。2018 年以来中东地区的新热点与新动向集中于西亚的伊朗、叙利亚、也门、伊拉克、土耳其等国，以及巴以地区。具体情况如下。

（一）美国单方面退出伊核协议，五国抢救任务愈发艰巨

2018 年 5 月 8 日，美国总统特朗普单方面宣布退出伊朗核问题全面协议，瞬间引发全世界的担忧。目前，围绕着伊核问题，伊朗与美国针锋相对，立场差异较大，而英、法、德、俄、中五国则在尽全力挽救协议，但也隐忧重重。

伊朗对于美方的强力施压毫不示弱，已经多次拒绝与美国重谈协议，并于 8 月初在波斯湾水域举行军事演习，进行示威。伊朗总统鲁哈尼表示，如果石油出口受到美国的“封杀”，不排除封锁霍尔木兹海峡，切断中东的石油运输线。美国也无妥协之意，正式重启对伊经济制裁，范围包括禁止伊政府购买美元，制裁伊朗黄金和贵金属交易，禁止与伊开展矿产、汽车、特定金融业务等方面的贸易活动。特朗普警告说，“任何与伊朗做生意的人都别想和美国做生意”①。在伊朗核问题外交部长会议上，五国“再次确认他们的承诺，将完全、有效地执行”协议。② 与此同时，欧洲推出“阻断法令”更新版本，旨在保护在伊朗开展业务的欧盟公司不受影响。欧盟宣布向伊朗拨款 1800 万欧元，用于拓展与伊朗的经济关系，帮助伊朗部分抵消因制裁所遭受的损失。

2018 年 8 月 30 日，国际原子能机构发布报告说，伊朗仍然在遵守核问题全面协议。但是实际上，维系协议的任务却变得愈发艰巨，原因如下。

第一，美国进一步的制裁将涉及石油出口，对伊朗的经济冲击力比较大。届时伊朗可能认为留在核协议中受损严重而退出协议，哈梅内伊已经对

---

① 《美重启对伊制裁特朗普威胁企业“不要和伊朗做生意”》，新华网，2018 年 8 月 8 日，http://www.xinhuanet.com/asia/2018-08/08/c_129928606.htm。

② 《伊核问题外交部长会议重申维护伊核协议》，新华网，2018 年 7 月 8 日，http://www.xinhuanet.com/world/2018-07/08/c_129909046.htm。

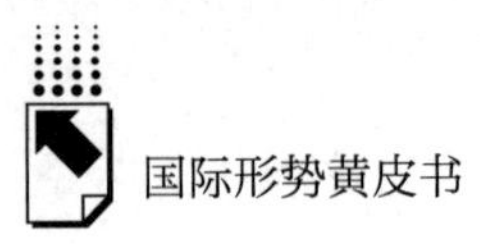

伊朗退出协议的可能性有所表态。

第二，五国长期顶住美国压力，一一满足伊朗提出的要求，是比较困难的。这不但涉及五国内部的协调，还取决于伊朗的要价。哈梅内伊的官方网站公布了他与鲁哈尼及内阁开会时的讲话，表示“继续谈判并与欧洲人保持接触并无问题，但是不能在经济事务和核协议问题上对他们抱有太大期望”①。从中可以看出伊朗对欧洲的不满。

第三，2017 年 12 月出台的美国《国家安全战略》报告将伊朗视为美国国家安全的主要威胁后，特朗普政府对伊围堵措施明显加强，目标直指推翻伊朗伊斯兰政权。美国此次在核问题上做文章，只是其实施对伊遏制战略的一种手段。如果不能达到更迭伊朗政权的目的，那么特朗普将会综合运用其他方法多管齐下。比如美国曾游说欧洲国家以及印度、土耳其这两个伊朗石油出口大国，参与全面“封锁”伊石油出口，通过打经济战制造伊朗国内乱局。特朗普也在与海合会成员国、埃及和约旦商讨打造“阿拉伯版北约”，通过军事合作来牵制伊朗。可以预见，美国对伊朗的打压是长期性的、多方面的。这种综合施压可能将迫使伊朗陷入内忧外患，以鲁哈尼总统为代表的务实派也难以抵御住伊斯兰宗教界保守派的压力。在这种情况下，伊朗将无法严格遵守已经达成的核协议。

（二）叙利亚战事未有停歇，矛盾更加错综难解

2018 年以来，叙利亚战局发生了一系列重要变化，主要呈现两个新特点。

第一，叙利亚战事博弈各方对叙领土的控制情况有明显改变，叙利亚政府军占据绝对优势。叙利亚战局的主要博弈方包括俄罗斯和伊朗支持下的叙利亚政府、美国支持的库尔德武装、带有沙特等国背景的叙逊尼派反对派武装，以及以“伊斯兰国”为代表的极端组织。2017 年末，“伊斯兰国”武

① 《伊朗最高领袖：绝不与特朗普政府谈判　必要时可放弃核协议》，参考消息网，2018 年 8 月 30 日，http：//www. cankaoxiaoxi. com/world/20180830/2318465. shtml。

装的主要据点被攻破。在俄罗斯的支持下，叙利亚政府军通过军事战斗、政治和解、人质与平民交换、武器收缴，以及允许不愿和解的反对派分子撤往叙北部等多重举措，持续收复失地，巩固原有控制区域。2018 年 4 ~6 月，政府军先后收复了东古塔地区、霍姆斯省、代尔祖尔省与伊拉克接壤的沙漠地区。7 ~8 月，政府军收复苏韦达省、德拉省和库奈特拉省等西南部地区，将战线推进至以色列、约旦边境。库尔德武装仍然控制着拉卡省、代尔祖尔省等东部、北部地区。反对派武装已经收缩到伊德利卜省，且派别成分复杂。目前，政府军开始着手解决伊德利卜省的问题，且库尔德武装主导的“叙利亚民主军”下设的政治机构“叙利亚民主委员会”已同意与叙政府组成谈判委员会。虽然“俄罗斯—伊朗—叙利亚政府”阵营取得重要胜利，俄空天军率先空袭伊德利卜省，展现出即将完成最后一战的姿态，但其仍然需要克服重重阻碍。美国已经表态“关切”伊德利卜省战事，而所谓“化学武器问题”有可能给予美方介入的借口。围绕叙利亚战事，各方力量依然交织缠斗，战局的未来走向并不十分明朗。

第二，外部力量对叙利亚的武装干涉明显增强，特别是土耳其和以色列两国对叙战事的介入程度不断加深。为打击叙境内库尔德武装，1 月 20 日土耳其发起“橄榄枝行动”，土军由此正式直接介入叙利亚内战。3 月 24 日，土耳其宣布“完全控制”叙北部阿夫林地区。虽然土耳其对美国向库尔德武装提供武器、资金援助的行为表示强烈谴责，但土耳其于 6 月 18 日通过与美国达成合作路线图，迫使库尔德武装“人民保护军”撤出曼比季地区。以色列则借口打击伊朗军事设施，持续对叙境内多处军事目标进行空袭。以方表示，对伊朗势力的遏制将“不仅仅限于以色列与叙利亚的边境地区，而是叙利亚的任何地方”。①

当前，包括外国势力在内的叙利亚各方立场差距很大甚至完全对立，叙利亚内战暂无停息之势，且矛盾更加错综难解。从根本上说，各方关于解决

① 《以总理警告将打击伊朗在叙利亚全境的军事存在》，新华网，2018 年 6 月 18 日，http://m.xinhuanet.com/mil/2018-06/18/c_129895989.htm。

叙利亚问题的政治进程安排分歧严重，难以取得实质性成果。2018 年初，在俄罗斯的支持下，由叙利亚政府主导的全国对话大会召开，决定成立专司宪法制定与改革工作的叙利亚宪法委员会。但是，“叙利亚反对派高级谈判委员会”和叙利亚库尔德民主联盟党并未参加，美、英、法等西方国家也不认可会议成果。由俄罗斯、伊朗和土耳其主导的阿斯塔纳和谈一直无法与西方主导的日内瓦和谈并轨。2018 年 7 月底，第十轮叙利亚问题阿斯塔纳和谈在俄罗斯索契召开，美国代表也未参与。另外，土耳其无法接受库尔德人参与叙利亚政治和解进程，且不希望伊德利卜省发生战事，而叙利亚政府则表态将消除在叙北部的土耳其武装。还有一个值得关注的新现象是，各方关于伊朗在叙利亚军事存在的矛盾正在逐渐激化。以色列不能接受伊朗军事力量在叙存在；沙特等伊斯兰逊尼派国家将伊朗在叙活动视为其中东扩张的一部分；美国则将伊朗撤出叙利亚与伊核问题挂钩，加大施压力度。关于这一问题的纠纷又将给叙利亚战局的发展平添新的冲突因子。

（三）也门安全局势更趋恶化，未来走向不容乐观

自 2014 年 9 月“也门政变”发生以来，也门内战已历经 4 年，但战事并未有任何结束迹象，安全形势进一步恶化。2017 年 12 月，前总统阿里·阿卜杜拉·萨利赫与胡塞武装的结盟破裂、萨利赫被杀身亡后，也门战局正式进入以沙特为首的多国联军、哈迪领导的也门政府军为一方，以胡塞武装为另一方的直接对决阶段。2018 年 6 月，政府军在多国联军支持下发起被称为“黄金军事行动”的荷台达战役，意图切断伊朗向胡塞武装运送战略物质的通道，给予胡塞武装致命一击。但是，此计划遭到胡塞武装的激烈抵抗，双方进入了拉锯战。美媒方面认为，荷台达战役后胡塞武装的作战能力虽然有所减弱，但凭借其从萨利赫“继承”的军事遗产和盘踞也门北部多年积攒的物资，仍然可与敌方战斗数年。[①] 因此，也门要结束内战将长路漫漫。

---

① 《也门战事为何久拖：胡塞顽强防御　联军勾心斗角》，新华网，2018 年 8 月 19 日，http：//www. xinhuanet. com/mil/2018 -08/19/c_ 129935610. htm。

从国家整体政治发展走向和外部干预情况来看，也门未来形势也不容乐观。也门国内博弈各方政治分歧较大。2015 年 4 月联合国安理会通过的关于也门问题的 2216 号决议，及其在此基础上进行的三轮和谈，之所以最后以失败告终，根本原因在于哈迪政府与胡塞武装之间的矛盾难以弥合。2018 年 9 月 8 日，最新一轮也门和谈也因胡塞武装代表团的缺席无果而终。同时，阿拉伯剧变后，也门国内治理机制失灵，地方力量崛起并占据了部分权力真空。“伊斯兰改革集团”、“南方过渡委员会”、萨拉菲主义者、逊尼派部落等势力纷纷加入哈迪政府与胡塞武装之间的竞争中，甚至自立门户寻求武装割据，这使得国内博弈方不断增多、利益诉求更趋复杂。在未有任何一方能够取得主导优势的情况下，要使多方就政局走向取得谅解与共识，将非常困难。另外，也门已经成为沙特与伊朗在中东激烈角逐的主要战场之一。两者水火不容，他们所支持的代理人战争也就无法停止。胡塞武装在萨利赫“叛变”和联军的强攻下，必然更加转向伊朗寻求援助，而伊朗恰好需要这样一个反沙的“搅局者”[①]，这显然是沙特所不能容忍的。沙伊的战略对抗将使得也门战事进一步升级。

（四）“迁馆事件”震惊世界，巴以冲突骤然升级

2017 年 12 月 6 日，特朗普宣布承认耶路撒冷为以色列首都，并启动将美驻以使馆从特拉维夫迁至耶路撒冷。2018 年 5 月 14 日，在以色列独立建国 70 周年纪念日，即巴勒斯坦人认定的“灾难日”这一天，美驻以新使馆举行开馆典礼。

耶路撒冷地位问题是巴以矛盾的核心议题。美国此举再次引发巴以关系紧张。2018 年 3 月 30 日以来，巴勒斯坦人每周五在加沙和约旦河西岸发起“回归大游行”，并与以方爆发多次冲突。迄今为止，至少有 170 名巴勒斯坦人遭以色列军人射杀、逾 1.8 万人受伤。[②] 巴勒斯坦政府已经拒绝美国关

① 李亚男：《“后萨利赫时代”，也门往何处去》，《世界知识》2018 年第 1 期，第 37 页。

② 《加沙地带边境发生冲突　以军开枪打死两名巴勒斯坦人》，新华网，2018 年 8 月 18 日，http：//m. xinhuanet. com/mil/2018 - 08/18/c_ 129935194. htm。

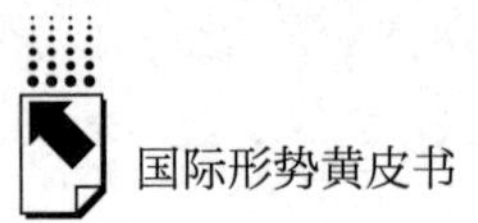

于巴以和谈排除耶路撒冷问题的提议，并质疑美国的调停人身份，巴以和谈进程面临中断。而受到美国的鼓励，以色列已经强化了对耶路撒冷的控制，和谈立场更趋强势。例如，以方已通过修法提高了耶路撒冷土地变更的法律门槛。

“迁馆事件”遭到国际社会的广泛反对和抵制。2017 年 12 月 21 日，联合国大会以压倒性多数通过决议，认定任何宣称改变耶路撒冷地位的决定和行动“无效”。但是，国际社会的道义支持并不能阻止美以的实质性行动。美国不仅否决了联合国安理会关于耶路撒冷地位问题的决议草案，而且力图截断相关机构对巴勒斯坦政府和民众的援助，从而向巴勒斯坦施压。联合国近东巴勒斯坦难民救济和工程处反映，由于美国削减援助额，该机构面临约 4.46 亿美元的资金缺口。[①] 受美国停止援助和以色列封锁影响，巴勒斯坦的经济民生急剧恶化，加沙地带巴勒斯坦武装派别已不得不宣布与以色列停火。在联合国和埃及的斡旋下，哈马斯与部分巴勒斯坦派别正就长期停火、解除加沙地带封锁等问题，与以色列进行谈判。

耶路撒冷问题触及伊斯兰国家的敏感神经，但随着近年来中东局势的复杂性加深，巴以问题在整个区域逐渐呈边缘化趋势。“迁馆事件”以来，虽然伊朗和土耳其强烈反对，但是两国只是借耶路撒冷问题争夺伊斯兰世界和中东的话语权。在阿拉伯国家之中，除了约旦因直接牵涉自身利益而反应强烈外，考虑到与美国的合作关系，其他阿拉伯国家特别是沙特方面的表态都相对低调。

（五）伊拉克国民议会选举结束，政府组阁进程复杂

在经历了伊拉克战争和“伊斯兰国”“建国”的混乱后，2018 年 5 月 12 日，伊拉克举行了新一届国民议会选举。根据独立高等选举委员会公布的结果，什叶派宗教领袖萨德尔领导的“行走者联盟”获国民议会 54 席，

① 《联合国巴勒斯坦难民救助机构面临巨大资金缺口》，新华网，2018 年 7 月 4 日，http：//m. xinhuanet. com/2018 -07/04/c_ 1123077833. htm。

“巴德尔组织”领导人阿米里领导的“法塔赫联盟”获47席，现任总理阿巴迪领导的“胜利联盟”获42席，分列选举排名前三位。

本次选举呈现以下两个特点：第一，排名前三的政党组织均无一获得国民议会过半数席位，政府组阁复杂。2010年伊拉克最高法院的司法解释明确，有组阁权的最大党团可以在选举结果揭晓后再重新组建新联盟。① “行走者联盟”分别与“法塔赫联盟”和“胜利联盟”结盟，在组阁进程中占有优势，但它还未最终主导政局。萨德尔本人没有参选议员，不能出任新一届政府总理，但他可以参与选择总理候选人。2018年8月，他对新一届总理人选开出40项条件，包括保持政治独立、不会竞选连任、不接受持有双重国籍的议员进入政府等。他宣称，如果新总理不接受这些条件，“行走者联盟”将不参与组建执政联盟，转而充当反对派。第二，选举结果公布后乱象频出。多个政党或政治联盟投诉选举造假等违规行为，选举委员会收到的申诉为历年最多。国民议会通过议会选举法第三修正案，要求使用人工计票方式重新统计全部选票。就在这一节骨眼上，位于巴格达的3个选票箱仓库突然失火。一系列突发事件拖延了新政府组建进程，直至伊拉克独立高等选举委员会证实，经重新计票，国民议会选举的结果没有大的变动。

从目前看，伊拉克国内政治分裂局面依然严峻。近年来，逊尼派阿拉伯人政党、什叶派阿拉伯人政党和库尔德人政党三大阵营内部有一定分化，跨教派和意识形态的合作出现，但三者之间的权力斗争仍然十分激烈。同时，在美国和伊朗的干预下，以反美反伊著称的萨德尔、主张在美伊之间保持平衡的阿巴迪与伊朗中意的阿米里之间将如何在组阁问题上互动，还需要进一步观察。据传，伊朗正试图把萨德尔排除在政府之外。② 2018年9月8日，伊拉克议会就巴士拉骚乱举行紧急会议，阿巴迪指认骚乱背后有政治颠覆动机。可以预见，伊拉克国内政治还将经历数次激烈的党派博弈后才能最终明晰。

---

① 《伊拉克总理阿巴迪会见萨德尔讨论组阁事宜》，新华网，2018年5月20日，http://www.xinhuanet.com/world/2018-05/20/c_1122860251.htm。

② 唐恬波：《伊拉克选举政治：有表无里》，《世界知识》2018年第12期，第33页。

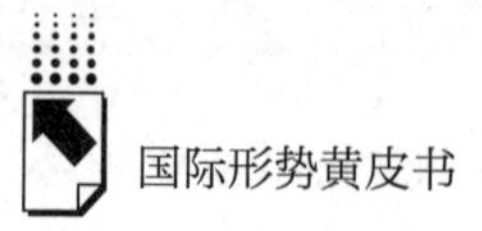

（六）土耳其提前大选，强人政治面临多重挑战

2018 年 6 月 24 日，土耳其举行总统和议会选举。现任总统埃尔多安以 52.59% 的得票率获得连任，他所领导的执政党——正义与发展党获得议会 600 个议席中的 293 个议席，加上民族行动党的 49 个议席，两党组成的执政联盟“人民联盟”赢得议会多数席位。[①] 7 月 9 日，埃尔多安正式就任，土耳其结束了实行百年的议会制，转变为总统制政体。

此次选举过程存在诸多有利于埃尔多安获胜的特殊因素。一方面，选举的大背景是土耳其已经连续实行了两年的紧急状态。这让埃尔多安领导的政府拥有极大权力，并通过大规模革职、逮捕、审判未遂政变参与嫌疑人，打击“居伦运动”等反埃尔多安的力量，来排除敌对竞争和外来干涉。另一方面，埃尔多安掌控了选举节奏，选择了有利的时间节点。4 月 18 日，他突然宣布原定 2019 年 11 月举行的选举改为 2018 年 6 月 24 日进行，这给尚未准备好选举的在野党一个措手不及。而此时埃尔多安已经通过打击叙利亚库尔德武装、采取刺激举措实现国内经济第一季度的高增长等，获得了较高的声望。

虽然目前埃尔多安处于有利的执政地位，但是这位强人仍然面临着诸多挑战。首先，正义与发展党此次选举并未获得议会过半议席，需要与其他党派合作才能控制议会。这与埃尔多安总统权力加强的趋势格格不入。其次，土耳其第一季度的经济增长被认为不可持续，土国已经在通货膨胀、货币贬值、资金外流和外债激增等方面暴露出严重隐患，到了必须进行结构性改革的关键时刻。土耳其 8 月消费价格指数比上年同期上涨 17.9%，增长幅度为 2003 年以来最大[②]，2018 年以来里拉对美元汇率已经累计贬值超过 40%[③]，外债

① 《“人民联盟”在土耳其议会选举中赢得多数席位》，新华网，2018 年 6 月 25 日，http://www.xinhuanet.com/2018-06/25/c_1123028853.htm。

② 《土耳其通胀创 15 年新高　央行欲调整货币政策》，新华网，2018 年 9 月 5 日，http://m.xinhuanet.com/world/2018-09/05/c_129946849.htm。

③ 《土耳其 8 月通胀率创新高》，新华网，2018 年 9 月 3 日，http://m.xinhuanet.com/2018-09/03/c_1123374005.htm。

总额占国内生产总值的比重高达52.9%[①]。特别是美国提高土耳其钢铝产品关税后，里拉当日暴跌17%[②]，而由于美国将继续制裁土耳其以及美联储可能年内持续加息，不排除里拉再次大幅贬值，进而引发一系列严重后果的可能。最后，美欧与土耳其的关系日趋紧张。围绕美籍牧师安德鲁·伦森的释放问题，美土两国外交冲突持续升级，美方陆续采取制裁土耳其内政和司法部部长、提高钢铝产品关税等措施，埃尔多安则指责美国对土耳其发动“经济战争”并宣布加征部分美国进口商品的关税。目前，美国已经明确表示将采取更多措施制裁土耳其，而土耳其也表示不会屈服，甚至威胁将寻求“新的伙伴和盟友”。对于土耳其购买俄罗斯S-400导弹等问题，美欧立场也更加强硬，土耳其则加速采购计划。土耳其毕竟是北约成员国，经济上依赖欧美市场，其在外交政策上左右摇摆必然不能得到美欧的接受。未来，埃尔多安必须认真地评估民众对其支持的复杂性，采取切实有效的变革摆脱国内经济困境，以及妥善地处理与东西方世界的关系。

二　当前中东形势发展的突出特征

总的来说，2018年中东形势的总体发展延续了以往中东地区的一些特征，如外部力量的介入、地区国家之间的纷争、国家内部治理的混乱，但在这些特点之中也出现了一些新的走势，包括以下三个方面。

（一）地区结构均衡发生变化，伊朗坐大加剧中东国家间冲突

伊拉克萨达姆政府倒台，以及俄罗斯介入叙利亚内战、力挺巴沙尔政府后，伊斯兰逊尼派势力受挫。而伊朗在中东的影响力迅速扩展，从伊拉克至黎巴嫩的“什叶派新月地带”大有贯通之势。伊朗的意外坐大在一定程度

① 《财经观察：土耳其经济增长与风险并存》，新华网，2018年7月11日，http://m.xinhuanet.com/2018-07/11/c_1123111665.htm。

② 《“经济战争”临头　土耳其会否向美国低头》，新华网，2018年8月12日，http://m.xinhuanet.com/2018-08/12/c_1123258341.htm。

上改变了阿拉伯人、波斯人、突厥人、犹太人、库尔德人这五大中东主体民族之间的均衡局面。在国家层面，随之带来的是中东地区主要大国间的矛盾变化。从总体来看，基于巴勒斯坦问题的阿以冲突仍然存在，但沙伊冲突正逐渐升级为区域内的主要矛盾，以伊冲突也在持续发酵。

沙特与伊朗两者之间本身存在激烈的教派争端，在中东地区领导权争夺中长期互不相让。随着伊朗国家实力和地区影响力的增强，早已同伊朗断交的沙特更加不能坐视不管。自 2017 年底以来，它采取了一系列强硬举措。黎巴嫩总理哈里里在访问沙特期间突然宣布辞职，指责伊朗与黎巴嫩真主党干涉阿拉伯国家内政。虽然哈里里收回了辞呈，但沙特在这场风波中扮演的角色耐人寻味。在叙利亚，沙特支持下的“叙利亚反对派高级谈判委员会”强力反对巴沙尔政权。在也门，以沙特为首的多国联军支持政府军发起荷台达战役，试图总体围剿伊朗支持下的胡塞武装。而以沙特、阿联酋、巴林为代表的海湾国家与卡塔尔的断交危机也趋向长期化，目前国家间关系没有任何缓和。从新月地带的黎巴嫩和叙利亚，再到海湾地区的也门和卡塔尔，沙特和伊朗之间都存在明争暗斗。不仅如此，沙特还支持特朗普政府退出伊核协议，为确保遏制伊朗石油出口的计划成功实施，萨勒曼国王有意配合美国，提高原油产量，进一步恶化伊朗的生存空间。美国欲打造“阿拉伯版北约”围堵伊朗的计划，也与沙特提议有关。① 可以预见，伊朗和沙特的战略竞争将是未来一个时期影响中东稳定的一对主要矛盾，甚至不能排除双方矛盾升级而爆发直接军事对抗的可能性。②

除了沙伊冲突以外，中东地区的另一对大国矛盾——以伊冲突也在逐步凸显。因伊朗伊斯兰政权对犹太复国主义运动多加指责，加上伊朗核研发活动对以色列军事优势地位造成了挑战，以色列向来就秉持遏制伊朗的外交政策。如果说过去这一政策主要是依靠外部盟友美国在秘密实施的话，那么现在以色列则是直接地、公开地进行贯彻。2018 年以来，以军声称为防范由

① 《美欲打造“阿拉伯版北约”牵制伊朗》，新华网，2018 年 7 月 29 日，http：//www.xinhuanet.com/mil/2018-07/29/c_129922342.htm。

② 唐志超：《失序的时代与中东权力新格局》，《西亚非洲》2018 年第 1 期，第 34 页。

伊朗支持的武装力量在叙以边境的威胁，持续空袭了叙境内几乎所有的伊朗军事目标，总数达 70 余个。[①] 叙伊边境的伊拉克什叶派民兵遭袭，据传与以色列不无关系。内塔尼亚胡还多次通过社交媒体向参加反政府抗议活动的伊朗民众隔空喊话，鼓励他们推翻伊朗现政权。有分析认为，以色列甚至有可能单独对伊朗核设施进行打击，一场超出叙领土范围的以伊军事冲突几乎不可避免。[②]

同时，沙特与以色列这对传统意义上的老冤家的关系也在发生着微妙变化。在美驻以使馆搬迁风波中，沙特态度十分暧昧，仅从道义层面对巴勒斯坦表示同情、对美以表示谴责，而没有任何实质性的举动。沙特王储穆罕默德·本·萨勒曼在接受美国《大西洋月刊》采访时，表态“巴勒斯坦人和以色列人都有权拥有属于自己的土地”“以色列和海合会成员国之间将有许多共同利益”[③]。此番言论被视为沙特对以政策发生实质性变化的标志。对于两国来说，它们在现实政治层面的共同诉求已经暂时超越了意识形态的分歧。沙以将可能进一步“冰释前嫌”，致力于建立抵御伊朗的“联盟”屏障。

（二）域外大国角逐愈演愈烈，美俄竞争日益升级

冷战时期，中东地区是美苏争霸的阵地。冷战结束以后，俄罗斯在此的战略影响力降至历史最低点，美国则一度占据主动。近年来，以美国为主导的中东秩序有所瓦解，但是美国仍然希望将中东局势牢牢控制在自己手中，而俄罗斯则强势回归，美俄之间的博弈碰撞出激烈的火花。当前，大国竞争有发展成集团对垒的趋势，以美国、沙特、以色列为一方，俄罗斯、伊朗为另一方的两个集团的博弈日渐成形。

---

① 秦天：《以色列与伊朗必有一战?》，《世界知识》2018 年第 13 期，第 34 页。

② 以上分析判断可参见秦天《以色列与伊朗必有一战?》，《世界知识》2018 年第 13 期，第 36 页；Ehud Yaari, “Bracing for an Israel-Iran Confrontation in Syria,” *The American Interest*, April 30, 2018, https://www.the-american-interest.com/2018/04/30/bracing-israel-iran-confrontation-syria/.

③ 丁隆：《沙以关系“轻舟已过万重山”?》，《世界知识》2018 年第 10 期，第 51 页。

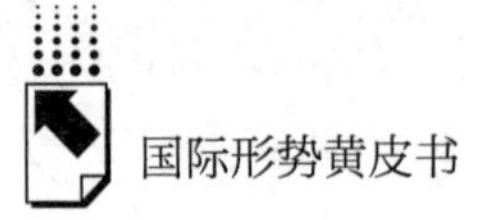

特朗普上台后明显加大了对中东地区的战略投入力度。除了继续对叙利亚等热点地区进行军事干预，以及在伊朗核协议等焦点问题上摆出强硬姿态外，美国还注重加强与两位传统盟友——沙特和以色列的战略协作关系。2017 年 5 月特朗普访问沙特期间，美沙签署价值高达 1100 亿美元的军售协议，白宫声明称这是“美沙两国超过 70 年安全关系的一次重大延伸”[①]。奥巴马执政时期出现裂痕的美沙关系得到修复。特朗普在耶路撒冷地位问题上采取亲以抑巴的立场，冲击了国际社会早已达成的基本共识，同时借助“杜松眼镜蛇 2018”联合军事演习，进一步强化与以方的军事合作。阻遏外部力量俄罗斯对中东的过多干预、打压该地区的反美势力伊朗，是美国中东政策的主要方向，而这些目标的达成离不开沙特与以色列的协助。沙以之间也在摒弃旧有分歧，协调关系以配合美国的中东政策，特别是在针对伊朗“崛起”方面。

2015 年下半年，俄罗斯借助打击“伊斯兰国”组织，开始深度介入中东局势。随着俄方在叙利亚问题上发言权的提升，它重返中东的姿态越加明晰。俄罗斯重返中东有如下三个动机：它寻求加强与中东国家的联系，避免因与西方关系紧张引发完全的国际孤立；部分中东国家内的保守宗教团体试图挑动高加索和中亚地区的激进伊斯兰主义者，这引发了俄方的担忧；俄罗斯也试图向美国和欧盟证明，它在解决现有国际问题方面发挥着至关重要的作用。[②] 不过，鉴于实力有限，俄罗斯在中东的战略推进，主要是依靠在关键热点区域的运筹和对地区亲俄盟友的支持，特别是对伊朗的倚重明显加强。俄伊两国“正向战略伙伴关系迈进”[③]。俄罗斯首次使用伊朗空军基地

---

① 《美沙达成 1100 亿美元军售协议》，新华网，2017 年 5 月 22 日，http://www.xinhuanet.com/local/2017-05/22/c_129611585.htm。

② 具体分析可参见 Nikolay Kozhanov, "Russian Policy across the Middle East-Motivations and Methods," *Chatham House Research Paper*, February 2018, https://www.chathamhouse.org/sites/default/files/publications/research/2018-02-21-russian-policy-middle-east-kozhanov.pdf, p. 5.

③ 《普京“握手”鲁哈尼，意图打造中东战略支点》，新华网，2017 年 3 月 29 日，http://www.xinhuanet.com/world/2017-03/29/c_129521358.htm。

打击“伊斯兰国”组织，这也是伊朗第一次允许外国军力在本国境内部署。美国退出伊核协议后，俄罗斯不承认美对伊单方制裁，表示将向伊石油业投资500亿美元，可见双方关系的不一般。

不过，美、沙、以与俄、伊两集团之间的“联盟”界限也并非泾渭分明。例如，沙特萨勒曼国王开展平衡外交，重视与俄罗斯的合作，普京则基于地缘政治和经济因素的多重考虑，务实推动俄沙关系发展。2017 年 10 月，萨勒曼实现自 1932 年沙特建国以来的首次访俄，并签署了涵盖军工、能源、经贸等多个领域的 14 份重磅合作文件，标志着两国关系迈入新阶段。俄沙的彼此靠近反映出中东地缘政治的复杂性，以及域外大国在此竞争态势的多重性。

普京和埃尔多安上台后，致力于修复俄土关系，并成功经受住俄战机被击落、俄驻土耳其人使遭暗杀等事件的考验。俄罗斯在美土之间成功插入楔子，土耳其的“东向”苗头似乎也越发明显。在 2018 年的安卡拉峰会和第十轮阿斯塔纳对话会上，俄、伊、土三国领导人再次表示就推动叙利亚政治和解加强政策协调。土耳其请求俄方加快 S－400 防空导弹系统的生产和供应，并多次向美表态其无权干涉土国国防建设的自主权。以上这些动向似乎表明，伊土两国正逐渐发展成为俄中东外交政策的双翼，三国大有结队而行之势。但是，需要注意的是，土耳其“亲俄疏美”的举动，并非战略层面的转变，而只是战术层面的考虑。埃尔多安更多希望通过在外交上的左右逢源，来提升土耳其在中东地区的发言权和影响力。虽然因未遂军事政变、伊斯兰宗教人士居伦的引渡、对待库尔德人立场等问题，美土关系持续紧张，特别是8 月以来的贸易战让两国关系急转直下，但是从根本上说，土耳其无法承受与美国战略关系的彻底破裂。土耳其方面实际上是以强硬施压的方式，来寻求改变美土之间长期以来的不对等关系，以期获得利益最大化。而且，土耳其北约成员国的身份，也决定了俄土关系不可能有更加实质性的发展。

（三）地区政治碎片化现象突出，非传统安全威胁丛生

近年来，中东地区多国陷入国内分裂困局无法自拔，地区政治碎片化现象十分突出。利比亚、叙利亚、也门、伊拉克等国出现内乱，沦为极端宗教组织、

恐怖主义组织的策源地和聚集窝点。在业已存在的国家边界争端、民族纠纷、传统教派冲突、生态资源竞争之外，中东地区又充斥着宗教极端主义和恐怖主义的滥觞。以“9·11”事件为分界点，全球恐怖主义的地理重心由拉美和亚洲逐步向中东转移。[①] 中东正遭遇传统安全与非传统安全相互交织的“复合型”安全问题[②]，传统安全威胁远未减弱，而非传统安全威胁又节节攀升。

目前来看，中东地区的非传统安全威胁的治理和消解难度在进一步加大。这是因为：第一，中东地区民族关系向来复杂，各大宗教教派之间及其与世俗力量之间有着长期的历史恩怨。而阿富汗战争、伊拉克战争、叙利亚内战、也门内战以及其他西亚北非国家局势动荡发生以后，旧有的民族、教派冲突与新的地缘政治问题相互叠加，为宗教极端主义和恐怖主义的抬头创造了大量空间。而这些国家或是政权更迭，或是中央政府自顾不暇，无力阻遏宗教极端主义和恐怖主义的发展，使得国内安全状况更趋恶化。例如，虽然“伊斯兰国”组织猖獗的势头得到了一定遏制，但叙利亚、伊拉克两国暂时无法恢复国内政局的完全稳定，仍然为残余武装分子恢复大本营提供了可趁之机，而处于动乱的也门、阿富汗等国又成为该组织寻求外线扩展的目标。

第二，包括世界大国和地区强国在内的各方势力在中东地区的争夺不断加剧，对代理人的培育和扶植将进一步助推宗教极端主义和恐怖主义的泛滥。虽然美俄之间在中东反恐问题上具有共同利益，但随着两国竞争加剧，它们对中东本土势力的利用和挑拨将会愈演愈烈。特别是美国为维护其国家利益、试图塑造中东区域国家内部政治的军事干预政策，对恐怖主义持双重标准，一方面强力“反恐”，另一方面又积极“育恐”。[③] 沙特正试图通过

---

① 唐志超：《当前国际恐怖主义演变趋势及中国应对策略》，《中国人民公安大学学报》（社会科学版）2018 年第 1 期，第 2 页。

② 王林聪：《中东安全问题及其治理》，《世界经济与政治》2017 年第 12 期，第 12 页。

③ 对美国中东军事干预政策所造成的负面影响的评述，可参见 Emma Ashford，“Unbalanced Rethinking America's Commitment to the Middle East,” *Strategic Studies Quarterly*, Vol. 12, No. 1, spring 2018, p. 132 – 135; Ufuk Ulutas and Burhanettin Duran, “Traditional Rivalry or Regional Design in the Middle East?” *Insight Turkey*, Vol. 20, No. 2, spring 2018, pp. 81 – 104。

渲染“什叶派阴谋论”来强化逊尼派同盟，而伊朗也或明或暗地利用教派影响力确保对伊拉克——叙利亚——黎巴嫩一线的控制。这两大伊斯兰教派国家施以代理人战争形式的你争我夺，也将使得非传统安全威胁更趋上升。

第三，由于工业化进程滞后、政治体制弊病凸显、安全环境持续动荡、国际原油市场不稳等诸多因素，近年来中东国家经济问题频生，主要产油国也面临经济转型的重任。据国际货币基金组织 2018 年 4 月的评估，该地区全年经济增长率预计仅为 3.2%。[①] 经济发展不景气，贫富差距拉大，失业率持续攀升，民众不满日益增加，社会矛盾不断积累，使得民众特别是年轻人极易受到激进思想、极端思想的蛊惑。而由内战所引发的难民问题一直无法得到妥善解决，将进一步导致跨国犯罪、跨境恐怖主义的滋生。叙利亚内战已制造逾千万难民，在中东主要集中于黎巴嫩、约旦和土耳其三国，给当地经济发展和社会安全带来沉重负担。约旦首相奥马尔·拉扎兹表示，因接纳能力不足，约旦将不再接收叙利亚难民。联合国难民事务高级专员菲利普·格兰迪呼吁国际社会加大对约旦的资金支持力度。荷台达战役后，也门人道主义危机加剧，大约 2200 万人口依赖国际援助度日。[②] 处于动乱地区的人们承受着家园被破坏之痛和对未来不确定性的极度焦虑，非常容易成为非法组织的诱导对象。经济困局与社会问题相互交织且长期无法解决，为极端主义和恐怖主义提供了有利的生存土壤。

三　未来中东地区前景走向预判

中东是世界上民族、宗教、国家地缘政治关系最为复杂的地区，又地处“三洲五海两洋”之地，是兵家所争的重要战略区域。中东从来没有太平过，无序、混乱、动荡是形容这一地区政治格局的常用词语。阿拉伯之春

① 《国际货币基金组织预计中东地区 2018 年经济增长 3.2%》，中华人民共和国商务部网站，2018 年 5 月 1 日，http://www.mofcom.gov.cn/article/i/jyjl/k/201805/20180502738345.shtml。

② 《胡塞武装死守荷台达　也门人道主义危机加剧》，新华网，2018 年 6 月 22 日，http://www.xinhuanet.com/world/2018-06/22/c_129898375.htm。

后，中东更是处于一个旧秩序解体、新格局重塑的过渡时代。而2018年中东地区形势发展所呈现的三个特征，表明该地区的秩序转型远未结束，还将长期处于紧张和冲突之中。主要原因如下。

第一，在中东地区，各种力量之间的相互制约与动态平衡关系十分重要。一定的战略均衡将避免该地区过分陷入动乱，至少回避地区大战的风险。但是，目前伊朗坐大改变了这种结构均衡，一方面刺激地区强国间矛盾的不断升级，另一方面让外部干预者能够以保护地区安全为由、更加深入地介入地区局势，从而导致热点问题增多。叙利亚和也门内战中的各方博弈、美国单方面退出伊核协议及其之后美伊矛盾的持续加剧等，都深刻地反映出中东地区结构的失衡。预计未来，不均衡将会继续衍生更多的热点冲突。

第二，随着美俄博弈的加剧，中东地区国家的阵营分化趋势正在不断加强，以美国、沙特、以色列为一方，俄罗斯、伊朗为另一方的两个集团的对抗日渐成形。在两大集团对垒中，共包含了美俄、沙伊、以伊、美伊四对根深蒂固的、不可调和的矛盾。因此，混杂有大国博弈和地区强国较量的团体对抗，将会提升中东地区战争发生的可能性。

第三，从国内秩序重建的角度来看，中东国家都亟须建立独立的、有效的、完善的国家政权结构，能够妥善地处理政治、安全、经济、民生等一系列问题。但是目前大多数国家还处于国内外各方势力缠斗异常激烈、政局走向并不明朗的阶段，它们无法借助自身力量去摆脱困境，国家治理机制的缺位与国内政治动荡之间形成恶性循环，再加上经济发展乏力，导致局面更加紊乱。

因此，未来中东和平之路依然布满荆棘。

（本文完稿于2018年9月中旬）

参考文献

程可凡：《透视美俄在中东的争夺》，《现代国际关系》2018年第4期。

丁隆：《沙以关系“轻舟已过万重山”?》，《世界知识》2018 年第 10 期。

李亚男：《“后萨利赫时代”，也门往何处去》，《世界知识》2018 年第 1 期。

秦天：《以色列与伊朗必有一战?》，《世界知识》2018 年第 13 期。

唐恬波：《伊拉克选举政治：有表无里》，《世界知识》2018 年第 12 期。

唐志超：《失序的时代与中东权力新格局》，《西亚非洲》2018 年第 1 期。

王林聪：《中东安全问题及其治理》，《世界经济与政治》2017 年第 12 期。

朱泉钢：《地缘政治视角下也门危机僵局及其出路》，《当代世界》2018 年第 4 期。

Ashford, Emma, "Unbalanced Rethinking America's Commitment to the Middle East," *Strategic Studies Quarterly*, Vol. 12, No. 1, spring 2018.

Kozhanov, Nikolay, "Russian Policy across the Middle East-Motivations and Methods," *Chatham House Research Paper*, February 2018.

Y.15
2018年世界各地选举概况

王鸣鸣*

摘 要： 2018年，欧洲的重要选举发生在意大利、俄罗斯和瑞典，亚洲主要发生在土耳其、日本、马来西亚等国，拉丁美洲的巴西、墨西哥、古巴和委内瑞拉也举行了选举活动。总的来看，俄罗斯、土耳其和日本的选举结果在意料之中，选后内外政策具有连续性。意大利、瑞典的右翼势力在选举中占上风，对欧盟前途会产生一定影响。巴西大选各方竞争激烈，选后其内外政策或有较大调整。

关键词： 选举 民粹主义 移民政策 修宪

在2018年，全球一些国家的选举情况总体上虽不如2017年欧美的选举那样引人注目、意义重大，但也足以对所在国家或地区的政治经济局势产生影响。一些国家的选举结果在意料之中，选后的内外政策也将保持较大的连续性，而另一些国家的选举结果则可能导致其国内外政策的调整。

一 欧洲选举

2017年被认为是“欧洲大选年”，右翼势力在多个主要国家闯关失败，

* 王鸣鸣，中国社会科学院世界经济与政治研究所研究员，主要研究领域为外交政策分析。

建制派或欧盟派有惊无险保住了政权。相比之下 2018 年欧洲的重要选举数量不多，主要发生在意大利、俄罗斯和瑞典。

（一）意大利：反建制和极右势力上台

2017 年 10 月，意大利参议院和众议院通过新的选举法，2/3 的两院议员将按一定比例选举产生，1/3 的议员根据得票数多少产生。这一法案为单独的党派进入议会设置了 3% 的得票率门槛，政党联盟进入议会则需满足 10% 的门槛。新的选举法对政党联盟更加有利，而相对不利于独立参选党派。因此，新法律遭到了民粹主义政党“五星运动”的强烈反对，因为该党拒绝与既有党派进行联合。

2018 年 3 月 4 日，意大利举行议会选举，联盟党、兄弟党和力量党组成的中右联盟获得 37% 的选票，而作为独立参选的五星运动赢得约 32% 的选票，成为得票率最高的单一政党，现执政党民主党领导的中左翼联盟获 23% 选票。[①] 选举结果使中左联盟失去执政地位。极右翼的联盟党和五星运动得票率超过中左或中右各自的联盟。

意大利议会选举后由于没有任何一个政党获得绝对多数席位，由五星运动和联盟党共同组阁成为一个主要选择，但二者历经四轮磋商均无结果。至 5 月 23 日，由上述两党提名的总理人选朱塞佩·孔特获得意大利总统塞尔吉奥·马塔雷拉任命，开始组阁尝试。5 月 27 日，总统马塔雷拉否决了由两极右政党提名的持疑欧立场的经济学家保罗·萨沃纳出任财政部部长。孔特随即向马塔雷拉表示不再牵头组阁，随后马塔雷拉提名前国际货币基金组织执行董事科塔雷利担任临时总理，马塔雷拉任命的新总理无法获得议会的支持，组阁再次失败。5 月 31 日晚，五星运动党和北方联盟发表联合声明，表示已经达成组阁协议。意大利总统重新授权法学教授孔特组阁，此轮组阁尝试获得成效，新任内阁部部长 2018 年 6 月 1 日宣誓就职。至此，意大利

① 《意大利新政府组阁第四轮磋商失败》，新华网，http://world.people.com.cn/n1/2018/0414/c1002-29926051.html。

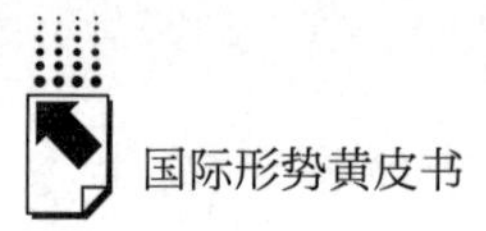

国会选举之后持续近3个月的组阁危机结束。

意大利新的由极右翼政党成员构成的政府上台后在难民问题上采取强硬政策。新的意大利政府承诺，将采取强硬措施阻止难民登陆，停止接收难民。副总理兼内政部部长萨尔维尼还警告欧盟，如果非政府组织的船只依旧尝试协助难民登陆意大利口岸，政府将可能扣押这些救援船只，而这些船只属于德法等国的非政府组织所有。

意大利现政府已经开始考虑提高财政支出、减税以及提议欧央行买入的意大利国债不计入欧盟《稳定与增长公约》中“公共债务在GDP占比低于60%”的评估规定，并准备建立退出欧元区的机制。但是，从欧债危机发生到2018年6月，意大利公共债务已高达约2.3万亿欧元。经济学家认为，意大利预算赤字的扩大结果已违反欧盟预算规则，其国债收益率不断飙升，业已引发市场对巨额公共债务的担忧。欧洲央行很可能不会对意大利施以援助。而一旦欧洲央行停止购买意大利主权债券，其债券市场将会出现失控局面。

然而，意大利新政府的政策很得美国总统特朗普的赞赏，他在接受美国福克斯新闻网采访时称孔特“很棒”，并说他“在移民政策上十分强硬……就像我一样”。①

（二）俄罗斯总统选举：普京地位稳固

2018年3月18日，俄罗斯进行总统大选，此次总统大选是俄罗斯将总统任期由4年修改为6年以及乌克兰危机以来举行的首次总统大选。因此，此次大选引起俄罗斯各政治力量的重视，筹备选举的各项工作从2017年就已经开始。而此次总统大选在稳定中又有些许变化，反映出俄罗斯政坛这六年来的一些特色和走向。

在俄罗斯普京作为现任总统的地位不可动摇，其选前的支持率遥遥领先

① 《意大利总理下月访美　特朗普曾赞其强硬移民政策》，新浪网，http://news.sina.com.cn/o/2018-06-28/doc-iheqpwqy4650716.shtml。

于其他候选人，在大选中胜券在握。但 2017 年 12 月 14 日，普京宣布以独立候选人的身份参与总统竞选，出人意料地抛弃了被称为“普京党”的执政党统一俄罗斯党（统俄党）。究其原因，首先，乌克兰危机之后，俄罗斯经济状况一直很差，使得民众对执政的统俄党的不满情绪有所增长，而统俄党的官员，特别是地方掌权者和国有企业负责人独断专行的行径进一步加剧了这种不满；其次，乌克兰危机所导致的国内政治、经济局势恶化，使统俄党内部的一些实力派也乘机对普京的政策采取阳奉阴违的态度。总之，统俄党正在变成普京继续执政的负资产。基于这种状况，普京通过独立参选将自己扮成超脱于俄罗斯所有政党之上的领袖人物，努力提高自己的政治权威。

在左派候选人中，俄共领导人久加诺夫不再竞选，推举前统俄党成员，现变为无党派人士的帕维尔·格鲁季宁作为俄共的候选人。与此同时，“俄罗斯共产党人”党则推举了年仅 39 岁的马克西姆·苏莱金为该党的总统候选人。这样一来，打破了左派政党共同推举一个总统候选人的传统，说明左派阵营矛盾有所激化和分裂进一步加剧。

与前几届俄罗斯总统选举相比，此次出现了一些新的情况。由于乌克兰危机和西方国家的制裁以及政策失误导致的经济衰退，俄罗斯普通民众对现状的不满情绪和变革的要求在增加。然而，即使很多人认为普京这六年的表现差强人意，但也会觉得其仍然是一个不坏的选择。因为普京一旦下台，已十分脆弱的俄罗斯政治生态平衡可能会被彻底打破，极可能陷入长期的社会政治动荡中，而普通老百姓当然不希望出现这种情况。因此，俄罗斯多数选民还会选择普京，其中相当一部分人是发自内心的拥戴，另有一些人则实属无人可选的无奈。所以，俄罗斯政治体制以普京为中心的状况在未来相当长的时间内还难以改变。

（三）瑞典议会选举：极右翼政党突起

共有 349 个议席的瑞典议会，每四年进行一次改选。根据瑞典法律，在议会选举中得票率最高的政党成为执政党。2018 年 9 月 9 日，瑞典议会选举开始。由社会民主党、环境党和左翼党组成的中左翼阵营，与由温和联合党、中央党、自由党和基督教民主党组成的中右翼阵营一决高下。9月7日瑞典电视台公布的大选前最后一次民调显示，中左翼阵营民意支持率为39.9%，中右翼阵营民意支持率为38.5%。而持反移民和反欧盟主张的极右翼政党瑞典民主党获得19.1%的民意支持。难民移民、医疗和教育是本次选举中的主要议题。

在约1000万的全国人口中，法定选民大概有750万。最终的投票选举结果显示，执政的中左翼社会民主党遭遇了100多年来最低得票率，仅为28.4%，远低于在四年前选举中获得的31.2%。执政联盟中的绿党的表现同样糟糕，得票率从上次的6.9%跌至4.4%。由温和联合党、中间党、自由党、基督教民主党组成的中间偏右联盟，得票率比四年前整体上升0.9个百分点，分别为19.8%、8.6%、5.5%、6.4%。极右翼的民主党则获得了17.8%的选票，大大超出四年前的12.9%，[①] 成为瑞典第三大政治力量，取得里程碑性质的胜利。

瑞典民主党成立于1988年，瑞典人优先是其政策主张，反对移民和难民进入瑞典，还倡议退出欧盟。在2010年大选中，该党得票率为5.7%，首次进入议会。瑞典其他传统政党都拒绝与民主党就组阁问题进行协商。

作为“二战”后欧洲政治舞台重要的左翼政治力量，社会民主党近年来日渐式微。瑞典是欧盟当前仅存的六个由中左翼政党执政的国家之一。长期以来，北欧国家一直以对外来移民的友善态度，超出其他地区的社会福利和保障制度而闻名于世。但过去三年，总人口不到1000万的瑞典一共接纳了近30万难民，是欧洲人均接纳难民数量虽多的国家，是德国的1.5倍。然而许多瑞典人认为，难民融入情况不好，就业率低，导致社会治安状况恶化。现在，瑞典民众对外来移民的态度发生了转变，也是此次大选出现不同于以往结果的最重要原因。

由于此次选举中左右两派均未获得超过半数的议席，形成悬浮议会，即

---

① 《民粹之风吹到北欧，瑞典大选极右翼获历史性胜利》，搜狐网，http://www.sohu.com/a/253021197_114986。

第二多议席的政党联盟都可以与更少议席的党派联合提出不利于第一多议席党派的议案。作为得票率最高的社民党党魁勒文，按常规将出任瑞典政府首相，但按照法律，新议会产生后须对首相人选进行投票，超过半数否决将罢免首相人选。9 月 25 日，议会第一大党派的首相斯特凡·勒文在不信任投票中落败。作为社会民主党领导人的勒文是奉行瑞典高福利的北欧模式者。瑞典所追求的尽可能公平的社会分配体系和措施，一直以来被西方主要国家特别是美国怀疑是对立意识形态的制度。此次瑞典民粹意识推动的内政向右转和对外来移民的限制倾向无意迎合了欧美新近思想潮流的大方向，给欧盟的前景投下另一个阴影，同时带来负面影响。

二　亚洲选举

2018 年亚洲的选举活动主要发生在西亚的土耳其和东亚的日本。二者选举的结果虽都体现为现任领导人任期的延长，但性质有所不同。

（一）土耳其大选：埃尔多安胜选但经济前景堪忧

2018 年 6 月 24 日，土耳其同时举行总统和议会选举。计票结果显示，现任总统埃尔多安在总统选举中获胜。在 6 名主要候选人中，埃尔多安赢得 52.6% 的选票；共和人民党候选人穆哈雷姆·因杰获得 30.6% 的选票，排名第二。而在议会选举中，埃尔多安领导的正义与发展党和其结盟的民族行动党分别获得 293 个和 49 个席位，这样，正义与发展党和民族行动党所组成的“人民联盟”赢得了议会多数席位。可以说，埃尔多安在总统扩权后举行的大选中获得了意想中的胜利。

此次土耳其大选之所以重要，很大程度上因为其是土耳其 2017 年宪法修订之后的首次选举。根据 2017 年的宪法修改案，总理将被废除。总统将有权独立决定任命或撤销副总统、部长和高级官员。总统可以通过颁布法令进行立法并在没有议会批准的前提下获得总统的预算。总统有权解散议会、召开议会、进行总统选举。总统任期五年，可以连任一届，如果议

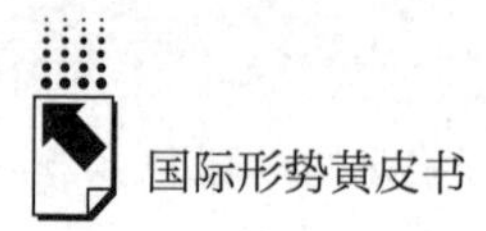

会在第二任期结束之前解散，那么总统可以连任至第三个任期。但从选举的结果看，今后土耳其议会的政治斗争将趋于激烈，对埃尔多安的执政形成制约。

土耳其货币里拉过去5年贬值很多。2018年8月10日，土耳其里拉兑换美元一夜之间暴跌20%。[①] 该国9月消费者价格指数（CPI）较上年同期上涨24.5%，与此同时，9月生产者价格指数（PPR）同比增速更是高达46.15%，这是埃尔多安自2003年掌权以来的最高纪录。如此高的通货膨胀率，意味着土耳其成为新兴国家中通胀率的前几名。

土耳其官方公布的6月数据显示，土耳其最新失业率为10.1%，青年人的失业率达17.7%，[②] 均创出了近年的新低。正发党在土耳其执政十多年，正是靠持续发展的经济成就赢得了连年执政，如今土耳其经济震荡走低，无疑成为影响正发党及其盟友未来执政的最大负面因素。

土耳其从2018年初开始就在叙利亚北部地区展开军事行动，打击叙利亚的库尔德人武装，意图在叙利亚北部构建"安全区"，保障土耳其边界地区的安全。但在叙利亚和伊拉克被打垮的"伊斯兰国"武装，正在分散或流散到偏远地区，仍然给当地局势和安全形势带来威胁。据报道，土耳其警方6月22日在首都安卡拉拘捕14名疑是极端组织"伊斯兰国"的外籍成员，粉碎了一次针对大选的袭击阴谋，可见土耳其的安全形势仍然不容乐观。

除了国内问题外，土耳其的对外政策，尤其是埃尔多安的地区政策，也经常引来国内舆论与国际社会批评。在2014年赢得直选总统后，埃尔多安的对外政策显得仓促、多变和不连贯。一方面土耳其面临着如何与大国保持协调稳定的关系，另一方面还需要应对地区国家挤压空间的多种挑战。土耳其作为一个北约成员国，逻辑上应该和北约的盟主美国保持良好关系，但近

① 《土耳其里拉如何崩盘　过去五年货币贬值近70%》，https：//finance.ifeng.com/a/20180824/16468147_0.shtml。

② 《专家解读土耳其大选：埃尔多安连任后迎四大挑战》，新华网，http：//news.sina.com.cn/o/2018-06-25/doc-iheirxyf5506967.shtml。

年来，在有关叙利亚问题、库尔德问题、伊朗核协议问题等中东热点问题上，土耳其和俄罗斯靠得越来越近，和美国的态度与立场渐行渐远。土耳其带头代表伊斯兰国家强烈批评美国承认耶路撒冷为以色列首都之举，与美国的关系明显变冷。土耳其与俄罗斯以及以色列的关系也反复不定。充满短期与投机色彩的土耳其对外政策，使人们很难对埃尔多安下一任总统任期内的外部环境产生乐观预期。

（二）日本自民党总裁选举：安倍破日本政坛纪录

2018 年 9 月 20 日，日本执政党自由民主党举行党总裁人选举。这次选举是自由民主党前干事长石破茂与现任党的总裁、日本首相安倍晋三的第二次较量。在 2012 年 9 月的党总裁选举中，石破茂在自民党党员、党友中所获的支持远远超过安倍，但因第一轮投票多人竞逐中石破茂未能获得超过 50% 的票选，第二轮前两名的石破茂、安倍对决，党员党友票被剔除，在自民党众参两院议员中拥有多数拥护者的安倍击败了石破茂，获得了迄今六年的首相执政。

第二次世界大战后的 73 年中，日本经历了 45 任首相，平均任期 1 年零 7 个月。2006 ~2012 年，六年 7 位首相。安倍这一任的任期已经超过前五任的总和，而且，他因此次胜选，创造日本战后首相任期最长的纪录。这一奇迹得益于在其前期执政过程中日本走出通货紧缩，且保持了相当长时期的经济增长。如果势头再保持 14 个月，他就能打破著名的前首相伊藤博文的任期长度，成为日本在任时间最长的首相。安倍所属自民党领导的执政联盟在众议院选举中保住了 2/3 的“超级多数”，这也意味着以超宽松货币政策为核心的“安倍经济学”可能会延续。

安倍执政已经近六年，历经五次国会选举胜利，形成了较好的政治社会基础，基本实现了“人人都有工作岗位”经济社会目标，并在国际社会找回了日本的存在感。由此，安倍宣布要争取继续作为自民党总裁和首相掌舵日本。日本共同社进行的选前民调结果表示：约 60% 的自民党支持者支持安倍担任总裁，石破茂的支持率仅有 24%。有分析指出，从自民党主要派

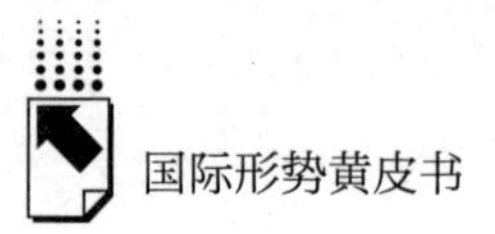

别的意向来看，这次竞选的关键不是安倍能否连任，而是他对石破茂能获得多大的优势。自民党党首每三年进行一次选举，参选者是该党国会议员和地方党员。此次选举前者票数405张，后者票数405张，共810票。首轮得票过半者直接当选。在9月20日的选举中，安倍共获得553票，而石破茂获254票，安倍毫无悬念地当选共和党总裁。

自民党在2017年3月召开的大会上正式修改党章，将党的总裁任期由两届6年增至三届9年。安倍此前分别于2012年和2015年当选，两个任期已到。此次当选之后，将无法作为候选人再次参加自民党领导人选举。但如自民党仍能继续执政党地位，他将连任首相至2021年9月，或为日本历史上在任时间最长的首相。

由于自民党内选举民意一边倒，安倍的竞选纲领基本没有新意。安倍在胜选后维持内政外交政策大方向基本不变有很大可能性。需要关注的是选举之后自民党或日本政府对修改和平宪法的影响。各方舆论普遍认为，安倍胜选后将会把修改宪法提上正式议程。有民调显示，安倍很可能争取向国会递交自民党宪法修改草案，对此48.2%的人表示“赞成”，37.5%回答“反对”。和上次调查相比，“赞成”减少2.4个百分点，“反对”增加5.5个百分点。①

（三）马哈蒂尔当选总理：中马关系备受关注

2018年5月，在马来西亚全国大选中，92岁高龄的前总理马哈蒂尔领导获胜，当选为新一届总理，从而结束了持续60年之久的执政联盟国民阵线政权。马哈蒂尔曾于1981年任马来西亚总理，直至2003年卸任。马哈蒂尔也曾是国民阵线一员，2015年他领导的希望联盟成立。马哈蒂尔在92岁时作为反对党领袖参加竞选，体现了他个人不可替代的地位和影响。他要推翻的竞争对手纳吉布是他曾经提拔、培养过的接班人。在竞选中，马哈蒂尔

---

① 《日自民党总裁选举在即：安倍维持领先　修宪草案引关注》，央广网，http://news.cnr.cn/gjxw/gnews/20180916/t20180916_524361368.shtml。

高举反腐败大旗，指责纳吉布贪污腐败，要求其下台。此次大选也被媒体称为马来西亚历史上最为激烈的一次选举。

马哈蒂尔当选后，除了他获胜的结果和他的高龄被广为热议外，另一关注热点是他对中国的态度。在1981～2003年担任总理时期，他对中国的态度一直是友好的。但在此次竞选中和当选后，他有关中国的一些言行使人们对他当选后的中马关系前景极为关注。近些年来，中马经济贸易关系发展迅速，合作领域广泛，中国连续9年成为马来西亚最大贸易伙伴。在石油管道、水电站、道路设施、港口等领域，两国都开展了合作。近两年来，马哈蒂尔对一些中资项目发表了批评言论。在当选前，马哈蒂尔在接受采访时表示，如果他当选，将严格审查和监管中国在马的投资，还将重启有关南海问题的谈判。例如他提到与中国的铁路项目不够实用，增加了马来西亚的外债。马哈蒂尔当选后，一是在国内大刀阔斧反腐败，另一重要举措就是叫停外资项目。他表示会对外资合作的铁路项目进行重新审核，其中包括中国承担的东海岸铁路项目。① 但无论是中国方面的分析还是马哈蒂尔本人的表态，都传达了两个方面的意思。一方面，马哈蒂尔当选会使中马关系面临一些方面的调整，包括双方的合作项目。另一方面，马哈蒂尔仍然会维持中马友好关系，不会与中国为敌。马哈蒂尔也表示将继续支持“一带一路”，欢迎符合标准、对马来西亚有利的投资与合作。②

三　拉丁美洲选举

2018年，拉丁美洲的重要选举主要发生在古巴、墨西哥和巴西。

---

① 《马哈蒂尔的“三把火”》，北京商报网，http：//www.bbtnews.com.cn/2018/0705/251157.shtml。

② 《去北京前，马来西亚总理马哈蒂尔先体验了把高铁》，凤凰资讯，http：//news.ifeng.com/a/20180819/59886651_0.shtml。

（一）古巴国家领导人代际更替：内外政策仍有延续性

2018年4月18日，古巴新一届全国人民政权代表大会正式组成，选举出国务委员会主席和其他成员。选举结果是原第一副主席兼部长会议第一副主席迪亚斯·卡内尔成为新一任古巴国家元首兼政府首脑。这意味着古巴将告别持续了近60年由卡斯特罗兄弟主政的时期。

古巴每五年举行一次大选。首先由市级人民政权代表提名省级和全国人民政权代表的候选人。随后由省级人民政权代表大会代表和全国人民政权代表大会代表进行选举。最后是800万选民选出的600多名代表组成新的全国人民政权代表大会，并选举产生新的古巴国务委员会主席。

1960年，迪亚斯·卡内尔出生于比亚克拉拉省普拉塞塔斯市，其父亲为机械厂工人，母亲是小学教师。20世纪80年代，卡内尔在拉斯维亚斯中央大学攻读电子工程专业之后在部队服役，随后在中央大学从事教育工作。1993年，他任党的干部工作，一年后升任古巴共产党比亚克拉拉省省委第一书记。其间，他经常深入基层、体察民意，与民众共同从事生产活动。他也曾是甲壳虫乐队的歌迷。1994～2009年，卡内尔分别在古巴的两个重要省份担任主要领导职务，有着比较全面丰富的基层工作体验和经历。2013年，他当选古巴国务委员会第一副主席。作为20世纪60年代出生的古巴人担此重任，在当时引起了不小的反响。从那以后，他就成为劳尔·卡斯特罗的主要助手之一，且一直被认为是古巴下一代领导人的主要候选人。劳尔·卡斯特罗曾说其“意识形态坚定”。当然，劳尔·卡斯特罗将继续担任古巴共产党中央第一书记直到2021年。

在卡内尔成为国家元首之前和之后，古巴国内经历着改革开放的重大变化，旅游业和小企业获得了更多的经营自由；古美关系的走向也在发生着巨大的变化。2018年9月24日，卡内尔访问纽约，实现了古巴领导人的第一次美国之行。在出席曼德拉和平峰会及联合国大会期间，他发表了讲话。在联合国大会上，卡内尔提出一项决议，要求终止美国履行奥巴马政府对古巴的各项承诺，终止对古巴的贸易禁运。

（二）墨西哥总统选举：新总统重视与美关系

墨西哥的总统选举每六年举行一次。选举程序是经过一轮投票，获得最多票数的候选人胜出。2018 年 7 月 1 日，墨西哥国家选举委员会发布计票结果，左翼的国家复兴运动党总统候选人安德烈斯·曼努埃尔·洛佩斯·奥夫拉多尔得票率超过 53%，当选新一任墨西哥总统。奥夫拉多尔将于 12 月 1 日正式就职，他是这个拉丁美洲地区第二大经济体数十年来选出的第一名持左翼立场的总统。

在此次总统选举中，奥夫拉多尔代表竞选联盟“我们一起创造历史”，这一联盟由国家复兴运动党、墨西哥劳动党和全国汇合党组成。他的竞争对手之一是卡尔多·阿纳亚，后者代表“为了墨西哥向前”竞选联盟参选的国家行动党。这一联盟包括国家行动党、民主革命党和市民运动。何塞·安东尼奥·梅亚德和独立候选人海梅·罗德里格斯·卡尔德隆是参加竞选的执政党革命制度党候选人。

经历了两次参选总统败北的奥夫拉多尔曾任墨西哥首都墨西哥城的市长，此次是他第三次参加总统选举。在国内政治方面，奥夫拉多尔支持治理腐败、缩小社会不平等程度，下决心消灭“权力黑手党”。他的竞选承诺是：如果当选总统，不会容忍“把犯罪分子搂在怀里”的政客，更不容忍政府工作人员利用职位横征暴敛普通民众。在财政方面，他一再强调要收紧财政预算，提高民众薪金和福利水平。在对外政策方面，奥夫拉多尔将如何处理墨美关系成为焦点。他在胜选演讲中对此有着明确的政策路径，而且墨西哥是特朗普上台后第一个与美国达成贸易协议的国家。但他反对美国修建美墨边界的隔离墙，主张以发展经济和增加就业的方式减少非法移民数量。

（三）巴西总统选举：选情一波三折、立场差异巨大

2018 年是巴西的总统大选年。作为拉丁美洲最大、经济实力最强的国家，这一年的大选决定着巴西未来的政治经济走向，也对周边国家影响巨大，因此巴西大选格外引人注目。

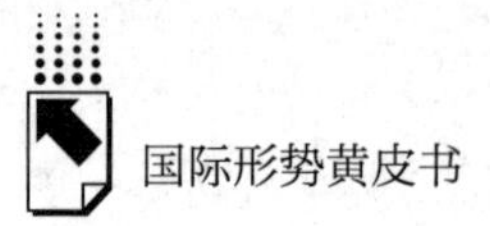

2018 年的巴西大悬念迭出。前总统卢拉在 2003 年至 2010 年担任总统期间，对巴西经济高速发展有着一定贡献，其间相当数量的低收入人群的贫困状态得到缓解甚至脱贫。2018 年 1 月，卢拉因贪腐和洗钱罪名被巴西联邦法院判处 12 年零 1 个月监禁。但巴西劳工党仍然推举卢拉为该党总统候选人，卢拉就势努力准备大选。2018 年 8 月民意测验显示，卢拉的支持率为 37%，处于领先其他候选人的状态。但 9 月 1 日巴西高等选举法院做出裁定，已经入狱的前总统卢拉不具备总统候选人资格。这一裁定也就使在选举中有可能获胜的卢拉无法参加 2018 年 10 月的总统角逐。在不得已的情况下，巴西劳工党只能推选卢拉的竞选搭档费尔南多·阿达顶替卢拉作为总统候选人。

曾任巴西最大城市圣保罗市市长的阿达现年 55 岁，他在此前的一系列活动中始终以卢拉副手的形象出现。而阿达的支持者更多的是巴西社会地位和收入较低的下层巴西人群，而抵制他的人群则是那些对前劳工党总统罗塞夫、卢拉不满的人。

巴西劳工党的主要对手社会自由党候选人贾伊尔·博尔索纳罗，在所有候选人中支持率最高，现年 63 岁。博尔索纳罗受收入、受教育程度较高的白人群体支持，有种族主义、歧视女性、反对同性恋言论，受中下层反对，甚至在 9 月初的竞选活动中遭人持刀刺伤，被认为是巴西版“特朗普”。他说自己代表巴西“决不妥协的反腐力量”，行动上要求本人及家人“绝对清白”，这也使其颇受很多民众欣赏。

2018 年 10 月 7 日，巴西总统选举初步计票结果公布。雅伊尔·博尔索纳罗和费尔南多·阿达进入第二轮对决。据巴西高等选举法院对 99.93% 的选票统计，博尔索纳罗和阿达的得票率分别为 46.05% 和 29.25%，居前两位。根据巴西法律，如果总统选举第一轮投票没有候选人得票过半，得票最多的两个候选人将在第二轮投票中决出胜负。①

---

① 《巴西总统选举将进行第二轮投票》，http://news.sina.com.cn/o/2018-10-08/doc-ifxeuwws1958255.shtml。

巴西此次总统大选中各派势力针锋相对，说明巴西未来的政治稳定和经济发展道路会比较坎坷。新一任总统会受到左右思潮、不同阶层、国家前进方向等的决策掣肘，面临严峻挑战。

结　语

2018 年世界各地的选举各有特点，出人意料之处明显少于 2017 年。俄罗斯、土耳其和日本的选举结果在意料之中，选后内外政策具有连续性。意大利、瑞典的右翼势力在选举中占了上风，对欧盟前途会产生一定影响。古巴新旧领导人进入实质性的更替期，新一代执政者会否带来新的理念和政策有待时间检验。巴西大选各方竞争激烈、立场差异巨大的同时颇具戏剧性，选后其内外政策或有较大调整。总之发生在 2018 年 11 月之前的全球主要国家选举并未对国际局势和相关国家内政带来出人意料的影响。

参考文献

胡盛仪：《中外选举制度比较》，商务印书馆，2000。

罗红波、孙彦红：《变化中的意大利》，社会科学文献出版社，2017。

野口悠纪雄：《战后日本经济史：从喧嚣到沉寂的 70 年》，张玲译，民主与建设出版社，2018。

http：//news. xinhuanet. com/.

http：//www. chinadaily. com. cn/.

http：//www. chinanews. com/.

http：//www. people - press. org/.

http：//pewresearch. org/.

http：//www. washingtonpost. com/.

http：//www. cfr. org/.

Y.16

朝鲜半岛局势的重大变化与发展

邹治波*

摘　要： 2018年是朝鲜半岛局势发生自1992年朝鲜核问题产生以来最大变化的一年，朝鲜对国家政策进行重大调整，由“核经并举”调整为“全力进行经济建设”，再次确认无核化目标并主动采取冻核与对外关系改善的重大行动步骤，由此引发半岛局势和双边关系的一系列重大变化。然而，美朝围绕弃核问题仍存在严重分歧，背后因素是美国在东北亚战略目标的考虑，这不是特朗普个性因素所能改之，半岛无核化仍将是一个长期曲折过程，远非表面形势看起来那么乐观。在现阶段无核化目标无法实现情况下，半岛局势仍有继续保持向好的希望，这取决于东北亚各国的共识与努力，特别是韩国政策选择与作用发挥。

关键词： 朝鲜政策　半岛局势　弃核　美朝关系

2018年，朝鲜半岛局势发生剧变，这是朝鲜对国家政策进行重大调整所致，并由此使得朝韩关系大为缓和，美朝实现历史性首脑会晤并达成旨在推动半岛无核化进程的联合声明，朝鲜对外关系显著改善。然而，影响半岛局势的核心问题——朝鲜核问题并未取得实质性突破，美朝在无核化问题上

---

* 邹治波，中国社会科学院世界经济与政治研究所副所长，研究员，主要研究领域为国际关系、国际战略和国际安全。

存在根本性分歧，无核化协议达成道路充满荆棘，未来即使美朝达成朝鲜弃核协议，其真正实施仍存在很大变数。

从根本上看，朝鲜核问题能否最终解决，取决于美国是否改变其在东北亚的战略政策，即放弃以朝鲜核问题为抓手来维系美日韩军事同盟体制，维持美国在东亚的军事存在，进而继续掌控东北亚政治安全格局的战略。这对目前的美国而言很难做到，只有当全球战略格局和东亚地缘关系演变到一定程度时方可实现。当然，朝鲜半岛局势未来发展仍存在希望，即使现阶段半岛无核化目标难以实现，但在朝鲜已对国家政策和发展方向做出重大调整后，朝鲜半岛继续缓和向好的局面及整体和平稳定的大局仍可维持，这取决于本地区各国的共识凝聚与行动努力，特别是各方能否对美国扰动、损害东北亚局势企图与行为进行有效制约和遏制，对此，作为中间角色的韩国的选择至关重要。

一　朝鲜半岛局势的重大变化

朝鲜核问题是当今世界上最严重的地缘政治安全问题之一。2017 年，朝鲜连续进行核试验和洲际弹道导弹试射，美国特朗普政府采取对朝“极限施压”政策并显现高调动武倾向，致使美朝对抗程度一路冲高，半岛战争风险也创历史最高。然而，2018 年朝鲜半岛局势峰回路转，出现自 1992 年朝鲜核问题产生以来的转折性变化。朝鲜将国家政策路线由“核经并举”调整为“全力进行经济建设”，并主动采取了冻核与对外关系改善的重大行动步骤，由此带来半岛局势的一系列重大变化。

（一）朝鲜对国家政策调整并采取重大行动

实际上，朝鲜最高领导人金正恩在元旦贺词中已显露出朝鲜要调整国家政策的迹象。金正恩在贺词中表示，2017 年朝鲜已“成就了完善国家核力量的历史大业”，拥有了“任何力量、任何东西也无法逆转的强大而可靠的战争遏制力”。同时，金正恩不寻常地表达了对韩国平昌冬奥会的祝福，表示要和韩国方面协商并派遣代表参加冬奥会。从新年贺词中，朝鲜对外发出了两个重要信息，一个是朝鲜已经完成核遏制力建设事业，另一个是要与韩国进行和解。金正恩讲话立即得到韩方的积极响应，韩国总统文在寅指示有关部门迅速拿出方案，恢复南北对话并实现朝鲜代表团参加平昌冬奥会，由此拉开了朝韩关系缓和与后续一系列变化的序幕。

朝鲜国家政策的重大调整，在朝鲜于2018年4月20开幕的朝鲜劳动党第七届中央委员会第三次全体会议上得以正式确认。金正恩宣布，2013年3月全会提出关于经济建设与核力量建设并举的战略路线的各项历史性任务圆满完成，当前阶段党的战略路线是集中一切力量进行社会主义经济建设。为此，全会通过了《关于宣布经济建设与核力量建设并举路线的伟大胜利》决议书和《适应革命发展到新的更高阶段的要求，集中一切力量进行社会主义经济建设》决议书，这标志着朝鲜国家政策从“核经并举”路线转变为“全力进行经济建设”的路线。

根据这一政策调整，朝鲜主动采取了一系列冻核行动。在这次全会上，金正恩宣布，从4月21日起停止核试验和火箭试射，并将废弃北部核试验场。2018年5月24日，在多国记者见证下，朝鲜炸毁了丰溪里核试验场的坑道及其地面设施。在2018年9月朝韩首脑达成的《平壤共同宣言》中，朝方承诺永久性废弃东仓里导弹发动机试验场和发射架，有意继续采取永久性废弃宁边核设施等额外措施。这些举动表明朝鲜停止发展核武器和导弹武器的决心。

与国家政策转向相适应，朝鲜也迅速调整了对外政策，主动改善了与有关国家的关系。朝鲜恢复了与韩国各层次的交往，实现了三次首脑会晤，达成了改善双边关系的一系列协议并采取了相应行动。朝鲜最高领导人金正恩在三个月内三次访华，与习主席就发展双边关系、稳定朝鲜半岛局势和实现半岛无核化等重大问题达成广泛一致，双方恢复了高层往来，中朝关系恢复并达到一个新高度。朝鲜与美国恢复对话、互动频繁，实现了历史性美朝首脑峰会并发表联合声明。朝鲜最高领导人金正恩也将访问俄罗斯，朝日领导人会面也在推动中。朝鲜政策的调整，给朝鲜对外关系和外部环境带来了新的局面。

从以上可见，正是朝鲜对国家政策做出重大调整，才带来半岛局势的重大变化。那么，为什么朝鲜现在会调整国家政策呢？其主要原因有三个：第一，朝鲜基本完成核武器建设目标：经过6次核试验，核装置已实现武器化，可以装载到各种导弹上。2017年11月底，朝鲜洲际导弹试射基本成功（虽然弹头再入问题尚未解决），朝对外宣布已拥有打击美本土核威慑能力，完成建设“核强国”的“历史伟业”。朝鲜认为已拥有保障国家安全的核遏制力。第二，2017年半岛紧张局势一直呈螺旋式上升状态，双方对抗强度创历史之最，再向前一步就是战争，这绝不是朝鲜发展核导武器的目的，高强度对抗后的缓和符合事物发展规律（美朝均无战争实际准备）。第三，朝鲜的高频率核导试验导致联合国多轮制裁，2017年更受到联合国三次制裁，制裁之严厉创历史之最，外汇渠道和能源供应受到严控，朝鲜经济发展面临极端困境，政治外交也处于高度孤立、封锁中，朝有改善对外关系的强烈需求。总之，朝鲜在自感拥有安全筹码后，基于自身巨大发展困难和恶劣外部环境，做出了调整政策的战略选择。

（二）南北关系大幅度缓和

以平昌冬奥会为契机，朝韩双方的关系进入缓和快车道，双方恢复了高层交往，并经多轮沟通实现了对推动朝韩关系具有重大意义的首次首脑会面及签署《板门店宣言》，随后双方又于5月进行第二次首脑会见，9月文在寅总统实现首次访问朝鲜并签署《平壤共同宣言》。

2018年4月27日，金正恩与文在寅在三八线的板门店达成了《板门店宣言》，其主要内容是建立双方沟通交流渠道、改善双方关系，停止敌对行为、缓和军事紧张关系，确认无核化目标、推进停和转换机制构建。随后，朝韩以落实宣言内容为目标进行了密集接触和互动，重启了将军级会谈并恢复了位于朝鲜半岛西部海域的朝韩军事通信线路，举行了离散家属团聚活动，进行了铁路公路和山林合作联合考察。双方在体育领域的互动更为积极，在雅加达亚运会上，双方再度持半岛旗共同入场并联合组队参赛。自此，朝韩双方在军事、体育、文化、经贸等领域开展了密集交流与务实合作，半岛缓和局势得以持续发展。

2018 年 9 月 18 ~20 日，韩国总统文在寅首次对朝鲜进行了访问，双方签署《平壤共同宣言》，在《板门店宣言》基础上对朝韩关系进一步发展做出具体安排，内容包括终结在非军事区的军事敌对状态，进而在全岛内消除战争风险、解除敌对关系，在年内启动东海和西海岸铁路及公路对接项目，恢复开成工业园区和金刚山旅游项目，彻底解决离散家属问题，以及深度进行文化、体育交流与合作等。朝韩首脑签署的宣言将极大地推动南北双边关系的发展和半岛局势的缓和。双方还就金正恩年内访问韩国达成一致，这将是朝鲜最高领导人首次访韩，是半岛事务的重大历史性事件。

（三）美朝实现首脑会见并达成共识

朝韩高层交流与信息的传递促进了美朝首脑峰会的举行。特朗普与金正恩最终于 2018 年 6 月 12 日实现历史性峰会，但过程充满戏剧性和曲折。2018 年 3 月 5 日，韩国总统特使团团长郑义溶率领韩国使团飞赴朝鲜，并会见了金正恩。随后，郑义溶立即赴美向特朗普转达了金正恩希望与其会面的意愿，并立即得到特朗普回应。白宫宣布，特朗普接受金正恩会面邀请，会面时间地点待定。特朗普也随即在推特上表示，他将于 5 月会见金正恩，以实现朝鲜半岛的永久无核化。显然，特朗普的决定带有个人意志和突然性，这也直接导致美国国务卿蒂勒森的辞职，因为当时正在非洲访问的蒂勒森仍否认美朝首脑会见的可能性，并坚持美朝峰会以朝鲜弃核承诺为前提的条件。这证明，特朗普的决定并没有与决策层进行沟通，是自己一时的决定及白宫随后的补台，这符合特朗普专断、自我的个性。

随后，美朝双方围绕双边首脑峰会达成联合声明的内容及峰会的时间、地点等进行了多轮磋商，其中有关联合声明的内容存在严重分歧，具体是实现无核化的方式。美国追求的是一次性弃核，是“先弃核后补偿”方式，而朝鲜则坚持“分步弃核”方式。对此双方互不相让，特朗普还为此在 5 月 24 日曾一度声明取消定于 6 月的首脑峰会，随后又收回这一成命。经过美朝艰难曲折的反复磋商，特朗普与金正恩终于在2018年6月12日，于新加坡如期实现历史性会晤，随后发表《美朝联合声明》。声明的主要内容是：美国和朝鲜承诺，依照两国人民对和平及繁荣的愿望，建立新型美朝关系；美国和朝鲜将合作在朝鲜半岛建立长久稳定的和平机制；朝鲜重申了2018年4月27日签署的《板门店宣言》，承诺努力实现朝鲜半岛的完全无核化；美国和朝鲜承诺，找回战俘和失踪人员遗体，包括立即遣返已确认身份的人员。特朗普和金正恩承诺全面、迅速地实施联合声明的内容，并承诺在最早的时间内，由美国国务卿蓬佩奥和一名相关朝鲜高官领导，举行进一步谈判，实现美朝峰会的成果。虽然随后美朝就落实联合声明内容出现了矛盾，但两国毕竟共同确认了无核化原则，恢复了高层接触交往。朝鲜采取了释放三名美国公民、交还朝鲜战争美军遗骸、在国庆阅兵对展示武器的克制等友善之举，美国也相应采取了暂停大规模军演等回应措施。文在寅9月访问朝鲜后，在出席联合国大会与美国总统特朗普会见时，带去了朝鲜弃核决心和金正恩要求与特朗普再次会面的信息，特朗普同意与金正恩第二次会见。随后，美国国务卿蓬佩奥表示，特朗普与金正恩将于10月后举行会晤，美方正在积极为下一次“特金会”做准备。虽然美朝关系得以改善，但无核化道路任重道远。

二 半岛无核化的主要问题

朝鲜半岛局势因核而来、因核而动，也因核而走。虽然朝鲜确认了无核化目标，美朝达成旨在实现无核化的联合声明，但是，美朝就朝鲜弃核的模式、内容、时间表等存在巨大分歧，分歧能否弥合并最终得以化解，这将决定着朝鲜核问题的走向及结果，左右着今后朝鲜半岛局势发展。

（一）弃核内涵

在分析朝鲜弃核问题之前，有必要弄清弃核一词的概念。从弃核要义看，弃核是指放弃拥有和发展核武器，为此，弃核国家应该将所拥有的核弹头、核武器部件、用于核武器的武器级核材料交出予以销毁或转用（核材料民用），撤销核武器研究机构，拆除或销毁核武器生产、试验等用于发展核武器的设施，这是弃核概念本身应有的内涵。但从世界的弃核实践看，由于国际战略格局的不平衡和国际政治互相信任度不高，弃核内涵被扩大化，产生了另外两个异化的弃核概念，一个是延伸弃核，另一个是全面弃核，实际上这两个弃核概念都超出了弃核本身内涵范畴。

所谓延伸弃核，就是在上述弃核概念基础上，将放弃铀浓缩和后处理也置于弃核范畴。有些国家认为，仅仅放弃拥有和发展核武器并不能确信弃核国不能发展核武器，因为只要保持铀浓缩和后处理能力，就能保持生产武器级核材料的能力，就可在一旦政治决定时，能在短时间内制造出核武器。因而一些国家坚持弃核国家放弃铀浓缩和后处理权利，这样的典型例子是美伊围绕核问题的纷争。在 2013 年以前，伊朗核协议一直久拖未决，其主要原因是美伊围绕伊朗的浓铀缩问题互不相让。美国一直坚持禁止伊朗拥有铀浓缩和后处理能力，而伊朗则坚持作为《不扩散核武器条约》成员国应该拥有的这种权利。2013 年 11 月 24 日，在美伊就此达成妥协后，即对伊朗铀浓缩和后处理能力进行严格限制条件下，才达成第一阶段伊核协议，并于 2015 年 7 月 14 日最终达成全面伊核协议。

所谓全面弃核，就是将发射工具的弹道导弹也置于弃核国家的放弃范畴，甚至将生化武器也包含在放弃范围之内，显然这是一种远超弃核本身内涵的一个概念。目前，特朗普政府对伊朗就是采取了这一立场。2018 年 5 月 8 日，特朗普宣布退出伊核协议，要求重新谈判伊核协议，提出将弹道导弹置于协议内容，并随后对伊朗采取了制裁措施。实际上，按照伊核协议规定（对铀浓缩离心机数量、铀材料浓度和质量的限制），在接受国际原子能机构严格监督核查情况下，伊朗是不会在一年时间内制造出一枚核武器的（伊核协议的门槛限制），伊核协议实现了伊朗的无核化（若伊朗违反协议，国际社会有足够的反应时间对此应对）。美国退出伊核协议背后的动因是地缘政治因素，美国企图以此削弱伊朗在中东的实力和影响。

（二）美朝关于弃核的分歧

按照特朗普与金正恩达成的《美朝联合声明》，美朝正在就落实峰会成果进行谈判，以期达成最终弃核协议。但美朝就弃核协议存在严重分歧，其主要分歧如下。

其一是关于弃核模式的分歧。美国坚持“一揽子”弃核方式，即让朝鲜实施一次性弃核方案，甚至表示将对朝开启“利比亚弃核”模式，即“先弃核后补偿”方式，朝鲜以全面无核化方式废弃所有核武器，并将其运至美国的田纳西州橡树岭完成拆解工作。田纳西州橡树岭是美国核及原子能研究园区的所在地，这里之前曾保管通过核谈判废弃的利比亚的核设施和核物质。作为回报，美国提出了“朝鲜版马歇尔计划”，在保障朝鲜体制的同时，批准美国民间对朝投资，支持朝鲜电力网和道路等基础设施的建设和农业发展。

朝鲜则坚持“分步弃核”方式，即“分阶段、同步”推进无核化的方案，这种方案意味着在朝鲜采取分步骤弃核过程中，美国也应在取消制裁、终止半岛战争状态、建立美朝外交关系并最终构建半岛永久和平机制等方面采取同步、平衡行动，从而实现双方行动的“同步、对等”。针对美国提出所谓“利比亚弃核”模式，朝鲜对此予以坚决反对，认为这包含了将利比亚命运加到朝鲜身上的企图，并表示朝鲜从未表达过对美国帮助建设经济的期待，未来也绝不会有这种交易。

其二是关于弃核内容方面的分歧。2018 年 5 月 13 日，美国白宫国家安全顾问博尔顿表示，美国追求的朝鲜弃核是“全面、可验证以及不可逆的无核化”，进而解释：“我们所说的弃核，指的是核项目的各个方面，就需要完全消灭朝鲜国内铀浓缩和钚后处理能力。毫无疑问，和伊朗的情况一样，旨在发射核武器的弹道导弹项目也需要放弃，我认为我们还需要检查他们的化学武器和生物武器项目。”博尔顿还就验证朝鲜弃核一事表示，“朝鲜要公开所有核与导弹设施的位置，并允许公开检查。验证工作将交由国际原子能机构（IAEA）负责，但实际废除核武器工作则将由美国来进行，届时可能还需其他国家提供协助。”这是美国官方首次提出了对朝鲜弃核的要求，实际上这远超出弃核内涵本身的范畴，是一种全面弃核概念。显然，朝鲜很难同意这样严苛的弃核要求。

其三是关于弃核时间表上的分歧。在美朝磋商中，弃核时间表问题一直是主要问题之一。美国追求一个明确短期的弃核，美国联合国代表黑莉就曾表示，美国虽然会在弃核问题上保持耐心，但也不愿意等太久。由于分歧严重，弃核时间表并未出现在特朗普和金正恩新加坡会晤发表的联合声明中。但美国国务卿蓬佩奥在美朝首脑会晤后的第二天表示，美方希望朝鲜今后两年至两年半，即美国总统特朗普结束四年任期前就放弃核武器采取“主要”举措，这是美国就朝鲜弃核时间表问题的首次公开表态。因遭到朝鲜的拒绝，蓬佩奥因此随后改口表示，无核化的最终时间表由朝方决定。这说明美朝在有关弃核时间表问题上仍未取得实质进展。

弃核时间表问题在朝韩第三次首脑峰会前出现转机。在峰会前，韩国总统府国家安保室室长郑义溶率团访问朝鲜并受到金正恩接见，随后韩国青瓦台表示，朝鲜最高领导人金正恩前一天在同韩国特使团会面时表态称，朝方期待朝美能在美国总统特朗普任内结束长达 70 年的敌对历史，改善关系，实现无核化。这暗示，朝鲜方面同意美国提出的在特朗普任期内完成弃核，这是美朝就弃核问题达成的重要共识，但在美朝对弃核方式和弃核内容这些实质性问题存在严重分歧情况下，这一共识只具有政治意义，不具有现实性。

（三）半岛和平机制的构建

归根到底，朝鲜核问题的产生是半岛安全格局的失衡造成的，同样，核问题的解决也必须要改变这种失衡的安全格局，这就需要构建半岛新的和平机制，以保障各方的安全需求，这也是中国提出的半岛无核化与建立半岛和平机制“双轨并进”的思路。而在构建和平机制方面，有关方面仍然存在较大分歧。

朝鲜坚持半岛无核化与停和机制转换同步进行，而美国则要求朝鲜先完成弃核后再谈和平机制构建问题，甚至连朝鲜要求的解除制裁问题，美国也坚持同样的立场。美国国务卿蓬佩奥和驻联合国代表黑莉等美国高官均表示，在朝鲜没有实现彻底弃核前不会考虑解除制裁问题。显然，美国对解除对朝制裁、构建半岛和平机制和与朝改善关系提出了极高要价，而这这种要求不符合国际政治原则和逻辑。

联合国对朝鲜的制裁是因朝鲜不断进行核试验和联合国禁止的导弹试射，若按照一般国际政治原则，在朝鲜表达坚定的弃核决心，宣布不再进行核试验和导弹试射，并采取废弃核试验场、导弹试验场等实质性冻核行动后，联合国应该对此做出相应反应，解除部分对朝制裁，这不仅符合联合国关于制裁的原则和目的，也是鼓励朝鲜继续向弃核方向努力行动，以推动半岛向无核化目标继续前进。然而，美国不仅继续坚持对朝制裁，甚至在联合国安理会上突出对朝制裁。在文在寅 2018 年 9 月 18 日开始访朝前夕的 17 日，美国驻联合国代表黑莉要求安理会专门就朝鲜半岛核问题和联合国对朝制裁执行情况举行公开会议，在会上指责俄罗斯“违反”安理会对朝制裁决议内容。美国国务卿蓬佩奥也表示，即使正在策划特朗普与金正恩再次会晤，美国还将把对朝鲜制裁的藩篱扎得更牢。美国这种让朝鲜“先交抢，后给予”的做法，若不是其一贯的强权政治逻辑所致，就会令人怀疑美国是否在真心推动朝鲜弃核、实现半岛无核化。

韩国总统文在寅在 9 月访朝时，就尽快发表终战宣言与朝方达成一致，表示终战宣言是一份宣布终止敌对关系的政治性宣言，是为签署和平协定而展开谈判的起点，并为安抚美国表示，终战宣言不影响驻韩美军地位问题，甚至在美国接受福克斯访谈时表示，将来“即使韩朝统一了，也需驻韩美军继续驻扎”（但愿这是文在寅安抚美国的语言，不是韩国的政策，不然将产生严重后果）。文在寅说，韩方的目标是在年内签署终战宣言，相关内容将在美朝领导人会晤上具体讨论。签署终战宣言是开启和平机制谈判的开始，美方在第二次美朝首脑会晤上能否同意达成这一宣言，是检验美国是否真心推动构建半岛和平机制的试金石。

三　朝鲜半岛局势今后的发展

朝鲜半岛局势今后的发展无疑将取决于无核化进程，这将是一个长期曲折的过程，未来世界格局和东亚地缘格局的演变可为半岛无核化的真正实现带来希望。即使在现阶段无核化进程发展不利情况下，半岛局势也仍然有保持缓和向好的可能，这不仅因为朝鲜已经改变了国家政策和发展方向，也与有关方面的共识与努力息息相关。

（一）无核化前景

目前，美国追求的是在特朗普即将结束任期的2020年底或2021年初朝鲜完成弃核目标。在经过艰难选择后，朝鲜也刚刚同意了这一目标。但从政治战略层面看，无论是美国还是朝鲜，都难以真正推动实现这一目标，特别是从朝鲜方面看，同意美国提出的弃核时间表有可能是一种策略之举，即将举行的第二次美朝首脑会谈会处理这一问题。从朝鲜核问题的根源和症结看，朝鲜核问题的解决取决于美国的战略决断，由此推断，朝鲜核问题的解决前景并不乐观，朝鲜核问题有可能长期延存下去，何况现在朝鲜已经拥有核武器并宣布具备对美国本土的核威慑能力，这与1994年和2005年两次达成弃核协议的情形大不一样。

从朝鲜方面看，虽然目前朝鲜再次确认了无核化目标，并主动采取无条件的冻核措施，表现出弃核的极大诚意，但从地缘、历史和现实情况看，在短期内朝鲜没有放弃核武器的可能性。其主要原因：第一，朝鲜发展拥有核武器是几十年来孜孜追求的战略目标，拥核已纳入其宪法，朝鲜并为此付出巨大努力和惨重代价，一旦拥核绝不会轻言放弃，除非朝鲜的安全保障条件得到可靠满足，而这是美国不会轻易给予的。第二，现在朝鲜已经完成建设“核强国”这一“历史伟业”，若在短时间内放弃且难以得到美国可靠安全承诺情况下，不仅安全筹码毁于一旦，对内也无法交代。朝鲜在七届三中全会报告中明确提出，“只要不受到核威胁和核挑衅，朝鲜绝不会使用核武器，不会泄露核武器和核技术”，显然这是朝鲜公布了其核政策，朝鲜已以核国家自居。第三，从朝方的一系列表态看，朝鲜确认的无核化是终极目标而非短期目标，坚持的是分阶段、同步实现无核化方案，这预示着朝鲜弃核不是一个短期过程。第四，历史证明，即使朝鲜与美国最终达成弃核协议，其实施过程也存在极大变数（美国履行协议存在不可靠性，如前两次朝鲜弃核协议和伊朗核协议的执行情况，美国的国家信誉值得怀疑），朝鲜不会在实现可靠安全保障目标以前完全弃核，而朝鲜的完全弃核又是美国坚持的给予朝鲜安全保障的前提条件，这必将是一个充满矛盾的复杂曲折过程。

同时，从美国方面看，朝鲜弃核攸关美国在东北亚的地缘战略和地位。若朝鲜真正实现弃核目标，进而朝鲜与韩国完全实现和解，半岛建立长久和平机制，那么美国与韩国的军事同盟体制、美在东北亚驻军将成为问题，美对东北亚战略格局的主导与控制也将成为疑问，美国的霸权地位就会受到重大影响，恐怕现阶段美国不会接受这一前景。现在特朗普提出所谓短时间内、一次性朝鲜完全弃核的要求，实际上这是对朝鲜的高要价，朝鲜自然难以全盘接受。而且，在目前朝鲜表现出无核化意愿情况下，美国仍声称不会放弃对朝制裁等高压手段，南北实现板门店首次首脑会见后仍执意进行大规模军演而使美朝首脑峰会一度出现疑问，并派对朝强硬的日裔将军哈里斯出任驻韩国大使，仍强调不放松对朝制裁并突出对朝制裁，美国的政策与行为值得怀疑。

人们可能有一个疑问，若美国不会真心解决朝鲜核问题，为什么 2018 年美朝这两个宿敌实现首次首脑会晤并发表联合声明，双方开始频繁互动？其答案是，这是特朗普个人所为而并非美国战略所致。作为美国建国 200 多年以来首个非传统总统，特朗普表现出非常规思维和行为，其与金正恩进行会见的突然决定，是个人的决断而非经过白宫决策层决定的结果，不然不会有前一天时任国务卿蒂勒森仍然坚持美朝首脑会见的前提条件和之后突然被解职，在这以后出现多次特朗普在朝鲜问题上先表态、白宫后补台的非正常现象。这当然是特朗普专断、自傲、彰显异于他人的个性所致。但今后特朗

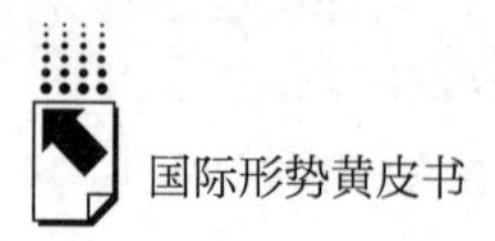

普的行为和目标不仅会受到建制派的制约，也会受到政府机构在执行中的牵制（现实中已表露出来），更会因特朗普政权的不稳定性和不确定性，而给美朝关系、半岛无核化问题带来极大变数。

（二）朝鲜核问题未来解决的希望

朝鲜核问题的解决将是一个充满矛盾的复杂长期过程。在美国的全球战略和东亚战略目标不变情况下，美国必然会继续维持对东北亚政治安全的主导和控制，朝鲜核问题难以从根本上解决。但历史是发展的、事物是变化的，随着世界战略格局和东北亚地缘格局的演变，当美国实力难以维持其全球战略目标而不得不退出东北亚时，朝鲜核问题才能迎来真正彻底解决的前景。

当前，世界战略格局和国际秩序正处于“二战”以来最深刻的调整阶段，世界正在向未来一个全新的格局和秩序演进，而美国正是这种发展变化的第一大动因。“二战”以来的国际格局和秩序，虽历经冷战两极高强度对抗、冷战结束的巨大冲击，但总体上保持基本稳定。然而，随着美国的衰落、西方的沉沦，和新兴经济体的崛起，国际格局演变正处在由量变到质变的历史节点上，再有十年，发展中国家的经济总量将超过发达国家的经济总量，国际格局将迎来历史性转折变化。现在美国不仅推行自私的贸易保护主义，而且采取了一系列单边主义行动，连续退出多个国际多边机制和协议，这不仅意味着美国在这些机制和协议中权利的削弱，也意味着美国国际责任和义务的推脱，甚至美国连对其维护霸主地位最重要的对盟国防卫责任也欲减责，这显示美国“领导”世界的无力和霸主地位的削弱。这种格局和形势的发展也必然会反映到地缘格局和政治中。随着这种格局演变的继续进展，朝鲜核问题和平解决的希望也越来越大。

当然，即使在现有东亚地缘格局下，在历史、环境、现实等综合因素作用下，随着形势的发展变化，也存在朝鲜选择自愿弃核的可能。在上一年的《全球政治与安全报告（2018）》的“朝鲜半岛局势与前景”一文中，曾提出“和平解决朝鲜核问题的另一个可行方案是朝鲜自愿弃核，这种解决方案的前提是朝鲜做出改变国家发展道路的战略选择，即走通过改革开放实现与世界相融合和自身发展与安全的道路”。就在2018年，朝鲜对国家政策和发展方向做出了重大调整，这种调整和改变总体上看是不可逆的，那么，今后朝鲜自愿弃核的可能性变得愈加现实、愈加值得期待。要让这种可能性变为现实，不仅取决于朝鲜自身政策调整的坚定性，也取决于其他国家特别是周边国家对朝鲜政策调整的支持，要让朝鲜对选择这种政策和道路有获得感、满足感，使得朝鲜有信心继续在这条道路上走下去，这样，当形势发展到一定程度时，朝鲜就有可能选择走自愿弃核之路。

（三）半岛局势发展趋势

目前，美朝正在互动谈判弃核协议，弃核的最终实现取决于协议的达成和协议的成功履行。正如本文前述，一方面，美朝在弃核模式、弃核内容与和平机制构建等问题上分歧严重，达成协议本身存在较大困难，达成弃核协议的关键是美国做出政治决断（如同奥巴马时期处理伊核问题那样）；另一方面，在美朝达成弃核协议情况下（如1994年和2005年美朝两次达成相关核协议），接下来形势发展关键因素是美国能否忠实履行协议，这又取决于美国的战略选择，而非仅仅特朗普个人因素所能为。当然，在协议具体实施中，还会面临复杂技术性问题，如申报（申报的内容和范围）、核查（核查的入侵性）、销毁（武器机密的保护）等涉及国家安全的敏感问题，稍有不慎就会产生严重纠纷甚至导致形势逆转。

即使朝鲜弃核问题一时无法实现，今后半岛局势继续向好与总体和平稳定的局面仍可得以维护，这不仅是因为朝鲜国家政策的重大调整和发展转向，而且也取决于相关国家对维护半岛局势稳定的共识凝聚和行动努力。这其中，韩国的角色和作用至关重要。作为半岛朝韩利益命运共同体的一方，和美韩军事同盟关系的一方，韩国既能主动采取对朝行动、左右朝韩关系，又能对美韩军事行为进行牵制、影响半岛安全形势。虽然韩方在美韩军事同盟中不处于支配地位，但能对美韩军事行动甚至驻军地有重要影响。韩国应

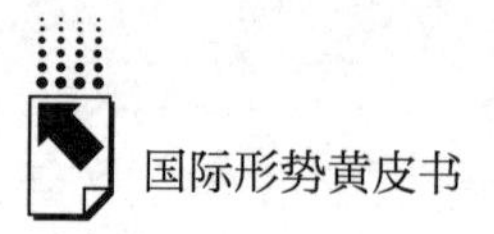

该清楚一个道理：在现有半岛格局中，保障韩国安全是置于一切的最高目标，其他政治战略选择包括与美军事同盟等，只是实现这一最高目标的手段而不是目的。如果通过改善与朝鲜关系、缓和半岛局势能逐渐实现这一目标，而强化与美军事关系导致朝鲜加强武力建设、提升备战水平反而削弱这一目标，那么，韩国应做出正确的选择。在当前形势下，韩国不仅应继续推进与朝鲜关系的改善，同时也要对美国扰动、损害半岛局势的行为（如强化制裁、进行军演等）进行牵制，以支持朝鲜继续走弃核、缓和之路，保障半岛局势继续向好的方向发展。

维护半岛的和平稳定也符合包括中国、俄罗斯、日本等在内的东北亚其他各国的共同利益，对半岛出现的积极向好的局面，东北亚各国有责任和义务共同努力维护，各国对此应有高度共识。为此，首先，各国应对朝鲜政策的调整予以积极回应，在政治外交上支持朝鲜弃核行动，支持韩国与朝鲜缓和关系的努力，敦促美国与朝鲜就弃核问题达成协议并忠实地履行协议，推动半岛无核化进程发展；其次，努力寻求与朝鲜双边关系的发展，改善朝鲜的国际环境，鼓励朝鲜走对外开放、与世界融合之路；最后，根据朝鲜主动采取的冻核与弃核行动，在联合国安理会推动减轻对朝鲜的制裁，并在不违反联合国安理会决议前提下，努力支持朝鲜的经济建设，并将朝鲜纳入东北亚区域经济发展中，推动东北亚经济“一体化”，对此，“一带一路”可发挥重要作用。

结　语

2017 年是朝鲜半岛局势发展的一个关键年份，半岛面临战争与和平的选择问题。2018 年半岛又面临一个关键点，是半岛无核化和局势向好发展的机遇能否抓住问题。对此，一方面，这一问题特别是无核化的实现主要取决于美国，取决于美国能否做出战略决策；另一方面，这一问题特别是半岛积极向好局面的维护，将取决于各方特别是韩国作用的发挥，中国、俄罗斯、日本的共识和努力也至关重要。

参考文献

新华网，http：//www. xinhuanet. com。

环球网，http：//www. huanqiu. com。

人民网，http：//www. people. com. cn。

邹治波：《朝鲜半岛局势与前景》，张宇燕主编《全球政治与安全报告（2018）》，社会科学文献出版社，2017。

国际关系研究与智库

International Relations Theories and International Think Tanks

Y.17

国际智库研究综述（2017~2018）

杨 原*

摘 要： 2017~2018年，国际政治形势和中国外交环境都发生了重要变化，面对这些新形势、新变化，各国智库和研究机构均给予了密切关注并提出了自己的分析和建议。本报告以美国宾夕法尼亚大学《全球智库报告2017》中排名靠前的国际顶级智库为考察对象，对其在近一年来发表的部分代表性成果进行了梳理，内容涉及中美关系、中美贸易冲突、“一带一路”、朝核问题、中东局势、网络安全、难民问题、能源安全和气候变化等议题。

关键词： 国际智库 中美关系 贸易冲突 一带一路 朝核问题

* 杨原，中国社会科学院世界经济与政治研究所副研究员，国家安全研究室副主任，主要研究领域为大国崛起理论和国际安全问题。

2017～2018 年，国际政治形势和中国外交环境都在发生重要变化。2017 年 11 月，美国发布《国家安全战略》报告，将中国定位为“战略竞争对手”，2018 年，中美贸易争端不断升级，中美关系正面临全新的挑战。2018 年是中国“一带一路”倡议提出五周年，“一带一路”建设与国际合作取得长足进展，但同时也存在诸多风险和问题有待化解及克服。2018 年地区安全形势也在发生急剧变化，朝美两国领导人峰会在新加坡成功举行，朝鲜无核化进程迎来曙光的同时不确定性依然存在。美国退出“联合全面行动计划”，伊朗核问题变数陡增，“后伊斯兰国”时代中东地区恐怖主义威胁依然存在，国家间冲突风险正在不断升高。此外，难民问题、网络安全问题、能源和气候变化问题等非传统安全问题持续凸显甚至愈加严峻。

对于这些新形势新变化，各国智库和研究机构均给予了密切关注并提出了自己的分析和建议。追踪和掌握国际高水平智库在相关议题上的最新研究动态，了解其他国家战略界的认识视角和应对思路，有助于我们从多方位的视角看待相关问题，更有效地提出自己的对策主张。为此，本报告根据 2018 年 1 月 30 日美国宾夕法尼亚大学“智库与公民社会项目”（TTCSP）发布的《全球智库报告 2017》,① 选取排名靠前的国际顶级智库发布的相关研究报告和评论，对其观点进行梳理和总结。

一　中国问题热点

（一）中美战略关系

2017 年 12 月和 2018 年 1 月，美国政府先后发表《国家安全战略》和《国防战略概要》，阐述了当前美国政府对世界总体安全立场的基本方针和原则。这两份文件均有很大篇幅涉及中国，因此受到中国官方和学界的高度

① James G. McGann, “2017 Global Go to Think Tank Index Report,” Think Tanks and Civil Societies Program at University of Pennsylvania, 30 January 2018, https://repository.upenn.edu/think_tanks/13/.

重视，成为中方分析和研判美国对华战略的重要依据。卡内基国际和平基金会的一份报告梳理了中国官方和学界对这两份文件的评论和主要观点。该报告指出，中方对这两份文件出台的背景主要有两种看法，一种认为它们反映了美国由于自身相对实力下降而产生的战略焦虑，另一种则将其视为美国未能成功将中国融入西方体系之后一种反应，或者是对中国提出的对所谓"华盛顿"共识提出挑战的"新发展模式"的一种应对。根据这份报告的梳理，中方评论指出，这两份文件所持的对华基本立场不仅与此前历任美国政府所坚持的较为平衡的立场相矛盾，而且也与特朗普本人在其他时候所表达的更为温和与更富合作性的对华立场不一致。该报告认同这一看法，并指出这反映了当前美国政府对华政策的混乱和自相矛盾。[①]

国际智库同样也梳理了美国对中国的看法。法国国际关系研究所的一份研究报告详细回顾自20世纪70年代以来美国战略界对中国的认识，指出美国战略界目前在中国问题上存在许多重要共识，其核心是：中国的军事和经济实力都在持续增长，尽管美国实力在全球层面依然领先于中国，但是无论是在武装力量、人均GDP，还是在世界文化影响力方面，美国都受到"帝国主义疲劳"和对衰落的恐惧的影响。因此，美国对中国的发展和进步充满焦虑。该报告指出，美国的对华政策始终在坚定自己立场和与北京寻求对话之间摇摆不定，这种政策取向上的摇摆可以追溯至20世纪70年代，自那时开始，现实主义者、理想主义者、悲观主义者和乐观主义者就如何应对美国在21世纪的这个主要竞争者问题上的争论一直主导着美国的对华战略。现任美国总统特朗普在竞选期间就针对中国的贸易和汇率问题发表了许多强势言论，在2017年11月的亚洲之行中，特朗普再次强调了平衡中美两国贸易关系的必要性。这份发表于2017年11月的报告认为，特朗普的这些表态为现任政府的对华战略奠定了基调。[②]

① Michael D. Swaine, "Chinese Views on the U. S. National Security and National Defense Strategies," Carnegie Endowment for International Peace, May 1, 2018.

② Laurence Nardon, "U. S. Visions of China: From Henry Kissinger to Donald Trump," French Institute of International Relations, November 2017.

（二）中美贸易争端

贸易争端构成了2018年中美关系的主题。正如法国国际关系研究上述报告所预料，此次中美贸易争端的一个主要症结是技术能力和创新问题。美国301条款报告对中国的两项主要指控是，美国企业被迫向中国转让技术以及美国成为中国网络间谍活动的对象。英国皇家国际事务研究所的一篇评论指出，该报告背后的深层次问题是美国担心中国的创新和技术能力赶上美国，这种担心在一定程度上是由于《中国制造2025》中提出的相关政策目标。该评论认为，出于遏制中国技术创新的目的与中国发生贸易冲突是错误的，因为在当今时代，所有创新都是基于全球或跨国网络进行的，而不是仅仅基于某个经济体内部。全球化最近的发展形势表明，只有当创新者不仅在国内而且在国家之间相互联系时，创新才能最有效地实现。①

卡内基国际和平基金会的一篇评论同样认为，这次中美贸易争端的起因主要是特朗普政府为了保护美国的技术优势。该评论认为，从中国政府的观点来看，提升其在价值链中的地位是摆脱所谓“中等收入陷阱”的关键。通过这一方式获得成功的少数案例几乎全部是东亚的经济体，它们从西方国家吸收技术成果，并以此推动本土技术的发展。因此，美国政界和企业界普遍担心中国将技术转让作为准许外国企业进入其国内市场的条件，从而“迫使”外国企业提供新技术。对此，该评论建议中国政府采取措施改善整体投资环境，包括加大法庭的执法力度以及在多个领域取消必须创立合资企业的要求。②

卡内基的另一篇评论分析了特朗普贸易政策对欧洲及美国自身的不利影响。该评论认为，特朗普的关税政策造成了与欧洲贸易伙伴关系的紧张，欧洲人不会在不做出任何回应的情况下接受关税上涨。作为世界上最大的贸易

① Tim Summers and K. C. Kwok, “Arguments over Innovation Capacity Miss How Much the US and China are Intertwined,” Chatham House, May 30, 2018.

② Yukon Huang, “U. S. Trade Tussle with China is Actually about Technology,” Carnegie Endowment for International Peace, May 2, 2018.

集团和美国商品的进口方，欧盟有足够的影响力。欧盟的报复可能会导致美国的物价上涨和经济放缓。更重要的是，特朗普的决定将进一步强化欧洲对美国政府的负面看法。与此同时，特朗普的关税举措不会遏制中国的雄心，反而会向北京提供占据道义制高点的机会，使北京扮演多边和开放贸易支持者的角色，这也将使得美国和欧盟领导人更加难于制定共同战略，从而造成经济和外交领导真空，并让北京来填补。①

（三）“一带一路”倡议

2018 年是“一带一路”倡议提出五周年，国际智库对这一议题的关注程度也在不断提高。卡内基中国中心主任韩磊（Paul Haenle）认为，自 2013 年被宣布以来，“一带一路”倡议已经从一个以加强互联互通和基础设施建设为中心的理念发展成为一个扩大中国影响、拓展其经济外交的全球战略。“一带一路”项目遍及全球，将对全球经济贸易、国际关系和地缘政治的未来发展产生重大影响。对中国来说，“一带一路”倡议与中国政府的西部大开发战略相契合，能缓解产能过剩问题，实现能源进口多样化。他建议各国和企业应将重点放在确保项目工程的可持续性和经济可行性方面，努力达到环境、人权和劳工标准，以抓住更多机会，同时应努力提高“一带一路”项目工程的透明度和可及性，尤其是新项目工程的采购和招投标过程。②

英国皇家国际事务研究所的研究员柯安德（Andrew Cainey）分析了作为“一带一路”倡议主要内容的基础设施投资所存在的主要风险。他认为风险主要存在于四个方面：一是资金可获得性问题，投资初期可能无法获得足够的初始资金；二是施工过程中的风险，如预算超支、无法预见的设计问题和工作延误，以及目标国的内部紧张局势等；三是财物和非金融风险，如收益不足、债务无法偿还等；四是如果目标国政府或者企业的做法符合自身

---

① Erik Brattberg, “Trump's Tariffs Risk Harm to Allies, Cede Leadership to China,” Carnegie Endowment for International Peace, March 14, 2018.

② Paul Haenle, “More than a Belt, More than a Road,” Carnegie Endowment for International Peace, April 30, 2018.

利益但不符合本国的国家利益，则项目的实施和运营将有可能激起民众怨恨。柯安德建议投资者应当从银行和保险公司充分汲取所在行业和国家所特有的风险管理经验，政府应加强相关风险的政府评估，为所有风险承担者提供风险管理服务。①

卡内基印度中心副主任达尔莎娜·巴鲁阿（Darshana M. Baruah）撰文分析了“一带一路”倡议对印度的战略影响。她承认，亚洲对基础设施的需求巨大且日益增长，互联互通和基础设施建设跨境合作潜力巨大，包括印度在内的南亚国家在这些方面的确需要“一带一路”倡议。但她同时指出，中巴经济走廊、孟中印缅经济走廊、跨喜马拉雅经济走廊和海上丝绸之路这几个与南亚地区相关的“一带一路”分支项目直接关系印度的战略利益，与其相关的基础设施投资项目靠近印度大陆和海上边界，正在影响印度的安全利益和战略环境。印度并不反对该地区的基础设施建设，但它担心中国通过这些走廊与印度的近邻接触，可能会改变该地区现有的权力格局。②

二　国际安全热点

（一）朝核问题

卡内基国际和平基金会的一份评论分析了特金会后朝鲜半岛局势未来的三种可能情境及其影响。第一种情境是美朝双方延续现在这种“外交＋威慑”的互动模式，美国事实上默认朝鲜的拥核状态。这种情境将使核不扩散机制进一步陷入僵局，并鼓励伊朗等美国对手的核野心。第二种情境是美朝谈判进展顺利，朝鲜同意重新加入《不扩散核武器条约》，并接受国际原子能机构核查，美国从韩国撤出军事人员，并结束所有联合军事活动。这种

① Andrew Cainey, “Managing Risk to Build a Better Belt and Road,” Chatham House, July 5, 2018.

② Darshana M. Baruah, “India's Answer to the Belt and Road: A Road Map for South Asia,” Carnegie Endowment for International Peace, August 21, 2018.

情境将加强中国在更广泛的亚太地区的影响力，并促使美国的亚太盟国加强自己的防御力量。第三种情境是美国对朝发动军事打击，朝鲜则对韩国发动炮击，造成数千万韩国平民伤亡。这种情境将引发中国强烈反应，并导致地区急剧不稳定和冲突升级。①

战略与国际研究中心的一份评论讨论了特金会后朝核问题前景对美韩同盟的潜在影响。该评论认为，金正恩的“无核化”信号既有可能是真实的无核化意愿表达，也有可能是“战略欺诈”。美国为了应对这两种可能的情况，将不得不在“向朝鲜做出更多让步”和“坚持捍卫盟国利益”两个策略选项中做出权衡。韩国从自身国家利益最大化出发，将很可能采取一种“联盟加对冲”的政策，即在将美韩联盟置于核心地位的同时，培育非敌对的韩中友好关系。该评论建议，为巩固美韩联盟，特朗普政府不应向朝鲜做出太多的让步，包括接受朝方定义的朝鲜半岛无核化、永久停止联合军演、减少或撤出驻韩美军以及签订合时宜的和平条约等。②

英国国际战略研究所的一份评论分析了美国面对朝鲜提出的终止朝鲜半岛战争状态的要求时所面临的两难局面。美国如果接受了这一要求，宣布结束与朝鲜的战争状态，将消除美国继续在韩国驻军的政治理由，损害美国在亚洲维持驻军的更大战略利益。因此美国主张朝鲜必须首先提供弃核路线图和核查协议。但朝方坚持美国必须首先采取行动。而如果美国坚持自己的主张，拒不首先宣布终止战争状态，则又有可能损害与韩国的联盟关系。韩国总统文在寅正在积极推动与金正恩就正式结束战争问题进行会谈，如果韩国民众将美国视为结束半岛战争状态的阻力，平壤方面将成功地在这两个盟国之间制造裂痕。如何化解这一两难正考验特朗普政府的外交智慧。③

① Ulrich Kühn, “Last to Escape, First to Disarm? Three Scenarios of Peace and War on the Korean Peninsula,” Carnegie Endowment for International Peace, September 4, 2018.

② Taewoo Kim, “DPRK Nuclear Issue After Trump-Kim Summit and the Future of the ROK – US Alliance,” Center for Strategic and International Studies, July 23, 2018.

③ Mark Fitzpatrick, “Too Early to Call an End to the Korean War?” International Institute for Strategic Studies, August 2018.

（二）中东局势

自2011年“阿拉伯之春”爆发已过去7年，其间，阿拉伯世界经历了巨大的动荡和变革，但时至今日，这一地区的形势似乎正变得比7年前更加复杂。卡内基国际和平基金会的研究员马克·林奇（Marc Lynch）撰文分析了当前阿拉伯世界正在形成的新秩序。他认为，自2011年开始的这场巨变的确创造了一个新的阿拉伯秩序，但并不是大多数人所期望的那种。本地区各地的起义一方面引发了各国政权对自己生存的担忧，因此对外部安全形势变得异常敏感；另一方面那些失败国家和内战又为其他国家扩大在本地区影响力提供了机会。这两者组合在一起，促使各国更积极地介入其他国家内部事务。在这种背景下，美国已不再能够像以前那样向这一地区强加某种符合自己意愿的秩序。①

伊朗及其阿拉伯邻国与美国之间的军事力量平衡，至少自20世纪50年代以来一直是中东地区一个关键的军事问题。自20世纪中期以来，伊朗、伊拉克和其他海湾国家始终经历着大规模的军备竞赛。战略与国际战略研究中心的一份评估报告显示，以伊朗问题为核心驱动的地区性军备竞赛有可能呈加剧趋势，由军备竞赛所引发的冲突风险很可能随时间而增加。伊朗与其邻国在海湾地区的冲突、在伊拉克和叙利亚为争夺影响力而展开的斗争以及也门的内战都提示，中东地区新一轮大规模冲突的可能性是存在的，美国退出“联合全面行动计划”更加剧了这一风险。②

除了地区秩序和国家间力量对比的变化，恐怖主义是中东地区另一个突出的长期性挑战。英国国际战略研究所的研究员约翰·雷恩（John Raine）分析指出，当前跨境恐怖主义并没有减弱的迹象，而且威胁的性质正在不断变化。为了应对新的反恐形势，国家间的安全合作必须超越针对具体危机的

① Marc Lynch, “New Arab World Order,” Carnegie Endowment for International Peace, August 16, 2018.

② Anthony H. Cordesman, “Iran: Military Spending, Modernization, and the Shifting Military Balance in the Gulf,” Center for Strategic and International Studies, September 4, 2018.

临时反应，转变为持久的常态化合作机制。国家间的反恐合作还必须超越国家间的政治分歧。在贸易保护主义抬头、政治民族主义高涨的当下，这一点尤其具有挑战性。此外，雷恩还建议，预防恐怖袭击应遵循“社区优先”原则，使社区和地方当局在收集情报、使潜在的恐怖分子去极端化、在事件发生后遏制种族主义和潜在的灾难性仇恨犯罪方面发挥更积极的作用。①

三　全球问题热点

（一）难民问题

当前全球难民危机的最大挑战并不是其规模和范围，而是各国在应对这一问题上的态度和行动。受难民问题影响的国家不得不将一部分资源投入到难民问题的应对和解决上，这种资源分配上的矛盾已经成为难民和当地社区之间紧张关系的根源。对此，英国皇家国际事务研究所的研究员鲁马·曼达尔（Ruma Mandal）建议各国在《2016 年纽约难民和移民宣言》确立的“责任分担”原则的基础上，签订一个“全球难民契约”。这个“契约”要想有效确保各国共同承担应对难民问题的责任，需要建立更加完善的激励机制，比如根据 GDP、人口规模、人类发展指数和脆弱国家指数等指标计算一国应当承担的“责任份额”，同时建立一种能够使各国参与监督其他国家承诺执行情况的机制。此外，还应积极吸引私营部门参与进来，为基础设施和创造就业提供融资。②

随着叙利亚政权重新夺回领土，邻国要求叙利亚难民返回其祖国的呼声越来越高。难民们普遍对叙利亚的和平前景感到悲观，大多数难民尽管在东道国面临越来越大的社会和经济困难，但仍不愿回国。卡内基和平基金会的

① John Raine, “New Priorities for International Counter-Terrorism,” International Institute for Strategic Studies, July 21, 2018.

② Ruma Mandal, “The Global Compact on Refugees Offers an Opportunity to Revive Responsibility Sharing,” Chatham House, March 1, 2018.

一份报告讨论了帮助叙利亚难民返回祖国的对策，包括承认叙利亚危机的政治根源，建立包容性治理机制的政治进程，保证民众基本安全；组建一支由叙利亚律师组成的团队，让难民了解他们的权利，并帮助解决许多可预见的当地争端；任何重建资金的分配和使用都应以难民返回家园和获得其财产为条件，应设立相关审查程序，以确保接受国际资金的当地实体没有卷入战争罪行并独立于叙利亚政府的管控。[①]

为应对欧洲日益严峻的难民问题，欧盟与利比亚、土耳其等难民来源国和过境国签订了一系列协议以加强在移民问题上的合作。这些协议的共同点是，欧盟向这些难民来源国和过境国提供资金、技术和人员方面的援助，以此遏制难民从这些国家继续涌入欧洲。这些协议实施后，的确起到了减少难民流入欧洲的效果，而且相关援助资金也的确为一些相关国家的难民创造了就业和经济机会。但是英国皇家国际事务研究所的一份分析报告也指出，欧盟的这一政策也产生了一些副作用，例如，为躲避难民来源国和欧盟国家的海上拦截，坚持逃往欧洲的难民不得不选择更为危险的地中海中部路线。此外，一些尚未与欧盟达成协议的国家正变得更加不愿接纳难民。这份分析报告呼吁欧盟更加注意相关合作协议对难民保护的深层影响。[②]

（二）网络安全

作为一种新兴技术，网络技术越来越多地被拿来与当年的核技术加以类比，人们希望参照核安全领域的发展经验，在网络安全领域也构建起相似的秩序和规范。但卡内基国际和平基金会的一项分析表明，这两个领域除了一些显而易见的相同点之外，还存在许多差异，这些差异使得直接照搬核领域的经验并不容易：首先，核领域的玩家基本都是国家，而网络领域的参与者则覆盖了国家、企业和个人在内的几乎所有类型的行为体。其次，核规范之

① Maha Yahya, Jean Kassir, Khalil el-Hariri, “Unheard Voices: What Syrian Refugees Need to Return Home,” Carnegie Endowment for International Peace, April 16, 2018.

② Amanda Gray Meral, “Migration Deals Risk Undermining Global Refugee Protection,” Chatham House, April 13, 2018.

所以能够在20世纪60年代建立，是因为该领域有两个享有绝对主导地位的国家美国和苏联，并且两国在核领域存在许多共同利益。而当前在网络领域，跨国公司与国家对网络规范的影响力几乎同等显著，而且美俄等大国在网络问题上的分歧十分严重。最后，人们普遍接受核武器不能实际使用这一原则，但认为小规模的网络攻击是可接受的可选策略。①

网络安全问题之所以日益受到关注，是因为它总是与其他领域的安全问题联系在一起，并有可能加剧其他领域的安全问题。英国皇家国际事务研究所的一份研究报告考察了网络安全漏洞对核武器安全的重大影响。该报告指出，各核国家在建立自己的核武器系统时，网络技术尚处于起步阶段，因此这些系统在建立时很少考虑网络攻击的风险。但随着技术的进步，当前恶意行为者已经可以通过网络漏洞侵入一国的核武器系统，以数据操纵、数字干扰、网络欺骗等攻击方式危及通信的完整性。这种攻击在和平时期会损害一国核威慑策略的有效实施，在危机时期则会增加核武器被误用的风险。因此，核武器国家有责任在核指挥、控制和通信系统中纳入降低网络风险的相应措施。②

英国皇家国际事务研究所的另一份研究报告讨论了能源领域的网络安全问题。该报告指出，能源基础设施数字化进程的加快提高了能源消费效率，增加了经济效益，但同时增加了遭受网络攻击的风险。对此，欧盟和美国近年来逐步制定了一系列政策和规则以保护能源基础设施免受网络威胁。美国采取的是“深度安全”战略，对特定领域实行严格和详细的监管，而欧盟则采取了更加灵活、执行过程更有回旋余地的方案。该报告认为，这两种方案各有优势，值得相互学习。同时，能源领域的网络安全合作也为深化跨大西洋合作提供了重要机遇。③

---

① Ariel (Eli) Levite, “Adopting Nuclear Experiences to the Cyber World,” Carnegie Endowment for International Peace, February 7, 2018.

② Beyza Unal and Patricia Lewis, “Cybersecurity of Nuclear Weapons Systems: Threats, Vulnerabilities and Consequences,” Chatham House, January 2018.

③ Arnault Barichella, “Cybersecurity in the Energy Sector: A Comparative Analysis between Europe and the United States,” French Institute of International Relations, February 2018.

（三）能源安全

美国战略与国际研究中心的一份报告分析认为，世界能源结构的变革不一定是缓慢发生的，也可能在短时间内发生显著变化。这份报告指出，为应对气候变化，2016～2040年全球年均能源需求增长率须从2000～2016年的2%减少至0.1%，石油、煤炭和天然气在基础能源中的比重须从2016年的81%降至2040年的61%。如果简单回顾历史，我们可能会简单地得出结论认为要在如此短的时间内实现如此显著的转变是不可能的。但是一些国家的成功经验表明，如果存在突出的竞争优势或者受到强有力的政策推动，国家甚至有可能在一两年间改变其能源结构。我们需要做的，就是大规模复制这些国家所取得的成就。①

自2014年末以来，新的石油供应以及石油输出国组织的相关决定促使全球油价下跌。新美国安全研究中心的一份研究报告分析了全球石油价格持续保持低位对美国的地缘政治影响：在中东，油价下跌为美国在一定程度上脱离中东创造了机会。在新近供应充足的全球市场，为维持稳定和遏制地缘政治风险导致的价格波动而干预中东市场的必要性已有所下降。然而，美国在该地区的利益远远超越能源范畴，华盛顿仍需要中东地区的地缘政治稳定来实现其其他战略目标。在南亚和东亚，对于中国和印度这两个正在崛起的能源进口大国来说，低价格和更具弹性的供应几乎没有任何负面影响。美国需要密切监测这一地区的能源态势，并做好与中印两国合作的准备。②

特朗普政府上台后，美国外交政策呈现一种敌友不分的特点，即包括美国传统盟友在内的任何国家，都既可能成为美国的合作伙伴，也可能成为美

---

① Nikos Tsafos, “Must the Energy Transition be Slow? Not Necessarily,” Center for Strategic and International Studies, September 14, 2018.

② David Gordon, Divya Reddy, Elizabeth Rosenberg, Neil Bhatiya and Edoardo Saravalle, “U.S. Geopolitical Challenges and Opportunities in the Era of Lower Oil Prices,” Center for a New American Security, April 26, 2018.

国“打击”的目标。美国战略与国际研究中心的能源与国家安全项目主任莎拉·雷迪斯劳（Sarah Ladislaw）分析了美国这种外交风格对能源行业的影响。首先，一些国家的政府和企业领导人已经很快地认识到，投资或与美国进行贸易是讨好特朗普政府的一个可靠途径。其次，在那些与美国关系不明朗的国家进行能源投资需要谨慎行事。此外，特朗普政府的这种“不分敌友”的外交政策正在改变中东和整个亚洲的实际地缘政治态势，同时也在改变能源行业对这些地区地缘政治风险的评估。①

（四）气候变化

煤炭产生的二氧化碳排放是引发气候变化的主要因素，因此煤炭消费情况一直是气候变化问题研究关注的重点。法国国际关系研究所的一份研究报告指出，可再生能源的迅速普及和成本的下降，使得可再生能源与煤炭的竞争日趋激烈，全球煤炭发电投资在过去两年有所下降。尽管如此，2017 年世界煤炭产量在连续三年下降后再次出现增长，全球煤炭需求和国际贸易再度上升，与之相伴，2017 年全球与能源相关的二氧化碳排放量再次上升。这种情况说明目前国际社会的努力尚不足以实现《巴黎协定》制定的减排目标。导致这种情况的一个重要原因是，各国对煤炭未来角色的看法仍存在分歧，南亚、东南亚和非洲国家对煤炭的需求仍呈上升趋势。②

北极和南极的气候状态对全球气候有着重大影响，对极地环境的保护和治理离不开大国的参与和领导。伍德罗·威尔逊国际中心的一项研究指出，特朗普政府没有对极地问题投入必要的资源或高层关注，这不利于极地环境的治理和美国在有关问题上的领导地位。该研究建议美国国会在中期选举结束后举行听证会，研究气候变化对美国和世界其他地区的影响；政府应该在国务院和其他机构中设置与极地问题相关的领导职位；国会和政府应共同努

① Sarah Ladislaw, “Energy in an Era of Frenemy Foreign Policy,” Center for Strategic and International Studies, May 30, 2018.

② Sylvie Cornot-Gandolphe, “Coal Exit or Coal Expansion? A Review of Coal Market Trends and Policies in 2017,” French Institute of International Relations, May, 2018.

力，提高美国在两极地区进行科学研究的能力。此外，尽管美国与俄罗斯在其他问题上关系紧张，但美国必须在北极地区与俄罗斯保持建设性对话和务实合作。①

英国国际战略研究所的研究员施萝·菲茨耶克（Shiloh Fetzek）进一步指出，气候变化不仅直接影响地球生态环境，而且对国家地缘政治关系和战略安全也存在重要影响。在2018年国际战略研究所香格里拉对话上，日本、法国、澳大利亚、德国、新西兰和印尼国防部部长多次提到气候变化问题，许多亚太国家均强调气候变化事关本国的国家安全。气候变化进程的加速，将进一步激化海洋划界、海盗以及非法捕鱼等一系列海上安全问题。更为重要的是，由于美国在气候变化问题上领导地位的弱化，日本等美国亚太盟国将不得不转向与地区其他国家的多边合作以减轻气候变化带来的威胁，这将促使亚太地区从由美国主导的单极结构向多极结构转变。②

结　语

对一年来国际顶尖智库相关研究的梳理，可以帮助我们更全面地认识相关热点问题。在中美关系方面，国际智库的研究已经从对具体问题的讨论扩展至对两国观念层面的考察，既有中国如何看待美国，也有美国如何看待中国，这本身就体现出国际智库对中美关系的重视。从研究内容来看，中美关系现阶段呈现的特点既有特朗普上台后政策层面的原因，也有中美双方实力变化的结构性因素。"一带一路"倡议受国际智库关注的程度越来越高，这是"一带一路"倡议国际影响力日益提高的一个直接体现。不过，相关研究也指出了"一带一路"倡议目前存在的一些问题，其中既包括了实施和操作层面的风险管控问题，也包括了大国的地缘政治博弈问题，这些问题都

① David Balton, Ross A. Virginia, Hon. Kenneth S. Yalowitz, "America Must Act on the North and South Poles," Woodrow Wilson Center for International Scholars, September 12, 2018.

② Shiloh Fetzek, "Climate Change Threatens Balance of Power in the Asia-Pacific," International Institute for Strategic Studies, July 31, 2018.

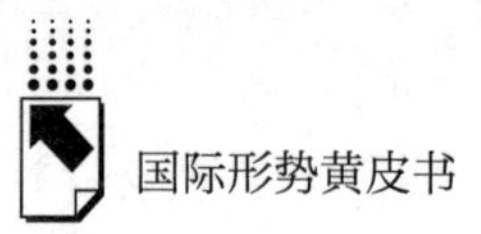

值得中国在下一步的实施过程中加以克服和改进。朝核问题和中东问题都既涉及传统安全问题，也涉及非传统安全问题，不过从目前的分析来看，政府间政治军事冲突仍是这些地区的矛盾焦点。此外，网络安全、难民问题、能源安全和气候变化问题等非传统安全问题，都存在恶化的风险并都有可能对传统安全领域构成影响。为更有效地应对这些领域的安全挑战，各国政府、企业和社会力量需要联合起来，共同承担相关责任。

参考文献

Ariel（Eli）Levite, "Adopting Nuclear Experiences to the Cyber World," Carnegie Endowment for International Peace, February 7, 2018.

Marc Lynch, "New Arab World Order," Carnegie Endowment for International Peace, August 16, 2018.

Michael D. Swaine, "Chinese Views on the U. S. National Security and National Defense Strategies," Carnegie Endowment for International Peace, May 1, 2018.

Nikos Tsafos, "Must the Energy Transition be Slow? Not Necessarily," Center for Strategic and International Studies, September 14, 2018.

Paul Haenle, "More than a Belt, More than a Road," Carnegie Endowment for International Peace, April 30, 2018.

Ruma Mandal, "The Global Compact on Refugees Offers an Opportunity to Revive Responsibility Sharing," Chatham House, March 1, 2018.

Shiloh Fetzek, "Climate Change Threatens Balance of Power in the Asia-Pacific," International Institute for Strategic Studies, July 31, 2018.

Tim Summers and K. C. Kwok, "Arguments over Innovation Capacity Miss How Much the US and China are Intertwined," Chatham House, May 30, 2018.

Ulrich Kühn, "Last to Escape, First to Disarm? Three Scenarios of Peace and War on the Korean Peninsula," Carnegie Endowment for International Peace, September 4, 2018.

Y.18
国际关系研究的热点与新进展

袁正清　贺 杨*

摘　要： 本报告对一年以来国外主流国际关系研究期刊上发表的代表性文章进行了评述，以期把握当前国际关系研究的热点与新进展。目前学界对国际关系的研究出现了若干新动向，包括国际关系理论对时间转向和无政府状态的反思、关于世界政治变革的探索、围绕自由主义国际秩序的争论、对崛起中地区大国外交政策的分析，以及对国际组织发展动态的研究。这些新的热点与趋势值得国内学术界重点关注。

关键词： 国际关系理论　国际秩序　地区大国　国际组织

2017~2018年，国际关系理论与实证研究得到进一步的发展，涌现了一批新的学术成果。通过浏览、梳理这一时期国外主流国际关系研究期刊发表的代表性文献，我们可以看到，在致力于国际关系理论自身创新发展的同时，学界围绕自由主义国际秩序、崛起中的地区大国、国际组织等热点议题开展了较为深入的研究，取得了新的进展。

一　国际关系理论

进入21世纪后，国际关系的宏大理论开始消退，当前学界主要就理论

---

* 袁正清，中国社会科学院世界经济与政治研究所研究员，《世界经济与政治》编辑部主任，主要研究领域为国际关系理论和国际组织；贺杨，中国社会科学院研究生院2017级博士生。

的地位、价值与发展方向展开了讨论。一些学者在对国际关系理论进行艰辛探索的过程中，一方面关注国际关系中的新维度、新变化；另一方面则不断反思既有理论的不足。

（一）国际关系中的时间性

时间是世界政治的重要组成部分，但主流国际关系理论对时间的重要性有所忽视，它们通常将时间作为一种背景因素或者分析指标，而不是一个单独的研究对象。同时，国际关系理论还具有不同的时间观，比如新现实主义和世界体系论强调结构因素的重要性，所以它们认为时间具有周期性或循环性；而温特的建构主义则暗含着一种线性时间观。

针对国际关系学科传统对时间维度的长期忽视，以及主流国际关系理论时间观背后隐藏的价值倾向，国际关系中的批判理论呼吁学界要认真严肃地对待时间。他们把关注时间作为挑战国际关系传统与主流的工具，强调现有学科知识的主导地位及其再生产的不合理，进而他们批判了主流国际关系理论将时间视为背景的做法，并从时间的类型、价值倾向等方面展开讨论，出现了国际关系理论的“时间转向”。

不过这种时间转向，也遭到了一些学者的质疑。安德鲁·霍姆就认为虽然批判理论扩展了我们对时间的看法，但是他们在处理时间议题上的话语习惯表现出他们拒绝永恒理论与线性时间的态度，并接受时间的多元化与破裂化，阻碍了对时间的进一步探索。针对批判理论暴露的问题，他借鉴艾利亚斯的时间理论构建了一种关于时间政治的动态分析框架。① 保罗·查蒙则将国际关系的时间转向视为一种话语，并分析其存在的条件与影响，但与霍姆不同的是他没有发展新理论来推进国际关系的时间转向。首先他明确拒绝关于认真对待时间的呼吁；其次他认为这种话语将时间作为知识对象，并通过

① Andrew R. Hom, “Silent Order: the Temporal Turn in Critical International Relations,” *Millennium*, 2018, Vol. 46, No. 3, pp. 303 - 330; Andrew R. Hom, “Timing is Everything: Toward a Better Understanding of Time and International Politics,” *International Studies Quarterly*, 2018, Vol. 62, No. 1, pp. 69 - 79.

组织和控制谈论时间的方式来管理对该议题的研究；最后他强调虽然时间转向最终可能无法实现其宣称的目标，但它并不意味着失败，反而可以看作话语的有效运作，因此学界应该去探究时间话语如何改变行为主体。[①] 不管如何，国际关系理论的“时间转向”值得我们关注。

（二）世界政治中的变革

过去30年，世界政治发生了前所未有的变革，不仅涵盖了从国际体系到个体单元的不同层次，还包括长期与短期的时间维度。部分学者针对不同领域的具体情况对世界政治变革进行了探究。

第一，变革可能来自军事、经济与科技等物质性力量，也有可能来自战略、规范与法律等观念性力量。比如卡尔·霍斯蒂分析了过去四个世纪国际政治在参与者、制度与过程等方面的重大变革，并指出这些变革的根源，从宏观层面来看是战争和革命，从微观层面来看则是重要历史人物的思想、规范和信念。

第二，变革的方式也不一样，有的比较暴力，有的则相对和平。内塔·克劳福德提出变革作为国际政治演变过程的一部分，它应该被视作一种常态而非例外。因此，对当前的国际关系研究而言，需要加强对非暴力变革的探索，特别是那些具备基础性、快速性和革命性特点的变化。[②] 但想要实现和平转变并不容易，迈尔斯·卡勒分析了全球治理实现和平转变的相关因素，其中不利因素有大国构建的地区制度间的竞争，发达国家出现的民族主义和民粹主义等因素，而非国家行为体参与制定的新的全球治理模式能起到积极作用。[③] 不过，并不是所有的行为体都期望实现和平转变，有学者借鉴新古典现实主义探究了霸权国和平地将地缘政治主导权交给一个或多个挑战者的

---

① Paulo Chamon, “Turning Temporal: a Discourse of Time in IR”, *Millennium*, 2018, Vol. 46, No. 3, pp. 396 -420.

② Neta C. Crawford, “The Potential for Fundamental Change in World Politics,” *International Studies Review*, 2018, Vol. 20, No. 2, pp. 232 -238.

③ Miles Kahler, “Global Governance: Three Futures,” *International Studies Review*, 2018, Vol. 20, No. 2, pp. 239 -246.

不同情况，这些情况包括因力量衰落接受变革的必然性，维护霸权的政治经济成本过高，以及国内政治的阻力较大。①

（三）无政府状态的反思

无政府状态是国际关系学科的核心概念之一，学科内最为重要的三大理论基本上就是以这一概念为基础而构建的，但像国际关系中的规范理论和批判理论则质疑无政府状态的存在。随着学界日益关注非西方国际关系的发展，人们开始意识到无政府状态背后所带的西方中心主义和国家主义色彩，进而部分学者重新审视了这个概念。

无政府状态和等级制的二分法将国内政治和国际政治区分开来。其中大部分学者坚持认为国际体系的无政府性，但是也有学者更加强调国际体系的等级制特征，有些学者进一步指出只有一种垂直分层的治理等级真正挑战了无政府状态；② 然而还有一些学者认为国际体系既不是无政府的也不是等级制的。比如彼得·哈尔登通过对中世纪欧洲政治结构的分析提出等级制和无政府状态无法描述或解释西方历史上大部分的政治生活；③ 卡拉季佐吉和罗宾逊则认为在网络战和跨国恐怖主义运动等新威胁出现的时代，德勒兹的集合概念提供了一种更有效的思考国家形成和行为的工具。④

---

① Taliaferro J. W., Lobell S. E., Ripsman N. M., "Is Peaceful Change in World Politics Always Desirable? A Neoclassical Realist Perspective," *International Studies Review*, 2018, Vol. 20, No. 2, pp. 283 – 291.

② Mcconaughey M., Musgrave P., Nexon D. H., "Beyond Anarchy: Logics of Political Organization, Hierarchy, and International Structure," *International Theory*, 2018, Vol. 10, No. 2, pp. 181 – 218.

③ Haldén P., "Heteronymous Politics beyond Anarchy and Hierarchy: The Multiplication of Forms of Rule 750 – 1300," *Journal of International Political Theory*, 2017, Vol. 13, No. 3, pp. 266 – 281.

④ Athina Karatzogianni, Andrew Robinson, "Schizorevolutions Versus Microfascisms: The Fear of Anarchy in State Securitization," *Journal of International Political Theory*, 2017, Vol. 13, No. 3, pp. 282 – 295.

沃尔兹的新现实主义将国际体系视为一种无政府结构，在这种结构的推动下国家所采取的自助策略会引发安全困境。针对这一论点，一些学者认为需要重新思考无政府状态作为一种结构意味着什么。卢西恩·阿什沃思解读了米特兰尼的著作，并提出尽管他的思想通常与无政府状态无关，但其实他比较了两种形式的无政府状态，一种是国家间的秩序，另一种则是它提出的功能主义，这是关于无政府结构的不同解读；[①] 劳拉·斯乔贝格则批评了沃尔兹的无政府结构，她从性别视角出发考察了无政府状态中的隐形结构，表明无政府状态是有秩序的一种结构；[②] 锡尔维亚·勒希纳在重新审视沃尔兹与布尔的结构主义理论之后，提出以无政府状态为基础的国际体系实际上保留了一种体系自由，特别是在跨国进程和机构越来越多地参与国际事务的时代。[③]

近年来，中国学者在国际关系理论的创新方面取得了较大发展，受到了国际学界的关注。2018 年 4 月，秦亚青的理论专著《世界政治的关系理论》由剑桥大学出版社出版，代表了中国学者在创建国际关系理论方面的新高度。他将国际关系理论的创新分为体系内和体系外两种方式，体系外创新是一种颠覆性创新。他认为西方国际关系理论所讨论的理性是个体理性，国际关系的现实主义、自由主义和建构主义都是以个体本位、个体理性为基础的，遵循的是黑格尔的辩证法，体现了国际关系理论的西方知识背景。关系理论则以中国文化背景知识为依托，在中华社会文化的传统和实践基础上形成的“关系性”这一概念作为基本理论倾向，凸显关系性，强调关系本位、关系理性，遵循的是中庸辩证法，反映了一种不同于西方主流理论的世界观，为围绕这个核心概念建构系统的国际政治理论开拓了可能性空间，也为不同的实践知识共同为国际关系知识大厦添砖加瓦

① Ashworth L. M. , “David Mitrany on the International Anarchy. A Lost Work of Classical Realism?” *Journal of International Political Theory*, 2017, Vol. 13, No. 3, pp. 311 – 324.

② Sjoberg L. , “The Invisible Structures of Anarchy: Gender, Orders, and Global Politics,” *Journal of International Political Theory*, 2017, Vol. 13, No. 3, pp. 325 – 340.

③ Lechner S. , “Why Anarchy Still Matters for International Relations: On Theories and Things,” *Journal of International Political Theory*, 2017, Vol. 13, No. 3, pp. 341 – 359.

奠定了合法性基础。关系理论的提出扩展了我们对合作、治理以及权力等概念的认识。[①]

二 国际秩序

自“二战”结束以来，依托美国的强大实力形成了以国际制度与规范、自由贸易以及民主化为主要元素的自由主义国际秩序。在冷战时期，这种秩序成为西方资本主义阵营融合的基础，苏联解体后，美国更是将该秩序向全球扩展。但是随着特朗普就任美国总统，自由主义国际秩序受到了挑战，国际关系学界就此展开了激烈的争论。

（一）自由主义国际秩序的拥护者

戴维·莱克、约瑟夫·奈、海伦·米尔纳、杰克·斯奈德等42位著名国际关系学者在《纽约时报》上发表联合声明，表达对1945年后由美国领导建立的国际秩序的强烈支持，反对特朗普政府对它的破坏。他们认为这种秩序对国际社会的和平与发展起到了积极作用，因而需要得到维护。虽然这些学者在学术观点上存在分歧，但是他们一致赞同战后自由主义国际秩序促成了国家间长时期和平，所以美国需要继续领导这一秩序，尽管美国为此付出了许多代价，但是也从中受益良多。[②] 自由制度主义的重要代表约翰·艾肯伯里更是多次撰文捍卫自由主义国际秩序。他认为虽然现在这种秩序受到了多重考验，但是并不意味着秩序的终结，因为战后由美国建立的这种国际秩序以经济开放、安全合作、促进法治为基础，具有较高的国际合法性，其基本规则得到各国的支持，即使美国的霸权开始衰落，新崛起的国家也不会推翻该秩序。[③]

---

① Yaqing Qin, *A Relational Theory of World Politics*, Cambridge University Press, 2018.

② David A. Lake, Joseph S. Nye etc, “Why We Should Preserve International Institutions and Order?” *New York Times*, July 23, 2018.

③ Ikenberry John, “Why the Liberal World Order Will Survive,” *Ethics and International Affairs*, 2018, Vol. 32 No. 1, pp. 17 – 29; Ikenberry John, “The End of Liberal International Order?,” *International Affairs*, 2018, Vol. 94, No. 1, pp. 7 – 23.

除此之外，还有一些学者从不同方面论证了自由主义国际秩序的优势，以及稳固性。布鲁金斯学会的詹姆斯·基奇克和罗伯特·卡根在各自的文章中表达出对自由主义国际秩序价值的肯定，他们认为即使这种秩序面临危机，也不是某一个体能够摧毁的。[①] 兰德公司的迈克·马兹尔则认为美国应该努力更新和恢复，而不是放弃现有国际秩序的核心制度。[②]

（二）自由主义国际秩序的批评者

然而，一些现实主义者对是否应该保卫受到威胁的自由主义国际秩序明确说不，他们提出两个论点：一是自由主义国际秩序是一个从未存在的神话，因此有关捍卫它的想法只是一种幻想；另一个则是冷战后这种秩序以美国的认知为基础而过度扩张，进而导致了许多不应该出现的错误，包括美国在冷战后发动的几次对外战争。帕特里克·波特认为这种对自由主义国际秩序的怀旧之情忽略了冷战以来国际关系史中的强制、暴力与霸权，过度的渲染反而对美国的行为有害；[③] 保罗·斯塔尼兰则认为批评特朗普的人将这种秩序浪漫化，而未能认识到其缺陷和模糊之处；[④] 斯蒂芬·沃尔特更是撰文阐释为什么他没有签署捍卫自由主义国际秩序的声明，他认为新时代的国际社会需要新制度，一味地怀念虚妄的过去是无济于事的。[⑤]

在所有批评者中，格雷厄姆·艾利森较为激进。他将自由主义国际秩序称为一种神话，而这种秩序的捍卫者错误地认为该秩序促进了战后 70 年的大国和平，以及构成了美国对外行为的动机。但其实美国领导的战后秩序从

---

① Robert Kagan, "Things Will not be Okay," *Washington post*, July 13, 2018; James Kirchick, "Trump Wants to Destroy the World Order. So What?" *Foreign Policy*, July 26, 2018.

② Michael J. Mazarr, "The Real History of the Liberal Order: Neither Myth Nor Accident," *Foreign Affairs* August 7, 2018.

③ Patrick Porter, "A World Imagined: Nostalgia and Liberal Order," *CATO Institute*, June 5, 2018.

④ Paul Staniland, "Misreading the 'Liberal Order': Why We Need New Thinking in American Foreign Policy," *Lawfare Institute*, July 29, 2018.

⑤ Stephen M. Walt, "Why I Didn't Sign Up to Defend the International Order," *Foreign Policy*, Aug 1, 2018.

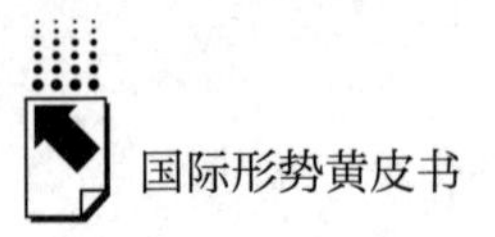

来都不是完全的自由化、国际化和规则化，而它的核心是美苏对全球霸权的争夺。因此美国应该专注于在国内重建强大的民主制度，而不是梦想过去的霸权时代。[①]

还有许多学者在批评自由主义国际秩序的基础上承认即使我们愿意，也无法回到旧的轨道。布鲁斯·延森认为自由主义国际秩序依赖于美国的超强实力，但这是不平衡的，其他国家在这个秩序中权力有限，因此当美国实力衰落，而其他国家没有统治力来制定规则时，美国就无法回到之前相关的角色和系统。[②] 丽贝卡·利斯纳和米拉·胡珀也认为如果还把捍卫自由主义国际秩序作为目标就是一个错误。相反，外交战略专家应该开始制定新的美国大战略以构建新秩序。[③]

（三）非西方国家与自由主义国际秩序

上述关于自由主义国际秩序的讨论都是在西方体系内展开的，即使是这种秩序的批评者，他们也是从西方国家的视角出发来分析现在这种秩序面临的挑战，以及他们应该如何应对。相对而言，尽管以中国为代表的新兴大国对自由主义国际秩序的影响更为深远，但是非西方国家的观点在一定程度上被忽视。然而要构建一个更为公平合理的国际秩序，非西方国家的参与则十分重要。

在非西方国家中，中国可能是对自由主义国际秩序挑战最大的国家，这不仅是因为中国实力不断增强，而且还因为中国在历史上的国际地位，以及与西方迥然不同的社会文化和意识形态。兰德公司的报告认为中国过去20年的对外行为显示出其并不是国际秩序的反对者和破坏者，而是期望在国际秩序中发挥更大影响力的支持者。虽然中国在某些方面挑战了美国对该秩序

---

① Graham Allison, "The Myth of the Liberal Order: From Historical Accident to Conventional Wisdom," *Foreign Affairs*, July/August 2018 Issue; Graham Allison, "The Truth About the Liberal Order: Why It Didn't Make the Modern World," *Foreign Affairs*, August 28, 2018.

② Bruce W. Jentleson, "The Liberal Order Isn't Coming Back: What Next?", *Democracy*, Spring 2018, NO. 48.

③ Lissner R. F., Rapphooper, "The Day after Trump: American Strategy for a New International Order," *Washington Quarterly*, 2018, Vol. 41, No. 1, pp. 7 -25.

的领导，但是不会对现行秩序构成颠覆性的威胁，因此美国应该强化国际秩序，并在秩序内约束中国崛起。① 中国学者唐世平也认为中国对现有促进全球化的国际秩序比较满意，因此并不寻求从根本上改变它，而是对现秩序进行小范围的改良。②

除中国以外，其他新兴国家与自由主义国际秩序的关系也受到了学界关注。俄罗斯是被视为对自由主义国际秩序构成威胁的主要国家。虽然苏联解体后，俄罗斯的实力有所下降，但它仍然在国际事务中发挥着关键作用。然而有关俄罗斯是否挑战了现有国际秩序却存在一些不同看法。有学者认为俄罗斯只是对美国和欧盟的领导不满，但并不反对这种秩序；③ 而有的学者则提出在过去十年中，俄罗斯越来越多地对西方和现有国际秩序发起挑战。④

印度与土耳其不仅是区域强国，也是新兴大国，但相对于中俄两国来说，它们对国际秩序的塑造能力较弱，因此需要根据本国身份和利益来适应美国领导的国际秩序。有学者认为虽然印度外交政策的话语几乎没有显示出寻求挑战美国主导的国际秩序的迹象，但是印度将继续强烈抵制削弱主权规范的西方行为；⑤ 还有的学者评估了土耳其对美国主导的全球治理的适应性，确定了其在国际秩序变动中的角色，他们提出虽然土耳其的适应性及其制度形式与其他崛起中国家相比有细微差别，但土耳其有能力成为全球治理中利益相关者的“中间调节者”。⑥

---

① Michael J. Mazarr, Timothy R. Heath, Astrid Stuth Cevallos, “China and the International Order,” https://www.rand.org/pubs/research_ reports/RR2423.html.

② Shiping Tang, “China and the Future International Order (s),” *Ethics & International Affairs*, 2018, Vol. 32, No. 1, pp. 31 – 43.

③ Anne L. Clunan, “Russia and the Liberal World Order,” *Ethics & International Affairs*, 2018, Vol. 32, No. 1, pp. 45 – 59.

④ Kanet R. E., “Russia and Global Governance: the Challenge to the Existing Liberal Order,” *International Politics*, 2017, Vol. 55, No. 2, pp. 177 – 188.

⑤ Deepa M. Ollapally, “India and the International Order: Accommodation and Adjustment,” *Ethics & International Affairs*, 2018, Vol. 32, No. 1, pp. 61 – 74.

⑥ Dal E. P., Kurşun A. M., Mehmetcik H., “Decoding Turkey's Institutional Accommodation in the Changing International Order: the UN And G20 Cases,” *International Politics*, 2018, pp. 1 – 18, This Articles not assigned to an issue.

三 金砖国家与国际秩序

金砖国家在世界政治、经济和军事等领域占据的资源越来越多，并在一定程度上推动了世界秩序的改革。因此它们的对外行为及其影响受到了较大关注。

自金融危机以来，有关中国崛起的声音愈加高涨，世界各国更加重视与中国的关系。但由于历史和现实因素的影响，它们对中国崛起的态度较为复杂。

首先，中国崛起作为一种正在进行中的实践，反映出中国身份与行为的变化，然而对这种变化的原因与影响则看法不一。一方面，中国国际地位仍然有较大的不确定性，而这种不确定性影响到各国对中国地位变化的适应程度，即使是中国自身也需要适应变化的国际地位；[①] 另一方面，中国对外行为也有新表现。在双边层面，中国建立了一套战略伙伴关系的外交体系，这种体系分为多个层次，彰显出规范性权力与合法性构建的影响。[②] 同时这种伙伴关系还有助于弥合意识形态差异，增强中国对国际事务的潜在影响力。[③] 在地区和国际层面，中国不仅积极参与国际组织的行动，比如有学者研究中国对联合国安理会维和行动的不同态度，以及这种转变的原因。[④] 而且中国还在主导区域多边主义的平台网络，这些平台以自愿和共识规范为基础，通过灵活而松散的制度结构将中国与该区域国家联系起来。[⑤]

① Xiaoyu P.，“Controversial Identity of a Rising China,” *Chinese Journal of International Politics*, 2017，Vol. 10，No. 2，pp. 131 – 149.

② Jiun Bang，“Why So Many Layers? China's “State-Speak” and Its Classification of Partnerships,” *Foreign Policy Analysis*，2017，Vol. 13，No. 2，pp. 380 – 397.

③ Strüver G.，“China's Partnership Diplomacy：International Alignment Based on Interests ir Ideology,” *Chinese Journal of International Politics*，2017，Vol. 10，No. 1，pp. 31 – 65.

④ Sun M.，“A Bigger Bang for a Bigger Buck：What China's Changing Attitude Toward UN Peacekeeping Says About Its Evolving Approach to International Institutions,” *Foreign Policy Analysis*，2017，Vol. 13，No. 2，pp. 338 – 360.

⑤ Jakóbowski J.，“Chinese-led Regional Multilateralism in Central and Eastern Europe，Africa and Latin America：16 + 1，FOCAC，and CCF,” *Journal of Contemporary China*，，2018，Vol. 27，No. 113，pp. 659 – 673.

其次，不同区域的国家受到中国崛起的影响不同，因此其应对方式也有所差异。对欧洲而言，崛起背景下的中欧关系具有多样性和复杂性，一方面双方之间的合作不断深化，尤其是在经济层面；但另一方面双方在政治安全以及意识形态等领域仍然有一定的距离，甚至偶尔还出现对立。对东亚而言，由于历史和地理上的接近，该地区的国家对中国崛起感受最为明显。尤其是在中美竞争背景下这些国家的战略选择成为研究重点，比如有学者研究在东亚军事平衡形成过程中，中国的邻国是如何应对中国海上力量的增强；① 还有学者关注中国不同方面的实力能否转化的问题，他认为中国日益增长的经济实力并不能完全影响东亚的安全秩序。② 对非洲和拉美地区而言，中国的发展促使这些欠发达国家想要与中国进行经济合作，但是又担心中国是否会推行新殖民主义。由此中国在这些地区的行为目的、方式和影响，以及同其他大国之间的竞争成为研究的重点。有学者以非洲为例提出中国的对非宣传立足于反西方殖民主义的历史传统，起到了将中国对非行为合法化的作用。③

印度自独立以来，在南亚印度洋地区事务中发挥着举足轻重的作用。随着印度发展速度的加快，其对外行为也和之前有所不同。在此基础上，这种转变不仅影响到南亚印度洋地区的发展，同时还涉及亚太地区，乃至全球政治经济秩序的变革。

除了对外交事务的政策分析以外，学界还比较关注印度地位的性质，以及印度外交的发展演变。有研究提出印度并不是一个超级大国，而是一个主导地区事务的中等强国，但印度属于崛起中的地区大国，并希望提升在国际社会中的地位。④ 印度一直追求和践行独立自主的外交，其对外行为随着不

---

① Beckley M.， “The Emerging Military Balance in East Asia：How China's Neighbors Can Check Chinese Naval Expansion，” *International Security*，2017，Vol. 42，Vol. 2，pp. 78 – 119.

② Ross R. S.，“On the Fungibility of Economic Power：China's Economic Rise and the East Asian Security Order”，*European Journal of International Relations*，2018，March 16，Online First.

③ Sverdrup-Thygeson B.， “The Chinese story：Historical Narratives as a Tool in China's Africa Policy，” *International Politics*，2017，Vol. 54，No. 1，pp. 54 – 72.

④ Sridharan E.，“Where is India headed? Possible Future Directions in Indian Foreign Policy，” *International Affairs*，2017，Vol. 93，No. 1，pp. 51 – 68.

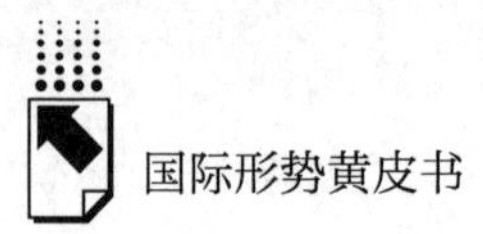

同的时代背景而变化。到2010年以后，印度外交发生了改变，开始更为积极主动地参与国际事务，并表达其追求大国地位的雄心。[①] 对于印度的未来，一些学者认为存在相互竞争的发展方向，比如可能会成为美国秩序的重要支持者，也有可能维持现状，还有可能成为世界多极化进程中的大国。而至于具体走向何处，不仅取决于印度自身能否维持经济的快速发展和国内政治的稳定，还会受到中美权力转移进程的影响。

俄罗斯作为苏联的主要继承人，虽然不再具备世界争霸的能力，但它仍然是欧亚大陆的主导国之一。随着近年来被视为新兴大国中的一员，以及对一些国际和地区热点问题的深度介入，俄罗斯对外行为影响到更多国家与地区。

第一，对俄罗斯来说，保持在苏联地区的主导地位是其国际安全的首要关切。尤其是乌克兰危机爆发以来，有关俄罗斯在其中的角色、行为以及影响的讨论较多。除此之外，有学者利用新现实主义的理论框架来来分析俄罗斯对波罗的海地区的政策。[②] 还有学者特别关注权力、观念以及国内因素如何构成俄罗斯的地位追求，进而塑造其在苏联地区的外交政策。[③]

第二，欧洲一直都是俄罗斯对外战略的重点区域，彼此之间的战略互动也较为频繁，加之东欧地区的紧张局势，在此这种背景下俄欧关系的发展成为关注焦点。虽然这些研究从不同的角度解释了两者关系，但是有学者通过对比发现这些不同解释之间具有相关性，并在一定程度上是互补的。[④] 而这一观点在俄欧双方对彼此形象与身份的建构研究中有所体现，不同视角下一

---

① Horimoto T.， “Explaining India's Foreign Policy：from Dream to Realization of Major Power，” *International Relations of the Asia-Pacific*，2017，Vol. 17，No. 3，pp. 463 –496.

② Götz E.， “Enemy at the Gates：A Neoclassical Realist Explanation of Russia's Baltic Policy，” *Foreign Policy Analysis*，*Foreign Policy Analysis*，2017，orx011.

③ Freire M. R.， “The Quest for Status：How the Interplay of Power，Ideas，and Regime Security Shapes Russia's Policy in the Post-Soviet Space，” *International Politics*，27 April 2018.

④ Forsberg T.，“Explaining Russian Foreign Policy Towards the EU Through Contrasts，” *International Politics*，3 May 2018.

方对另一方的认知有助于我们对双边关系的更好理解。①

第三，伴随着中国实力的不断提升，中俄关系逐渐升温，然而对于中俄关系的性质和潜在影响仍然存在一些分歧。从性质上来看，有的认为中俄已经形成了新型大国关系，能够相互合作，并适应彼此的战略利益；② 而有的却认为中俄两国受制于历史与现实，双方之间的竞争有可能重新抬头，比如双方在中亚能源资源方面的竞争。③ 从影响上来看，中俄两国联系的增强将在一定程度上挑战现有政治经济秩序，尤其是“一带一路”与欧亚经济联盟之间的对接。

第四，冷战时期的苏联曾经广泛参与中东事务，然而苏联解体之后，俄罗斯并没有过多介入中东地区的争端。但是最近几年俄罗斯在中东事务中的影响力逐步提升，尤其是在叙利亚内战中力挺阿萨德政府。对此有学者认为促使俄罗斯重返中东的因素有三个，包括中东社会运动与俄罗斯国内政治的联系；反西方主义和对抗伊斯兰恐怖主义的战略理念；以及俄罗斯在与该地区的接触中受益于务实和灵活的做法。④

巴西、阿根廷和墨西哥被认为是拉丁美洲的区域大国。随着巴西发展水平的相对提升，巴西在拉美地区事务中的影响力有所增强。过去巴西外交政策的制定通常被归因为某个个体或者机构，然而随着巴西民主化进程的推进，越来越多的行为者参与外交决策过程，并在不同时刻发挥着程度不一的作用。这种公共政策式的决策方式影响了巴西外交议程的设立，进而促进或限制了巴西的对外行为。⑤ 但是受限于本身的实力，为了加强国际事务的参

① Korosteleva E.， “Putting the EU Global Security Strategy to Test： ‘Cooperative Orders’ and Othering in EU - Russia Relations，” *International Politics*， 19 December 2017； Chaban N.， Elgström O.， Gulyaeva O.， “Russian Images of the European Union： Before and after Maidan，” *Foreign Policy Analysis*， Vol. 13， No. 2， pp. 480 - 499.

② Charap S.， Drennan J.， Noël P.， “Russia and China： A New Model of Great-Power Relations，” *Survival*， 2017， Vol. 59， No. 1， pp. 25 - 42.

③ Freeman C. P.， “New Strategies for an Old Rivalry? China - Russia Relations in Central Asia after the Energy Boom，” *Pacific Review*， 30 Nov 2017.

④ Dannreuther R.， “Understanding Russia's Return to the Middle East，” *International Politics*， 2 May 2018.

⑤ Milani C. R. S.， Pinheiro L.， “The Politics of Brazilian Foreign Policy and Its Analytical Challenges，” *Foreign Policy Analysis*， 2017， Vol. 13， No. 2， pp. 278 - 296.

与，巴西的对外战略较为注重软实力的运用。在卢拉政府期间，巴西大力推动南南发展合作项目，提升了巴西在世界范围内的积极形象。[①] 然而这种形象的提升并不意味着项目合作的有效性，即使是巴西具有比较优势的领域。比如说巴西是世界上生物能源开发和使用的领先国家，因此它通过软实力来鼓励非洲国家效仿其生物燃料的经验，并加大技术合作的力度。但是受到国内政治、国际能源环境，以及受援国具体国情的影响，其生物能源推广的实践效果并不突出。[②]

四 国际组织

国际组织一直是国际关系研究中的重要议题，本文在已有研究基础上更加细化，主要探讨了国际组织的活力和实践效果。

（一）国际组织的活力

随着时间推移，世界上的国际组织不断增多，但是各国际组织间的差别也逐渐凸显，即使拥有相似目标和功能的组织，它们在效力和活力上也不一样。朱莉娅·格雷提出了国际组织的三种活力类型：一种是充满活力，能够充分履行职能；一种则是陷入停滞状态，成为“僵尸组织”，虽然以某种形式继续存在，但是功能失调，无法发挥作用；还有一种是已经消亡，即使没有完全解散，也不具备活动能力。并认为类型的不同取决于官僚自治程度和员工素质，即如果国际组织能够吸引和留住有才能的员工，并拥有制定政策的自主权，那么组织的活力更强。[③]

虽然国际组织的活跃程度不一样，但是几乎所有的国际组织都在寻求扩

① Bry S. H. , “Brazil's Soft-Power Strategy: The Political Aspirations of South – South Development Cooperation,” *Foreign Policy Analysis*, 2017, Vol. 13, No. 2, pp. 297 – 316.

② Dalgaard K. G. , “The Energy Statecraft of Brazil: Promoting Biofuels to African Countries,” *Foreign Policy Analysis*, 2017, Vol. 13, No. 2, pp. 317 – 337.

③ Gray J. , “Life, Death, or Zombie? The Vitality of International Organizations,” *International Studies Quarterly*, 2018, Vol. 62, No. 1, pp. 1 – 13.

大规模，然而这种组织扩张对其发展的影响是不确定的。有学者通过基于主体模型的构建，解释了组织扩大的动力，以及这种扩大如何改变组织的性质。他们认为创始成员国的多样性可能会影响新成员进入组织的可能性，一旦新成员的加入使国际组织的异质性增强，那么组织内部的决策性质也会发生改变，因为这些新加入的成员会选择接纳与自己相似的潜在成员。①

但是国际组织并不总是在扩展，因为国家不仅加入国际组织，而且还有可能从国际组织中退出。但是对这一现象的研究并不充分。有学者以国际制度差异背景下国家间社会关系为解释框架，提出社会关系是国际制度发展的动力机制，当社会关系发生变化时，国家可能会选择从国际制度中退出，同时国际制度间的差异也会影响到国家的退出战略，因为不同制度为国家的退出提供了更大的战略选择空间。②

（二）国际组织的实践效果

对于国家来说，能够充分履行职能的公共部门可以促进经济发展和社会福祉的实现，但是建立和维持公共部门是一个难题。国际组织不仅意识到公共部门的重要性，而且还投入大量时间、金钱和精力来推动公共部门的建设和改革，然而他们的努力大部分都失败了。针对这一现象，马克·班廷认为关注形式而不是功能是国际组织在帮助发展中国家建立有效的国内机构方面取得有限成功的主要原因之一，因为衡量制度形式的绩效目标比衡量制度功能的目标更容易实现和维持。那些面临实现目标压力的国家更有可能选择简单的目标。③

随着国家之间战争的减少，国内冲突逐渐成为国际安全的主要威胁。因

① Gray J., Lindstädt R., Slapin J. B., "The Dynamics of Enlargement in International Organizations," *International Interactions*, 2017, Vol. 43, No. 4, pp. 619 – 642.

② Shi M., "State Withdrawal from International Institutions: Changing Social Relations within Divergent Institutions," *International Politics*, 2018, Vol. 55, No. 2, pp. 221 – 241.

③ Buntaine M. T., Parks B. C., Buch B. P., "Aiming at the Wrong Targets: The Domestic Consequences of International Efforts to Build Institutions," *International Studies Quarterly*, 2017, Vol. 61, No. 2, pp. 471 – 488.

此，国际社会采取了各种措施来应对国内冲突带来了的危害，在这其中国际组织也通过提供援助、开展调解等方式积极参与。但是有些学者认为国际组织的援助降低了冲突各方的成本反而促使它们挑起更多的冲突。面对这一批评，威廉·史宾拉（William Spaniel）提出国际组织的援助是否增加了国内冲突的可能性取决于国际组织如何应对冲突各方面临的信息不确定性。① 虽然国际组织的行为可能会造成不利影响，但是国际组织对于缓解国内冲突带来的危害还是有一定的积极作用的，然而并不是所有的国际组织都能发挥重要作用。马格努·斯朗格认为那些制度化能力更强的国际组织的表现优于其他国际组织。②

21 世纪以来国际社会中各种评价指标层出不穷，并且已经在不同领域发挥着重要作用。而作为开发评价指标先驱者的国际组织更是不断制定新的指标来衡量国家的行为绩效。通过这种方式，国际组织可以在塑造世界政治时具有更大的影响力，不仅可以影响国家在政策制定和实施中的偏好，而且能够维持现有全球政策规范和标准的合法性。但是有学者对此进行了批评，他们认为国际组织利用这些指标来评估各国表现的行为存在很大问题。因为这些评价指标更多地反映某种特殊的政治标准和政策偏好，形成了国家间的等级制度，并且未必能够准确衡量国家的成功与否。③

综合以上各部分对不同议题的梳理和分析，本文认为无论是对世界政治变革的讨论，还是对国际秩序发展趋势的争论都显示出当前国际关系不确定性逐步增强，而这种不确定性必然伴随着各种偶然性和不稳定性，因此对于国际关系中的不同行为体来说充满着许多未知挑战，尤其是崛起中的大国将要面对更为复杂的地区和国际形势。不断变革的世界需要学界做出更深入的研究。

---

① William Spaniel, "Only Here to Help? Bargaining and the Perverse Incentives of International Institutions," *International Studies Quarterly*, 2018, Vol. 62, No. 1, pp. 14 – 22.

② Lundgren M., "Which Type of International Organizations Can Settle Civil Wars?," *Review of International Organizations*, 2017, Vol. 12,, No. 4, pp. 613 – 641.

③ Broome A., Homolar A., Kranke M., "Bad Science: International Organizations And The Indirect Power of Global Benchmarking," *European Journal of International Relations*, 2017 (4).

参考文献

Andrew R. Hom, "Timing is Everything: Toward a Better Understanding of Time and International Politics," *International Studies Quarterly*, 2018, Vol. 62, No. 1.

Beckley M., "The Emerging Military Balance in East Asia: How China's Neighbors Can Check Chinese Naval Expansion," *International Security*, 2017, Vol. 42, Vol. 2.

Bry S. H., "Brazil's Soft-Power Strategy: The Political Aspirations of South - South Development Cooperation," *Foreign Policy Analysis*, 2017, Vol. 13, No. 2.

Buntaine M. T., Parks B. C., Buch B. P., "Aiming at the Wrong Targets: The Domestic Consequences of International Efforts to Build Institutions," *International Studies Quarterly*, 2017, Vol. 61, No. 2.

Deepa M. Ollapally, "India and the International Order: Accommodation and Adjustment," *Ethics & International Affairs*, 2018, Vol. 32, No. 1.

Gray J., "Life, Death, or Zombie? The Vitality of International Organizations," *International Studies Quarterly*, 2018, Vol. 62, No. 1.

Horimoto T., "Explaining India's Foreign Policy: from Dream to Realization of Major Power," *International Relations of the Asia-Pacific*, 2017, Vol. 17, No. 3.

Ikenberry John, "Why the Liberal World Order Will Survive," *Ethics and International Affairs*, 2018, Vol. 32 No. 1.

Ikenberry John, "The End of Liberal International Order?," *International Affairs*, 2018, Vol. 94, No. 1.

Kanet R. E., "Russia and Global Governance: the Challenge to the Existing Liberal Order", *International Politics*, 2017, Vol. 55, No. 2.

Lissner R. F., Rapphooper, "The Day after Trump: American Strategy for a New International Order," *Washington Quarterly*, 2018, Vol. 41, No. 1.

Mcconaughey M., Musgrave P., Nexon D. H., "Beyond Anarchy: Logics of Political Organization, Hierarchy, and International Structure," *International Theory*, 2018, Vol. 10, No. 2.

Milani C. R. S., Pinheiro L., "The Politics of Brazilian Foreign Policy and Its Analytical Challenges," *Foreign Policy Analysis*, 2017, Vol. 13, No. 2.

Paulo Chamon, "Turning Temporal: a Discourse of Time in IR," *Millennium*, 2018, Vol. 46, No. 3.

Shiping Tang, "China and the Future International Order (s)," *Ethics & International Affairs*, 2018, Vol. 32, No. 1.

Spaniel W. , "Only Here to Help? Bargaining and the Perverse Incentives of International Institutions," *International Studies Quarterly*, 2018, Vol. 62, No. 1.

Sridharan E. , "Where is India headed? Possible Future Directions in Indian Foreign Policy," *International Affairs*, 2017, Vol. 93, No. 1.

Strüver G. , "China's Partnership Diplomacy: International Alignment Based on Interests ir Ideology," *Chinese Journal of International Politics*, 2017, Vol. 10, No. 1.

Abstract*

Annual Report on International Politics and Security (2019) is part of the *Yellow Book on the International Situation* series. The purpose of the volume is to describe and analyze the overall international political and security situations and to present corresponding prospects.

With regard to world patterns and international security, the book analyzes changes in the triangular relations among China, Russia, and the United States. It also focuses on China's border security environment, global armed conflicts, and the global military situation. In the section on global issues and global governance, the authors present in-depth analyses of the development of global governance and the major global issues, including global cybersecurity, counter-terrorism, global energy, anti-corruption, and international migration and refugee issues. As special topics and focal points in 2017 - 2018, we discuss the situations in the Korean Peninsula, in North Africa, and West Asia, as well as issues related to the protection of China's overseas interests and progress in the "Belt and Road Initiative." The volume includes a review of studies on international relations as well as a review of research in international think tanks.

Based on academic research and current data, the authors of this volume offer generalizations regarding the basic characteristics of the international situation and they present possible future scenarios. The volume is a valuable reference source for researchers on international studies, foreign policy decision-makers, and readers who are concerned about international developments.

Keywords: Big Power Relations; World Patterns; International Conflicts; Global Governance; Chinese Overseas Interests

---

* English Proofreading by Nancy Hearst, the Fairbank Collection of the H. C. Fung Library, Harvard University.

Contents

Ⅰ Introduction

Abstract: The world situation has been facing unprecedented changes during the past 100 years. A main theme has been that the United States and other Western countries are openly regarding China as their main competitor. Along with the major changes in Sino – US relations, the current international order has begun to enter a period of disintegration and reconstruction. "International liberalism" has started to collapse, a new order has come to the fore, and political divisions among the major industrialized countries and regions have become more obvious. Other manifestations of these major changes include a loosening of the U. S. dollar hegemony and a prevalence of populism and nationalism in Europe and Latin America. Although denuclearization on the Korean peninsula will not be smooth, a dawn of peace has finally emerged. In sharp contrast to the situation on the Korean peninsula, however, the situation in the Middle East is becoming increasingly tense.

Keywords: Sino – US Relations; World Order; International Monetary System; Populism

Abstract: In 2018, both Sino-US and Russian-US competition intensified, and the Sino-US relationship became the most important factor affecting the changes in world patterns. The "US exit" and "Chinese expansion" in international organizations and multilateral institutions exacerbated the process of deconstruction and reconstruction in the post—World War Ⅱ international system. The situations in Syria, Yemen, the Korean Peninsula, and the Middle East remained tense, but they began to show signs of becoming more peaceful. With the populist momentum and the competition among the major powers, multilateral global governance and global agendas suffered setbacks. China now faces both positive and negative changes in its security situation, with military exercises against China adding to the instability along China's periphery. With the advance of the "Belt and Road Initiative," risks and challenges are increasing. Protection of China's overseas security interests has become more complicated and difficult.

Keywords: Big Power Relations; International Order; Security Situation; Chinese Overseas Interests

Ⅱ World Patterns and International Security

Abstract: The year 2018 witnessed new developments in Sino－US－Russian relations. The changes in US domestic politics led to an obvious change in US policy toward China. Sino－US relations entered a new stage of strategic competition. Sino-Russian relations developed steadily and continued to expand. Due to domestic political factors and the strategic contradictions between Russia and the United States, US - Russian relations were full of instability and uncertainties, and they are likely to continue to suffer a low tide. If important changes occur in the relations between the big powers, there may be major changes in current world patterns.

Keywords: Sino - US Relations; Sino-Russian Relations; Russian - US Relations; World Patterns

Y. 4 Major Armed Conflicts in the World and an Assessment of the Military Situation: 2017 -2018

Xu Jin and Zhang Jue / 044

Abstract: The number of major armed conflicts in the world from 2017 to 2018 was almost the same as that in the previous year, and the conflicts are still concentrated in the Middle East, Northeast Africa, and Southeast Asia. Among them, the most influential armed conflicts are the international fight against ISIS, the civil wars in Syria, Afghanistan, and Yemen, as well as the internal conflicts in some African countries such as Libya, Sudan, and Nigeria. Global military expenditures in 2017 were a little higher than in 2016. As for military maneuvers, NATO and Russia maneuvered in border areas, adding to tensions in the security situation in the region. The SCO, China, Russia, and Japan continued to increase their military presence in areas of their core interests. There have been continuities in the national defense strategies of the major countries, but adjustments have also been made in some areas to respond to changes in the global and regional security environments.

Keywords: Armed Conflict; Military Expenditures; Military Maneuvers; Defense Strategy

Abstract: In 2017 – 2018, China's border security situation was characterized by the following new features: First, strategic competition among the big powers in China's periphery continued to be on the rise; Second, some hot issues in China's periphery cooled down; Third, the attitudes of some countries became more positive toward China; Fourth, China and its neighboring countries achieved positive progress in promoting regional cooperation mechanisms. In general, during the transitional period, China's border security situation has become increasingly complex and changeable. However, among the visible expectations, stability in the security situation around China is expected to continue.

Keywords: China's Border Security; Border Disputes; DPRK Nuclear Issue; Terrorism

Ⅲ Global Issues and Global Governance

Abstract: In 2018, due to counter-globalization trends in the developed economies, people began to be confused about the direction of economic globalization and the future of global governance. With the increase in confrontations between the established powers and the emerging powers, the future of global governance has therefore become more worrying. The withdrawal of the United States from international multilateral organizations and the adoption of a protectionist position are based on the principle of "US priorities." Therefore, maintaining stability and effectiveness in the original global governance system is not within the scope of the Trump administration. At present, it is still best to settle conflicts through negotiations and a multilateral framework. In summary, rule-based global governance is still the best way to resolve problems, but how to maintain the common cause of international society and shape a shared future for the community of mankind remain long and difficult.

Keywords: Counter-globalization; Global Governance; Sino - US Economic and Trade Conflicts

Y.7 Relations among the Major Countries in Cyberspace

Lang Ping and Ding Liwei / 100

Abstract: In the face of the increasingly serious global cybersecurity situation, promotion of cooperation among the major powers in cyberspace has important practical significance. However, with the current qualitative changes in the international structure and the major adjustments in the relations among the major powers, countries have actively introduced various measures to safeguard their cybersecurity, while relations among the major powers in cyberspace have increasingly become subject to their national strategies in the real world. In cyberspace, the Sino - US trade war and overall Sino - US competition have intensified conflicts and confrontations between the two countries; the Sino-Russian comprehensive strategic partnership has added new space for further cooperation in cyberspace; the US - Russian strategic game has been highlighted by information warfare after the accusations of interference in the 2016 US elections. In the future, relations among the major powers in cyberspace will continue to be subordinate to the strategic games among the major countries, whereas cooperation in cyberspace will face additional pressures.

Keywords: Internet Governance; Cyber Security; Major Country Relations; China - US Relationship

Y.8 Global Terrorism and Counter-Terrorism: 2017 - 2018

Shao Feng / 116

Abstract: In 2017 - 2018, the global anti-terrorism situation eased. The main body of the "Islamic State" was defeated, but terrorist activities were still very active and major terrorist attacks still repeatedly occurred. There have been several new trends and characteristics in the development of global terrorism and the fight against global terrorism: after losing power, the "Islamic State" was transformed into a normalized terrorist organization; terrorism spilled over and spread from the Middle East to the entire world, and many countries now face severe security challenges; competition among the major powers replaced "anti-terrorism" as America's top national security concern; double standards became prevalent, anti-terrorism became a tool in the game among hostile countries; the use of high-tech, big data, and other new means became more important to counter terrorism.

Keywords: Global Terrorism; Anti-terrorism; "Islamic State"

Y. 9 Global Anti-Corruption: Progress and Trends

Abstract: The social costs of corruption are enormous. As the world becomes increasingly integrated, the danger of corruption has become transnational. Therefore, global anti-corruption efforts have become urgent and unavoidable. This report seeks to review and sort out the latest progress in anti-corruption endeavors at both the global and regional levels in 2017 -2018. At the global and regional levels, anti-corruption organizations are still active, with anti-corruption experiences and tools becoming more abundant and comprehensive. But the rise of populism in the West has had a negative impact on global anti-corruption. In view of the current situation, global anti-corruption still faces unprecedented opportunities and challenges.

Keywords: Global Anti-corruption; Transparency International; Populism; Corruption Perception Index

Abstract: Globally, the total amount of international migration has continued to grow since 1970. In 2018, the forcibly displaced population increased and the number of refugees under the UNHCR reached a new high. The developing countries hosted 85 percent of the refugees under the UNHCR mandate. In 2018, migrants and refugee issues once again became hotspots in many countries. Trump continued his strict measures against illegal migration and further cut the number of refugees. UN member-states reached the final text of the Global Compact on Migration, but there are still many international differences on migration and refugee issues. There is a huge gap between the UNHCR's refugee resettlement needs and the resettlement capacity. China faces increasingly complex refugee and migration problems and has placed more emphasis on these issues.

Keywords: International Migration; Refugees; UNHCR; Global Compact on Migration

Abstract: In 2017 –2018, the main characteristics of energy politics were: due to the oil-producing countries' production restrictions, the global economic recovery, and President Trump's diplomacy, international oil prices rose sharply. In Europe, Russia was a big winner. In Asia, energy hotspots remained in the west. In America, Maduro won the presidential election, but the domestic and international challenges that he is facing are still grim. In Africa, chaos continued, while oil production rose. Nuclear power was characterized by moderate development, being Asia-based, and with the major countries insisting on using nuclear power. In the coming year, most of the above-mentioned hotspots will continue, but a small number are expected to improve. Fluctuations in oil prices are roughly between 65 to 85 US dollars per barrel.

Keywords: Energy Situation; Oil-Producing Countries; Oil Price; Nuclear Power

Ⅳ Special Topics and Focal Points

Abstract: The Belt and Road Initiative (BRI) just passed its five-year mark and it has achieved tremendous successes. The BRI is the Chinese solution to enhancing open global cooperation, improving global economic governance, promoting common global development and prosperity, and building a shared future community for mankind. At the same time, the BRI faces new challenges from outside, including major power geopolitical economic competition, anti-globalization populism, and threats of terrorism, extremism, and separatism. However, the BRI is still in great demand from the countries that are actively participating, and the BRI principle of common development with shared prosperity has special significance in our times.

Keywords: Belt and Road Initiative; Belt and Road Financial Support Mechanism; Geopolitical Economy

Abstract: The key issue in the protection of overseas interests is the imbalance between authority and capacity, the impetus between the home and host state during the era of globalization, and the proper distribution of global security resources. Based on attitudes toward the Westphalian system, the protection of overseas interests can be divided into four types. They are the

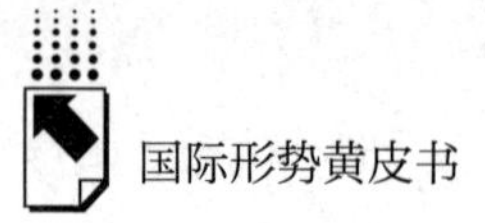

diplomatic protection model, the legalized enforcement model, the dominant host state model, and the global security assemblage model. There are considerable differences in the coerciveness and the major agents of the four types. In the contemporary international system, the leading powers can employ all types of protection, whereas there are shortages for other powers. From a comparative perspective, the protection of China's overseas interests is less coercive and more diversified, and these features have been improving.

Keywords: Protection of Overseas Interests; Diplomatic Protection; Consular Protection; Global Security Assemblage

Y. 14 An Assessment of the Situation in the Middle East and Judgments about Future Prospects in 2018

Abstract: Hotspots in the Middle East continued to be tense in 2018. The Trump administration moved the US embassy to Jerusalem, causing tensions between the Palestinians and the Israelis, and then unilaterally exited from the Iran and P5 + 1 nuclear agreement, which negatively affected the denuclearization process in the region. In general, the situation in the Middle East was featured by three characteristics: First, the rise of Iran changed the balance in the regional structure, intensifying contradictions among the countries in the Middle East, especially the conflicts between Saudi Arabia and Iran and between Israel and Iran. Second, competition among big powers increased, and struggle between the United States and Russia developed into a group confrontation. Third, the trend of regional political fragmentation became more prominent.

Keywords: Middle East Situation; Saudi Arabia-Iran Conflict; US – Russia Relations; Non-traditional Security Threats

Y. 15 The Worldwide Situation of General Elections in 2018

Wang Mingming / 238

Abstract: In 2018, major elections in Europe took place in Italy, Russia, and Sweden. In Asia, Turkey, Japan, and Malaysia held national elections. In Latin America, general elections took place in Brazil, Mexico, and Cuba. Overall, the results of the elections in Russia, Turkey, and Japan were in accordance with expectations and the policies following the elections were more consistent. Right-wing forces in Italy and Sweden came into power, which will have a certain impact on the future of the European Union. Brazil's presidential election is very competitive, and its domestic and foreign policies may be greatly adjusted after the election. After Mahathir won the election, he made some adjustments to Malaysian domestic and foreign policies, including with respect to economic cooperation with China.

Keywords: General Elections; Populism; Migration Policy; Constitutional Amendments

Y. 16 Major Changes in the Situation on the Korean Peninsula and Future Developments

Zou Zhibo / 252

Abstract: In 2018 there were unprecedented changes in the situation on the Korean Peninsula after the outbreak of the North Korean nuclear issue in 1992. The DPRK made important adjustments to its national policies, including reaffirming the goal of denuclearization and taking the initiative to freeze the development of nuclear weapons. DPRK measures to improve diplomatic relations caused a series of major changes in both the situation on the Korean Peninsula and bilateral relations. However, on the issue of nuclear abandonment, there are still serious differences between the United States and the DPRK. Denuclearization of the peninsula will remain a long process. At present, the continued improvement in the situation on the Korean Peninsula remains promising. It depends on a consensus among and efforts by the Northeast Asian countries, especially the effects of South Korea's policy choices.

Keywords: DPRK; Korean Peninsula; Nuclear Abandonment; US – DPRK Relations

V International Relations Theories and International Think Tanks

Abstract: In 2017 –2018, the international political situation and China's diplomatic environment experienced important changes. In the face of the new situations and changes, think tanks in various countries paid close attention to related issues and put forward their own analyses and suggestions. In order to follow up on the latest research by high-level international think-tanks on relevant issues and to understand hot issues more comprehensively, this chapter looks at the top international think-tanks listed in the *Global Think Tank Report 2017* and reviews some representative research and reports published by these think-tanks, covering issues such as Sino –US relations, the Sino –US trade war, the "Belt and Road" Initiative, DPRK nuclear issues, the situation in the Middle East, cyber-security, refugee issues, energy security, and climate change.

Keywords: Foreign Think-Tanks; Sino – US Relations; Trade War; "Belt and Road" Initiative; North Korean Nuclear Issue

Abstract: This chapter reviews articles in mainstream foreign journals during the past year, and comments on some representative papers so as to grasp the hot issues and trends in current research. There are now several new trends in the study of international relations in academic circles, including reflections in international relations theory on time shifts and anarchy, explorations of changes in world politics, debates about the liberal international order, the rise of regional powers and foreign policy analyses, research on the development of international organizations, and so on. This author believes these new issues and trends are worthy of attention in domestic academic circles.

Keywords: International Relations Theory; International Order; Regional Powers; International Organizations

✤ 皮书起源 ✤

“皮书”起源于十七、十八世纪的英国，主要指官方或社会组织正式发表的重要文件或报告，多以“白皮书”命名。在中国，“皮书”这一概念被社会广泛接受，并被成功运作、发展成为一种全新的出版形态，则源于中国社会科学院社会科学文献出版社。

✤ 皮书定义 ✤

皮书是对中国与世界发展状况和热点问题进行年度监测，以专业的角度、专家的视野和实证研究方法，针对某一领域或区域现状与发展态势展开分析和预测，具备原创性、实证性、专业性、连续性、前沿性、时效性等特点的公开出版物，由一系列权威研究报告组成。

✤ 皮书作者 ✤

皮书系列的作者以中国社会科学院、著名高校、地方社会科学院的研究人员为主，多为国内一流研究机构的权威专家学者，他们的看法和观点代表了学界对中国与世界的现实和未来最高水平的解读与分析。

✤ 皮书荣誉 ✤

皮书系列已成为社会科学文献出版社的著名图书品牌和中国社会科学院的知名学术品牌。2016 年，皮书系列正式列入“十三五”国家重点出版规划项目；2013~2019 年，重点皮书列入中国社会科学院承担的国家哲学社会科学创新工程项目；2019 年，64 种院外皮书使用“中国社会科学院创新工程学术出版项目”标识。

中国皮书网

（网址：www.pishu.cn）

发布皮书研创资讯，传播皮书精彩内容
引领皮书出版潮流，打造皮书服务平台

栏目设置

关于皮书：何谓皮书、皮书分类、皮书大事记、皮书荣誉、皮书出版第一人、皮书编辑部

最新资讯：通知公告、新闻动态、媒体聚焦、网站专题、视频直播、下载专区

皮书研创：皮书规范、皮书选题、皮书出版、皮书研究、研创团队

皮书评奖评价：指标体系、皮书评价、皮书评奖

互动专区：皮书说、社科数托邦、皮书微博、留言板

所获荣誉

2008 年、2011 年，中国皮书网均在全国新闻出版业网站荣誉评选中获得“最具商业价值网站”称号；

2012 年,获得“出版业网站百强”称号。

网库合一

2014 年，中国皮书网与皮书数据库端口合一，实现资源共享。

权威报告·一手数据·特色资源

皮书数据库

ANNUAL REPORT(YEARBOOK) DATABASE

当代中国经济与社会发展高端智库平台

所获荣誉

- 2016年，入选“‘十三五’国家重点电子出版物出版规划骨干工程”
- 2015年，荣获“搜索中国正能量 点赞2015”“创新中国科技创新奖”
- 2013年，荣获“中国出版政府奖·网络出版物奖”提名奖
- 连续多年荣获中国数字出版博览会“数字出版·优秀品牌”奖

成为会员

通过网址www.pishu.com.cn访问皮书数据库网站或下载皮书数据库APP，进行手机号码验证或邮箱验证即可成为皮书数据库会员。

会员福利

- 已注册用户购书后可免费获赠100元皮书数据库充值卡。刮开充值卡涂层获取充值密码，登录并进入“会员中心”—“在线充值”—“充值卡充值”，充值成功即可购买和查看数据库内容。
- 会员福利最终解释权归社会科学文献出版社所有。

社会科学文献出版社 SOCIAL SCIENCES ACADEMIC PRESS (CHINA) 皮书系列
卡号：771145746931
密码：

数据库服务热线：400-008-6695
数据库服务QQ：2475522410
数据库服务邮箱：database@ssap.cn
图书销售热线：010-59367070/7028
图书服务QQ：1265056568
图书服务邮箱：duzhe@ssap.cn

中国社会发展数据库（下设 12 个子库）

全面整合国内外中国社会发展研究成果，汇聚独家统计数据、深度分析报告，涉及社会、人口、政治、教育、法律等 12 个领域，为了解中国社会发展动态、跟踪社会核心热点、分析社会发展趋势提供一站式资源搜索和数据分析与挖掘服务。

中国经济发展数据库（下设 12 个子库）

基于"皮书系列"中涉及中国经济发展的研究资料构建，内容涵盖宏观经济、农业经济、工业经济、产业经济等 12 个重点经济领域，为实时掌控经济运行态势、把握经济发展规律、洞察经济形势、进行经济决策提供参考和依据。

中国行业发展数据库（下设 17 个子库）

以中国国民经济行业分类为依据，覆盖金融业、旅游、医疗卫生、交通运输、能源矿产等 100 多个行业，跟踪分析国民经济相关行业市场运行状况和政策导向，汇集行业发展前沿资讯，为投资、从业及各种经济决策提供理论基础和实践指导。

中国区域发展数据库（下设 6 个子库）

对中国特定区域内的经济、社会、文化等领域现状与发展情况进行深度分析和预测，研究层级至县及县以下行政区，涉及地区、区域经济体、城市、农村等不同维度。为地方经济社会宏观态势研究、发展经验研究、案例分析提供数据服务。

中国文化传媒数据库（下设 18 个子库）

汇聚文化传媒领域专家观点、热点资讯，梳理国内外中国文化发展相关学术研究成果、一手统计数据，涵盖文化产业、新闻传播、电影娱乐、文学艺术、群众文化等 18 个重点研究领域。为文化传媒研究提供相关数据、研究报告和综合分析服务。

世界经济与国际关系数据库（下设 6 个子库）

立足"皮书系列"世界经济、国际关系相关学术资源，整合世界经济、国际政治、世界文化与科技、全球性问题、国际组织与国际法、区域研究 6 大领域研究成果，为世界经济与国际关系研究提供全方位数据分析，为决策和形势研判提供参考。

法律声明